Processos Coletivos
AÇÃO CIVIL PÚBLICA E AÇÕES COLETIVAS

Conselho Editorial
André Luís Callegari
Carlos Alberto Molinaro
Daniel Francisco Mitidiero
Darci Guimarães Ribeiro
Draiton Gonzaga de Souza
Elaine Harzheim Macedo
Eugênio Facchini Neto
Giovani Agostini Saavedra
Ingo Wolfgang Sarlet
Jose Luis Bolzan de Morais
José Maria Rosa Tesheiner
Leandro Paulsen
Lenio Luiz Streck
Paulo Antônio Caliendo Velloso da Silveira

Dados Internacionais de Catalogação na Publicação (CIP)

P963   Processos coletivos : ação civil pública e ações coletivas / Antônio Gidi, José Maria Tesheiner, Tereza Cristina Sorice Baracho Thibau (organizadores) ; Adriana Goulart de Sena Orsini ... [et al.]. – Porto Alegre : Livraria do Advogado Editora, 2015.

247 p. ; 23 cm.

Inclui bibliografia.

ISBN 978-85-7348-987-3

1. Direito processual coletivo - Brasil. 2. Direito processual civil - Brasil. 3. Ação civil pública. 4. Ação coletiva (Processo civil). I. Gidi, Antônio. II. Tesheiner, José Maria. III. Thibau, Tereza Cristina Sorice Baracho. IV. Orsini, Adriana Goulart de Sena.

CDU 347.922.6(81)
CDD 347.81053

Índice para catálogo sistemático:
1. Ações cíveis : Brasil   347.922.6(81)

(Bibliotecária responsável: Sabrina Leal Araujo – CRB 10/1507)

Antônio Gidi
José Maria Tesheiner
Tereza Cristina Sorice Baracho Thibau
(organizadores)

Processos Coletivos

AÇÃO CIVIL PÚBLICA E AÇÕES COLETIVAS

Adriana Goulart de Sena Orsini
Ana Paula Santos Diniz
Eduardo Tonin Citolin
Fabiano Haselof Valcanover
Fernanda Pinheiro Brod
Gabriel Wedy
Gisele Mazzoni Welsch
Leísa Mara Silva Guimarães
Paula Garcez Corrêa da Silva
Paula Oliveira Mascarenhas Cançado
Raquel Betty de Castro Pimenta
Shana Serrão Fensterseifer
Taís Schilling Ferraz
Tereza Cristina Sorice Baracho Thibau
Tiago Fensterseifer

Porto Alegre, 2015

©

Adriana Goulart de Sena Orsini, Ana Paula Santos Diniz,
Eduardo Tonin Citolin, Fabiano Haselof Valcanover,
Fernanda Pinheiro Brod, Gabriel Wedy, Gisele Mazzoni Welsch,
Leísa Mara Silva Guimarães, Paula Garcez Corrêa da Silva,
Paula Oliveira Mascarenhas Cançado, Raquel Betty de Castro Pimenta,
Shana Serrão Fensterseifer, Taís Schilling Ferraz,
Tereza Cristina Sorice Baracho Thibau, Tiago Fensterseifer
2015

Capa, projeto gráfico e diagramação
Livraria do Advogado Editora

Revisão
Rosane Marques Borba

Direitos desta edição reservados por
Livraria do Advogado Editora Ltda.
Rua Riachuelo, 1300
90010-273 Porto Alegre RS
Fone: 0800-51-7522
editora@livrariadoadvogado.com.br
www.doadvogado.com.br

Impresso no Brasil / Printed in Brazil

Apresentação

Esta coletânea resultou dos cursos ministrados em Porto Alegre e em Belo Horizonte, em 2013 e 2014, por Antônio Gidi, processualista brasileiro radicado nos Estados Unidos.

O tema – ação civil pública e ações coletivas no Brasil – é abordado por diversos ângulos e por profissionais de diferentes áreas: professores, mestrandos, advogados, juízes federais, um procurador federal, um defensor público e um analista do Ministério Público.

Inicia-se a obra com um tema de largo espectro, como é o do acesso à justiça e finaliza com uma análise pontual, envolvendo a política nacional dos resíduos sólidos.

O problema da "adequação representatividade" é abordada em vários artigos, com pontos de vista não necessariamente coincidentes.

Também a legitimidade ativa mereceu mais um artigo.

Outros temas relevantes são tratados: o modelo probatório, as soluções consensuais, a coisa julgada, a execução e a ação coletiva passiva.

A crescente importância da tutela jurisdicional de direitos transindividuais e da tutela coletiva de direitos individuais justifica plenamente esta obra, com que se enriquece a bibliografia jurídica nacional.

José Maria Tesheiner
Professor de Processo Civil na PUCRS
Desembargador aposentado do TJRGS

Sumário

I. Acesso à justiça, cidadania e tutela coletiva no Brasil: legitimidade do indivíduo
Fabiano Haselof Valcanover......9

II. A representatividade como requisito intrínseco da representação processual adequada nas ações coletivas: uma análise da tutela coletiva das relações de trabalho
Fernanda Pinheiro Brod......21

III. A representação adequada nas ações coletivas brasileiras
Shana Serrão Fensterseifer......49

IV. A legitimidade da Defensoria Pública para a propositura de ação civil pública em prol da tutela e promoção de direitos e interesses difusos
Tiago Fensterseifer......67

V. Legitimidade da Defensoria Pública na tutela coletiva de direitos: um falso problema de representação adequada
Taís Schilling Ferraz......109

VI. A ação coletiva passiva e os seus pontos controvertidos
Gabriel Wedy e *Gisele Mazzoni Welsch*......135

VII. Comentários ao modelo probatório previsto no Projeto do Código de Processo Civil Coletivo: um modelo para países de direito escrito
Eduardo Tonin Citolin......163

VIII. O acordo nos processos coletivos: potencialidades e limites das soluções consensuais na tutela metaindividual trabalhista
Adriana Goulart de Sena Orsini e *Raquel Betty de Castro Pimenta*......179

IX. Análise da coisa julgada coletiva no Brasil e a aplicabilidade da proposta de Antônio Gidi
Ana Paula Santos Diniz e *Paula Oliveira Mascarenhas Cançado*......193

X. Execução individual e coletiva: em busca da tutela efetiva dos direitos individuais homogêneos
Tereza Cristina Sorice Baracho Thibau e *Leísa Mara Silva Guimarães*......209

XI. A consolidação do processo coletivo como instrumento de mobilização da sociedade civil no contexto da implantação da Política Nacional dos Resíduos Sólidos (PNRS)
Paula Garcez Corrêa da Silva......231

— I —

Acesso à justiça, cidadania e tutela coletiva no Brasil: legitimidade do indivíduo

FABIANO HASELOF VALCANOVER[1]

Sumário: 1. Introdução; 2. Acesso à justiça e cidadania na Constituição Federal; 3. A tutela coletiva brasileira. A legitimidade ativa estrita; 4. A legitimidade coletiva por meio do indivíduo. A representação adequada; 5. Considerações finais.

1. Introdução

O processo coletivo brasileiro é regulado por duas leis específicas: a Lei n° 7.347/85 e a Lei n° 8.078/90. Referidos diplomas legislativos podem ser considerados como os instrumentos processuais primeiros que servem para o fim de se obter a prestação jurisdicional relacionada com a preservação de interesses individuais homogêneos, coletivos e difusos.

No Brasil, o exercício da tutela coletiva conta com um rol exaustivo de legitimados, que usufruem da prerrogativa de utilização da ação coletiva para, por substituição ou representação, proteger diversos interesses. Destaca-se, neste rol, o papel do Ministério Público e da Defensoria Pública, que, no campo de abrangência próprio de cada um, realizam o seu múnus público, conforme previsão constitucional (artigos 127, 129 e 134 da CF), bem como dos entes associativos.

Não obstante isso, é possível apontar que o regime jurídico de tutela coletiva brasileiro carece de modificações. Tais modificações, se não substanciais, já que não temos um Código de Processo Coletivo propriamente dito em estágio avançado de elaboração, apesar das inúmeras propostas elaboradas pelos processualistas interessados na problemática, devem ocorrer de forma pontual. A finalidade é o pleno acesso à justiça,

---

[1] Mestre em Direito pela PUC/RS, Especialista em Direito do Estado pela UFRGS e em Direito Processual Civil pela UNB. É procurador federal em Porto Alegre.

bem como que o princípio fundamental da cidadania seja devidamente respeitado.

2. Acesso à justiça e cidadania na Constituição Federal

Num primeiro momento, é possível indicar que o princípio do acesso à justiça se relaciona com a faculdade de obter do Estado-Juiz a guarida para a satisfação a determinado direito. Neste entendimento limitado, falar em acesso à justiça estaria relacionado com a existência de um Poder Judiciário devidamente constituído. Este seria o conteúdo formal do princípio, que pode ser considerado como expresso no inciso XXXV do art. 5º da CF/88.

Em um Estado Democrático de Direito seria incumbência do Poder Judiciário apontar aos jurisdicionados o direito aplicável para a solução de determinado litígio, conferindo às partes a prestação jurisdicional, que é a essência de seu papel institucional, como terceiro imparcial.[2]

Neste sentido é que, embrionariamente, estaria contextualizado o princípio do acesso à justiça. No exercício da atividade jurisdicional, o Estado engendraria meios para a solução dos conflitos de interesses havidos em decorrência das relações jurídicas firmadas, conferindo resposta de cunho imperativo, substitutivo e com intenção de ser definitiva para aquele caso concreto que alcançou determinado órgão do Poder Judiciário.[3]

Agora, numa leitura contemporânea do conteúdo que envolve o princípio de acesso à justiça, é necessário alcançar os fundamentos em que embasado o Estado Democrático de Direito brasileiro, onde valores afeitos à cidadania encontram abrigo na Carta Constitucional com a pos-

---

[2] Interessante o resgate do conceito de jurisdição para melhor apuração do escopo da tutela coletiva: *"Depois dessa breve exposição das principais teorias sobre o conceito de jurisdição, cremos que as notas essenciais, capazes de determinar a jurisdicionalidade de um ato ou de uma atividade realizada pelo juiz, devem atender a dois pressupostos básicos: a) o ato jurisdicional é praticado pela autoridade estatal, no caso pelo juiz, que o realiza por dever de função; o juiz, ao aplicar a lei ao caso concreto, pratica essa atividade como finalidade específica de seu agir, ao passo que o administrador deve desenvolver a atividade específica de seu agir, tendo a lei por limite de sua ação, cujo objetivo não é simplesmente a aplicação da lei ao caso concreto, mas a realização do bem comum, segundo o direito objetivo; b) o outro componente essencial do ato jurisdicional é a condição de terceiro imparcial em que se encontra o juiz em relação ao interesse sobre o qual recai sua atividade. Ao realizar o ato jurisdicional, o juiz mantém-se num posição de independência e estraneidade relativamente ao interesse que tutela por meio de sua atividade"*. (SILVA, Ovídio A. Baptista. *Curso de Processo Civil. Processo de Conhecimento*. vol. 1. 5ª ed. São Paulo: Revista dos Tribunais, 2000. p. 40)

[3] *"A finalidade da função jurisdicional do Estado é dupla: a uma, é ela que atua nos direitos controvertidos (independentemente de quem seja seu titular ou, até mesmo, de estes "direitos" poderem ser "titularizados" por alguém como é o caso dos chamados "direitos metaindividuais") e é ela que realiza os fins sociais, políticos e jurídicos do próprio Estado (art. 3º da Constituição Federal)"*. (BUENO, Cassio Scarpinella. *Curso Sistematizado de Direito Processual Civil*. vol. 1. 6. ed. São Paulo: Saraiva, 2012. p. 288)

sibilidade de exercício e proteção de direitos de forma ampla e irrestrita. É o que se depura do artigo 1º da Constituição Federal.

Oportuna, aqui, a transcrição da lição de Nelson Nery Júnior a respeito do acesso à justiça, quando aponta que a lei não excluirá da apreciação do Poder Judiciário lesão ou ameaça de direito:

> Embora o destinatário principal desta norma seja o legislador, o comando constitucional atinge a todos indistintamente, vale dizer, não pode o legislador nem ninguém mais impedir que o jurisdicionado vá a juízo deduzir a pretensão.[4]

Partindo deste referencial teórico, a noção de acesso à justiça resta qualificada para a obtenção da tutela jurisdicional, no momento em que a simples presença de órgãos jurisdicionais previstos na Constituição ou na legislação infraconstitucional não é suficiente para o seu completo alcance. É necessário ir além, de modo a que não se tenha uma diretriz vazia e sem aplicação. Trata-se do alcance da noção de justiça material na prestação jurisdicional, que pode ser entendida como a necessária efetividade da tutela jurisdicional, especialmente através da tutela coletiva, tema que será devidamente abordado no item a seguir.[5]

Neste contexto, entender o princípio do acesso à justiça previsto em nossa Constituição Federal é entender o próprio Estado Democrático de Direito, que está fundado num primeiro momento na vontade popular, o que é devidamente expresso no parágrafo único do art. 1º da Constituição Federal. É, assim, a expressão popular que resulta na ideia de instituições públicas sólidas e na possibilidade de o cidadão buscar do Estado-Juiz a solução do litígio em que esteja envolvido para defesa de seus direitos, inclusive de forma coletiva se assim for mais efetivo, evidentemente com temperamentos que o caso concreto exigir para sua consecução.

Não é a toa que o princípio do acesso à justiça foi introduzido no capítulo da Constituição brasileira que trata dos direitos e garantias fundamentais do cidadão, convivendo com os mais essenciais direitos e garantias fundamentais que homens e mulheres devem ter para o completo exercício da cidadania.[6]

---

[4] NERY JR., Nelson. *Princípios do processo na Constituição Federal*. 11. ed. São Paulo: Revista dos Tribunais. 2012. p. 186/187

[5] *"Em verdade, a segurança jurídica, como subprincípio do Estado de Direito assume valor ímpar no sistema jurídico, cabendo-lhe papel diferenciado na realização da própria ideia de justiça material"*. (MENDES, Gilmar Ferreira e outros. *Curso de Direito Constitucional*. São Paulo: Saraiva, 2007. p. 474).

[6] *"(...) De fato, o direito ao acesso efetivo tem sido progressivamente reconhecido como sendo de importância capital entre os novos direitos individuais e sociais, uma vez que a titularidade de direitos é destituída de sentido, na ausência de mecanismos para sua efetiva reivindicação. O acesso à justiça pode, portanto, ser encarado como o requisito fundamental – o mais básico dos direitos humanos – de um sistema jurídico moderno e igualitário que pretende garantir, e não apenas proclamar os direitos de todos"*. (CAPPELLETTI, Mauro e GARTH, Bryant. *Acesso à Justiça*. Tradução Ellen Gracie Northfleet. Porto Alegre: Sergio Antonio Fabris Editor. 1988. p. 11/12)

Logo, deve ganhar relevo o papel do cidadão no exercício da tutela coletiva.

3. A tutela coletiva brasileira. A legitimidade ativa estrita

Do artigo 1° da Lei n° 7.347/85, constata-se que a abrangência da tutela coletiva no Brasil é larga, e comporta inúmeras situações onde é viável que um único provimento jurisdicional resulte na solução de uma lide com efeitos para um número indeterminado de pessoas. Eventuais danos sofridos ao meio ambiente e ao consumidor, passando por infrações à ordem econômica e à ordem urbanística, afora a cláusula aberta posta no inciso IV do citado artigo 1° da LACP, apontando a existência de qualquer outro interesse difuso ou coletivo passível de alcance por meio de tal instrumento processual, indicam que o campo de atuação é extenso.

Arruda Alvim aponta com acerto que os bens e valores protegidos por meio da ação civil pública podem ser conjugados, o que aumenta a dimensão do campo de atuação da Lei da Ação Civil Pública:

> Em relação aos bens e valores que podem ser objeto de proteção pela ação civil pública é possível surpreender mais de um bem conjugadamente com outro, ou, pela proteção de um bem, se protege outro. Ou seja, protegendo-se um deles, estar-se-á fazendo prevalecer outro bem. É possível que na proteção ao meio ambiente, se esteja, também, preservando o valor constitucional da função social da propriedade, a qual é voltada para a sociedade ou coletividade.[7]

Igualmente no Código de Defesa do Consumidor resta aferido um rol extenso de situações onde a defesa coletiva de interesses dos consumidores eventualmente lesados se materializa, tratando-se ali de direitos individuais homogêneos, novamente externando a amplitude da prestação jurisdicional conferida no ordenamento jurídico brasileiro por meio da tutela coletiva.

No Brasil, é especialmente relevante o papel desempenhado pelo Ministério Público, associações e entes públicos na obtenção dos direitos por meio da tutela coletiva. Mais recentemente, é possível relacionar a Defensoria Pública como instituição pública que passou a realizar a defesa de interesses de coletividades de hipossuficientes em juízo.[8]

---

[7] ALVIM, Arruda. Ação Civil Pública – sua evolução normativa significou crescimento em prol da proteção às situações coletivas. In *Processo coletivo e outros temas de direito processual: homenagem 50 anos de docência do professor José Maria Rosa Tesheiner, 30 anos de docência do professo Sérgio Gilberto Porto*. Araken de Assis e outros (Orgs.). Porto Alegre: Livraria do Advogado. 2012. p. 89

[8] Art. 5° Têm legitimidade para propor a ação principal e a ação cautelar: I – o Ministério Público; II – a Defensoria Pública; III – a União, os Estados, o Distrito Federal e os Municípios; IV – a autarquia, empresa pública, fundação ou sociedade de economia mista; V – a associação que, concomitante-

Inquestionável que se trata de rol de legitimados ativos taxativo, questão que não comporta maiores digressões doutrinárias, sendo que, ao lado do relevante papel do Ministério Público,[9] que exerce função pública de relevo, está ganhando destaque a Defensoria Pública.[10]

As ações coletivas possuem como escopo básico dirimir os conflitos de massa inerentes à sociedade contemporânea. O número de pessoas envolvidas é indeterminado ou determinável, mas geralmente de número considerável, o que indica que uma solução homogênea para a causa é salutar. Logo, para o alcance do direito material pertinente à questão, é adequado o atual rol de legitimados ativos para o exercício da tutela coletiva.[11]

Sintetizando a opção pela legitimação ativa nas ações coletivas por pessoas jurídicas, Luís Roberto Barroso assevera:

> A legislação brasileira deu tratamento uniforme à legitimação ativa para a propositura da ação coletiva, independente de estarem em jogo direitos difusos, coletivos ou individuais homogêneos. Cumpre assinalar, de início, a opção de não se reconhecer a possibilidade de atuação de pessoas físicas na defesa de tais direitos. A decisão política do legislador

---

mente: a) esteja constituída há pelo menos 1 (um) ano nos termos da lei civil; b) inclua, entre suas finalidades institucionais, a proteção ao meio ambiente, ao consumidor, à ordem econômica, à livre concorrência ou ao patrimônio artístico, estético, histórico, turístico e paisagístico.

[9] Irreparável a lição doutrinária de José Maria Tesheiner quando esclarece o papel do Ministério Público na condução da ação civil pública: "*O titular da ação relativa a interesses difusos exerce função pública. Não há substituição processual, mas legitimação autônoma, pela simples razão de que, tratando-se de aplicação (eventualmente criação), do Direito objetivo, não há 'substituídos'. No caso de interesses ou direitos coletivos stricto sensu, o legitimado ativo, ou exerce função pública (no caso, por exemplo, das ações propostas pelo Ministério Público do Trabalho para a tutela do meio ambiente do trabalho), ou 'presenta', o grupo, categoria ou classe (caso, por exemplo, do sindicato), tanto quanto o diretor de uma empresa atua, em juízo, como voz da própria empresa. Não há representação, nem substituição processual, mas 'presentação'.* (TESHEINER, José Maria. Aplicação do Direito objetivo e tutela de direitos subjetivos nas ações transindividuais e homogeneizantes. *Revista Brasileira de Direito Processual – RBDPro*, Belo Horizonte: Fórum, ano 20, n. 78, 13-28, abr/jun. 2012)

[10] A título de exemplo, transcreve-se parte da ementa de julgado proferido pelo Tribunal Regional Federal da 4ª Região, que trata do alcance da legitimidade ativa da Defensoria Pública: "PROCESSUAL CIVIL. ADMINISTRATIVO. AÇÃO CIVIL PÚBLICA. EDITAL DE CONCURSO PÚBLICO. ATRIBUIÇÕES DA DEFENSORIA PÚBLICA. HIPOSSUFICIENTES. ILEGITIMIDADE ATIVA. *A Corte Especial deste Tribunal, no julgamento do Incidente de Arguição de Inconstitucionalidade na AC nº 2008.70.00.030789-1/PR, declarou a inconstitucionalidade parcial do art. 5º, II, da Lei nº 7.347/1985, sem redução de texto, por ofensa ao art. 134 da Constituição Federal.* Restou consignado que *não é dado à legislação infraconstitucional estender as atribuições da Defensoria Pública para alcançar sujeitos que não sejam hipossuficientes, sob pena de violação das suas atribuições constitucionais* e invasão da esfera de competência do Ministério Público, como fiscal da lei, defensor da ordem jurídica, do regime democrático e dos interesses sociais e individuais indisponíveis. (...)" (TRF/4, 4ª Turma, processo nº 2008.70.00.013547-2/PR, Rel. Luis Alberto Aurvalle, j. em 22/05/2012)

[11] Sobre a questão, válida a lição de Leonardo Santana de Abreu: "*As ações coletivas permitem a provocação do Estado para dirimir conflitos de massa inerentes à sociedade contemporânea. Proporcionam submeterem-se à apreciação jurisdicional questões que no plano individual não seriam submetidas, a exemplo das situações que não geram individualmente prejuízos significativos, porém, analisadas globalmente, representam vultuosas importâncias (v.g., consumidores), justificando plenamente a propositura de ação coletiva para a defesa dos direitos individuais homogêneos*". (ABREU, Leonardo Santana de. *Processos Coletivos*. Org. José Maria Tesheiner. Porto Alegre: HS Editora. 2012. p. 29

PROCESSOS COLETIVOS

brasileiro foi no sentido de atribuir a legitimação ativa a pessoas jurídicas, públicas ou privadas, ou a órgãos públicos dotados de autonomia, (...). A fórmula adotada, consoante manifestação expressa de juristas que participaram da elaboração dos projetos de leis relevantes, visou a impedir desvios que poderiam advir da legitimação individual.[12]

De forma individualizada, muitas vezes, uma pretensão qualquer não possuiria conteúdo significativo que justificasse a movimentação da máquina judiciária, mas sua condução de forma coletiva poderia caracterizar o necessário interesse em sua propositura. É a tutela coletiva que preenche tal espaço, bem como sustenta o rol de legitimados para a propositura de demandas coletivas como atualmente fixado na legislação brasileira.

4. A legitimidade coletiva por meio do indivíduo. A representação adequada

Na defesa de interesses individuais homogêneos, coletivos e difusos, o titular direto do direito material em discussão não possui legitimidade para buscar o alcance da tutela coletiva perante o Poder Judiciário. É o Ministério Público, a Defensoria Pública, e as associações que possuem esse papel de legitimados processuais para tanto no sistema processual brasileiro, em rol taxativo, conforme acima descrito.

A Constituição Federal de 1988 é a referência para modificação em tal estrutura de legitimação ativa da tutela coletiva, uma vez que eleva a importância do cidadão dentro do Estado Democrático de Direito, no momento em que fixa o acesso à justiça como garantia individual insculpida no art. 5º. Dentre os fundamentos do Estado Democrático de Direito está a cidadania, a teor do art. 1º da Constituição Federal, o que reforça, ainda mais, a sua importância no Estado brasileiro.

Tais referências normativas indicam que a tutela coletiva pode ser reclamada pelo cidadão, em condições de igualdade com os atuais legitimados previstos na Lei da Ação Civil Pública e do Código de Defesa do Consumidor.

No Brasil, o manejo da ação popular, que é uma espécie de ação coletiva, é anterior à Constituição Federal de 1988, objetivando coibir práticas administrativas ilegais ou imorais. Basta ser eleitor para que se possa utilizar tal via processual para pleitear a anulação ou a declaração de nulidade de atos lesivos ao patrimônio da União, do Distrito Federal, dos

---

[12] BARROSO, Luís Roberto. A proteção coletiva dos direitos no Brasil e alguns aspectos da class action norte-americana. *Doutrinas Essenciais de Processo Civil*. São Paulo: Revista dos Tribunais, Vol. 09, p. 585, out/2011.

Estados, dos Municípios, e de entidades integrantes da administração pública direta e indireta, na forma do art. 1º da Lei nº 4.717/65.[13]

Da mesma forma, é de se pensar, assim, em trazer para o sistema jurídico brasileiro a possibilidade de utilização da tutela coletiva diretamente pelo cidadão, à semelhança, mas com os temperamentos necessários, das *class actions* norte-americanas.[14]

No modelo norte-americano, a intenção é a solução de uma causa para um elevado número de pessoas com comunhão de interesses, já que a presença de todos no processo não se mostraria razoável. É a razoabilidade e a efetividade da prestação jurisdicional que justificam o instrumento processual utilizado de forma ampla naquele país para fins de solução das demandas coletivas.[15]

Não se olvida que o modelo norte-americano possui problemáticas que tangenciam a solução da demanda coletiva apresentada através da ação de classe, dirigindo-se para a composição de interesses individuais. A principal questão é a respeito das custas para a propositura e a condução de uma demanda, o que faz com que o verdadeiro titular da ação coletiva proposta seja o advogado do grupo. Obviamente que tal situação desvirtua o papel a que a demanda judicial deveria se propor.

No ponto, a respeito da experiência negativa norte-americana nas ações de classe, as lições de Antonio Gidi:

> Se a experiência norte-americana ensina alguma coisa ao comparatista, é que devemos evitar esse tipo de escolha. Conforme já tivemos oportunidade de demonstrar, na prática norte-americana todo o poder sobre as *class actions* repousa inteiramente nas mãos do advogado e não nas do representante. É o advogado quem descobre que o ato ilícito ocorreu, define os contornos do grupo, seleciona um dos seus membros para ser o representante e decide quando, como e se deve propor a ação ou fazer um acordo, e em que termos. O representante é apenas a "chave" que o advogado precisa abrir as portas do Judiciário.[16]

---

[13] TESHEINER, José Maria. Partes e legitimidade nas ações coletivas. *Revista de Processo*. São Paulo: Revista dos Tribunais. vol 180, p. 09. fev/2010.

[14] Sobre a evolução da estrutura das class actions norte americana, ver GIDI, Antonio. *Class action como instrumento de tutela coletiva dos direitos: as ações coletivas em uma perspectiva comparada*. São Paulo: Revista dos Tribunais, 2007.

[15] *"A intenção primeira desse instrumento, nos Estados Unidos, é a de apresentar uma solução para causas em que o número de pessoas interessadas na causa é tão grande que inviabiliza a presença de todos no processo, segundo as regras normais que disciplinam essa cumulação subjetiva. Para esses casos, havendo comunhão de interesses entre os sujeitos de um grupo, entendeu-se razoável a solução em que alguns pudessem representar a todos em juízo, de modo que a decisão ali adotada valeria para, cada um deles, como se estivessem presentes no processo judicial. Assim, desde que aqueles sujeitos que efetivamente participaram do processo tivessem condições de representar adequadamente os interesses de toda a categoria, a decisão poderia ser imposta a todos".* (ARENHART, Sérgio Cruz. *A tutela coletiva de interesses individuais: Para além da proteção dos interesses individuais homogêneos*. São Paulo: Revista dos Tribunais. 2013. p. 83)

[16] GIDI, Antonio. *Rumo a um Código de Processo Civil Coletivo: A codificação das ações coletivas no Brasil*. Rio de Janeiro: GZ Editora. 2008. p. 227.

Apesar de tal aspecto negativo do exercício da tutela coletiva no direito comparado, é possível dizer que o sistema processual brasileiro possui meios de incluir o cidadão como legitimado ativo para a condução de uma ação coletiva em defesa de interesses próprios e de um determinado grupo. Tal assertiva é fundada na certeza de que requisitos específicos para a legitimidade ativa do cidadão podem ser fixados por meio de norma legal e aplicados pelo julgador da causa coletiva de forma rigorosa, de modo a colocar o advogado do grupo no exercício do papel para o qual foi constituído.

Ora, num país que busca o mais amplo acesso à justiça, facultar ao cidadão o acesso ao exercício da tutela coletiva é a medida adequada para que os valores constitucionais insculpidos na Constituição Federal sejam devidamente atendidos. Ainda mais quando existem instrumentos processuais diretos de correção de ilegalidades praticadas pela Administração Pública (vide ação popular), o que indica que a defesa de interesses coletivos *lato sensu* pelo cidadão não pode ser alijada de nosso ordenamento jurídico, sob pena de injustificável restrição no acesso à justiça, como princípio constitucional devidamente consolidado no seio do Estado Democrático de Direito brasileiro.

A respeito de tal legitimação coletiva do indivíduo, o projeto de Código de Processo Civil Coletivo, de autoria de Antonio Gidi, aponta, no artigo 2°, que *o juiz poderá atribuir legitimidade coletiva a membro do grupo, quando não houver legitimado coletivo adequado interessado em representar os interesses do grupo em juízo.* Em outra versão de projeto de codificação coletiva, Código Modelo Ibero-americano, que tiveram por relatores Ada Pellegrini Grinover, Kazuo Watanabe e Antonio Gidi, a legitimidade ativa passa a ser tratada no art. 3°, com a previsão de titularidade da ação coletiva por "*qualquer pessoa física, para a defesa dos interesses ou direitos difusos de que seja titular um grupo, categoria ou classe ligadas por circunstâncias de fato, bem como membro do grupo, categoria ou classe, para a defesa dos interesses ou direitos difusos de que seja titular grupo categoria ou classe de pessoas ligadas entre si ou com a parte contrária por uma relação jurídica base e para a defesa de interesses ou direitos individuais homogêneos*".[17]

É de se notar que na primeira versão do projeto de lei, a previsão é no sentido de o indivíduo ser legitimado na tutela coletiva, mas relacionado com a falta de legitimado coletivo adequado interessado na condução da causa, ou seja, trata-se de uma legitimidade ativa subsidiária facultada ao membro do grupo. Já na versão seguinte do referido projeto de codificação, a fixação da legitimação ativa do indivíduo figura de for-

---

[17] A respeito da evolução da discussão a respeito da legitimação ativa do indivíduo nos anteprojetos de codificação coletiva ver GIDI, Antonio. *Rumo a um Código de Processo Civil Coletivo: A codificação das ações coletivas no Brasil.* Rio de Janeiro: GZ Editora. 2008.p. 224/240.

ma mais ampla, sem a condicionante anteriormente prevista em relação ao membro do grupo, buscando adotar uma postura mais democratizante na obtenção da tutela coletiva.[18]

Com a devida vênia, nem a legitimação subsidiária conferida ao membro do grupo, prevista no anteprojeto de codificação coletiva original, nem a legitimação do indivíduo prevista no Código Modelo Ibero--Americano dão satisfatória solução ao problema acerca da legitimidade ativa do indivíduo na tutela coletiva. Relegar ao indivíduo o papel de mero coadjuvante na condução de uma ação coletiva para aquelas situações onde não se tem um ente coletivo interessado para tanto, resulta no enfraquecimento da própria causa jurídica posta a exame do Poder Judiciário. De outro lado, apontar que o indivíduo pode manejar a tutela coletiva, com atenção ao requisito da representação adequada idêntico àquele conferido para os demais tradicionais legitimados ativos, é conferir um poder superior para o cidadão, que pode utilizar tal instrumento de forma inadequada e com objetivos diversos daqueles indicados na petição inicial, direcionando-se para o puro interesse na solução individual de sua demanda.

É claro que, falando-se em legitimidade ativa do cidadão na tutela coletiva, à semelhança do que ocorre nas ações de classe norte-americanas, seria necessário que fosse introduzido em nosso ordenamento jurídico outro elemento lá presente, que é a representação adequada, mas com requisitos fortes e robustos a indicar a certeza de que a titularidade do indivíduo possa resultar em solução útil para a questão jurídica. Isso porque a titularidade da tutela coletiva deve ser exercida por aqueles que tenham condições de condução da demanda em prol da apuração da verdade dos fatos e de um provimento jurisdicional que satisfaça o grupo de pessoas envolvido na questão.

Alcança-se o equilíbrio para a figuração do indivíduo como legitimado para o exercício da tutela coletiva através da adoção do requisito da representação adequada, que é típico das ações coletivas norte-americanas. Sobre tal requisito, na experiência norte-americana, válida a lição de Antônio Gidi:

> Nos Estados Unidos, a adequação do representante está prevista na lei processual civil. Trata-se, porém, acima de tudo, de uma questão de ordem constitucional: é uma questão de devido processo legal. De acordo com o direito americano, para que uma ação coletiva seja aceita, o juiz precisa estar convencido, entre outras coisas, de que o representante possa representar adequadamente os interesses do grupo e assegurar que se traga para o processo a visão e os reais interesses dos membros do grupo. O objetivo primordial é assegurar, tanto quanto possível, que o resultado obtido com a ação coletiva não seja

---

[18] GIDI, Antonio. *Rumo a um Código de Processo Civil Coletivo: A codificação das ações coletivas no Brasil.* Rio de Janeiro: GZ Editora. 2008.p. 224.

PROCESSOS COLETIVOS

substancialmente diverso daquele que seria obtido em ações individuais em que os membros do grupo defendam pessoalmente os seus direitos. No direito americano, é responsabilidade do juiz garantir que o processo coletivo seja conduzido de uma forma adequada. Por isso, o juiz americano deverá controlar a atividade das partes durante todas as fases do processo.[19]

Assim, ao se falar em legitimação do cidadão para o exercício da titularidade da tutela coletiva, como a aqui sugerida, é necessária a verificação acerca de sua legitimidade perante o grupo de pessoas em que inserido, bem como a própria idoneidade daquele que irá conduzir a demanda. Trata-se de procedimento de apuração da viabilidade da condução da causa coletiva pelo indivíduo para fins de conferir futura efetividade à prestação jurisdicional para o grupo de pessoas envolvido.

Quanto à questão, Eduardo Cândia bem aponta que:

> O maior problema, quando a questão é a representação adequada do autor da ação coletiva, verifica-se justamente em relação à observância da regra constitucional do devido processo legal, ou seja, o direito de a classe ausente ser "ouvida" para poder estar vinculada ao julgado, o que pressupõe um adequado e efetivo "porta-voz" dos interesses do grupo.[20]

Pois bem. Na prática coletiva brasileira, eventual adoção da titularidade coletiva pelo cidadão deve passar pela adoção de critérios de representação adequada assemelhados ao modelo norte-americano, ainda que adaptados para a nossa experiência no exercício da tutela coletiva. O controle judicial da representação adequada deve ser rigoroso frente à realidade brasileira e ao congestionamento do Poder Judiciário, de modo a que a tutela coletiva alcance um resultado útil para o grupo de pessoas, já que é inquestionável que o contexto principiológico em que inserido o exercício da cidadania no Estado brasileiro não pode manter alijado da titularidade da tutela coletiva o próprio indivíduo.

Interessante, a respeito da representação adequada nas ações coletivas brasileiras, a proposta oferecida por Antonio Gidi:

> Chegamos a parte final desta apresentação, em que devemos fazer uma proposta. Esta proposta, não é de *lege ferenda*, mas de *lege lata*. Ou seja, é independente de reforma legislativa. Basta um juiz competente e interessado. Apesar de não estar expressamente previsto em lei, o juiz brasileiro não somente pode, como tem o dever de avaliar a adequada representação dos interesses do grupo em juízo. Se o juiz detectar a eventual inadequação do representante, em qualquer momento do processo, deverá proporcionar prazo e oportunidade para que o autor inadequado seja substituído por outro, adequado. Caso contrário o processo deve ser extinto sem julgamento de mérito. Se o juiz, inadvertidamen-

---

[19] GIDI, Antônio. A representação adequada nas ações coletivas brasileiras: uma proposta. *Revista de Processo*. vol. 108. p. 61. Out/2002. São Paulo: Revista dos Tribunais.

[20] CÂNDIA, Eduardo. A representação adequada no direito processual civil brasileiro e o controle judicial em cada caso concreto: uma abordagem de lege lata. *Revista de Processo*. vol. 202, p. 419. Dez/2011. São Paulo: Revista dos Tribunais.

te, atingir o mérito da causa, a sentença coletiva não fará coisa julgada material e a mesma ação coletiva poderá ser reproposta por qualquer legitimado.[21]

O fundamento da cidadania em que instalado o Estado Democrático de Direito, bem como o alcance do princípio de acesso à justiça, na forma como posto na Constituição Federal, indicam que o indivíduo necessita ser titular da tutela coletiva, ao lado dos demais legitimados atualmente previstos em lei.

A adoção de um requisito de representação adequada "forte", na forma como aqui proposto, com a constante verificação acerca da legitimidade do indivíduo perante o grupo de pessoas em que inserido, bem como a própria idoneidade daquele que irá conduzir a demanda pode, inclusive, ensejar na superação das justificáveis questões políticas e práticas que estão a impedir sua introdução no ordenamento jurídico brasileiro, conforme exposto por Antonio Gidi:

> Claro que é um risco dar legitimidade exclusivamente a entes públicos e privados, excluindo o poder dos indivíduos de provocar o Estado para a prestação da atividade jurisdicional coletiva. Todavia, essa é uma decisão de política legislativa mais adequada. De tudo que aprendemos com a realidade do direito comparado, principalmente nos Estados Unidos, pensamos que seja um risco muito maior dar legitimidade indiscriminada a "qualquer indivíduo" (como fazem equivocamente os anteprojetos derivados) ou mesmo aos "membros do grupo".[22]

A legitimidade coletiva do indivíduo passa, assim, pela introdução do indivíduo dentre o rol de legitimados ativos para a propositura de ações coletivas, com atenção para a existência e manutenção da representação adequada perante o grupo em que inserido. Não se trata apenas de verificar a credibilidade, capacidade, prestígio e experiência do legitimado, como poderia ocorrer em relação aos tradicionais legitimados para a tutela coletiva, histórico na proteção judicial e extrajudicial, conduta em outros processos coletivos, na forma prevista no Código Modelo Ibero--Americano (art. 2º), mas sim conferir ao julgador a faculdade de constantemente ponderar a respeito da legitimidade do indivíduo perante o grupo de pessoas em que inserido, bem como a própria idoneidade para o correto deslinde da causa coletiva sem prejuízo para este mesmo grupo.

5. Considerações finais

O acesso à justiça na forma como previsto no ordenamento jurídico brasileiro demanda modificações na estrutura legal de legitimação ativa para o exercício da tutela coletiva.

---

[21] GIDI, Antônio. A representação adequada nas ações coletivas brasileiras: uma proposta. In *Revista de Processo*. vol. 108. p. 61. Out/2002. São Paulo: Revista dos Tribunais.

[22] GIDI, Antonio. *Rumo a um Código de Processo Civil Coletivo: A codificação das ações coletivas no Brasil.* Rio de Janeiro: GZ Editora. 2008. p. 232.

Nos termos da Lei da Ação Civil Pública e do Código de Defesa do Consumidor, está previsto um rol de legitimados ativos taxativo para o alcance da tutela coletiva. Não obstante isso, o legislador constitucional prevê o amplo acesso ao Poder Judiciário, sendo que, em matéria de tutela coletiva, não é possível alijar o cidadão do seu manejo. Ainda mais que o próprio sistema prevê a possibilidade de utilização da ação popular pelo cidadão-eleitor, quando presente lesão aos princípios da administração pública.

O modelo americano de ações de classe indica que é possível a utilização da tutela coletiva pelo indivíduo, o que pode servir como parâmetro para as modificações legislativas necessárias para a introdução do cidadão como legitimado para o exercício da tutela coletiva na realidade brasileira. É claro que a adoção de tal modelo merece temperamentos, de modo que os problemas estruturais identificados na realidade norte-americana não sejam importados para a prática forense brasileira.

A utilização do critério da representação adequada, de forma forte e rigorosa, pode auxiliar no êxito da inclusão do cidadão como titular da tutela coletiva, desde que devidamente aplicada pelos órgãos jurisdicionais de controle no momento da propositura da ação coletiva, bem como ao longo de seu regular curso, até a obtenção do provimento jurisdicional final.

— II —

A representatividade como requisito intrínseco da representação processual adequada nas ações coletivas: uma análise da tutela coletiva das relações de trabalho

FERNANDA PINHEIRO BROD[1]

Sumário: 1. Introdução; 2. Justiça do Trabalho e tutela coletiva; 3. O controle judicial da representação processual nas *class actions* norte-americanas; 4. Representação processual adequada no direito brasileiro; 5. A representatividade como requisito intrínseco da representação processual adequada 6. Conclusões.

1. Introdução

O presente ensaio tem por objetivo discutir a possibilidade de controle judicial da representação processual adequada na tutela coletiva de direitos no âmbito da Justiça do Trabalho. Em especial, procura-se analisar a possibilidade de que a representatividade seja um dos requisitos exigíveis na análise dessa representação adequada. Buscou-se limitar a análise ao âmbito do processo do trabalho, por ser este o pioneiro da tutela coletiva no Brasil através do dissídio coletivo e também porque, na tutela de direitos trabalhistas, figuram os sindicatos como entes legitimados à defesa dos interesses da categoria (artigo 8°, III, da Constituição Federal). Dada a realidade sindical do país, justifica-se uma proposta de controle da representação processual exercida pelos sindicatos (assim como por outros legitimados) por parte do Poder Judiciário. Nesse sentido, o trabalho propõe que tal análise seja feita utilizando-se também um critério de representatividade, cujos contornos podem ser delineados a partir da escolha do ente mais representativo proposta pela Organização Internacional do Trabalho (OIT) para sistemas que convivem com a plu-

---

[1] Doutora em Direito (PUCRS). Mestre em Direito (UNISC). Professora no Centro Universitário UNIVATES. Advogada.

ralidade sindical. Ainda que no Brasil vigore o princípio da unicidade sindical, entendemos que a proposta da OIT contribui para o exercício que se pretende realizar, a saber, pensar a representação processual na tutela coletiva trabalhista para além da mera legitimidade, considerando a efetiva representatividade do ente legitimado.

O direito processual coletivo, por óbvio, não é exclusivo do subsistema trabalhista, embora este tenha contribuído diretamente para seu surgimento e aperfeiçoamento, através dos dissídios coletivos. No entanto, é sabido que na atualidade a tutela coletiva se mostra útil na resolução de conflitos de diversas naturezas,[2] razão pela qual alguns autores referem-se ao direito processual coletivo comum e ao direito processual coletivo especial.[3] A classificação é válida para fins didáticos,[4] razão pela qual permitem-se outras formas de sistematização. Optamos por classificar o objeto de nosso estudo em direito processual coletivo comum, fazendo referência a todos os procedimentos utilizados na tutela de interesses coletivos (dentre os quais os mais utilizados são a ação popular, a ação civil pública e o mandado de segurança coletivo), e direito processual coletivo especial, no qual se enquadra a tutela coletiva de direitos trabalhistas, seguindo a divisão especializada da Justiça do Trabalho.[5]

Mais do que uma mera divisão didática, entendemos que tal sistematização guarda em si um conteúdo valorativo ínsito ao ambiente das relações de trabalho e que traz em si um viés protetivo capaz de valorizar ainda mais a tutela coletiva em face desta realidade. Em outras palavras, "não se pode fazer vistas grossas à relação jurídica de direito material que é levada ao conhecimento do Poder Judiciário".[6] Por entendermos

---

[2] Eduardo Cândia lembra a existência "de vários *microssistemas normativos* ou *sistemas parciais de processo coletivo*, os quais contém regras materiais e processuais, tendo sua razão de ser, seja para a proteção jurídica específica de determinada categoria escolhida pelo legislador (...), seja em virtude da própria matéria legislada". CÂNDIA, Eduardo. *Legitimidade ativa na ação civil pública*. Salvador: Juspodivm, 2013, p. 139, grifo do autor.

[3] Gregório Assagra de Almeida refere-se a um direito processual coletivo especial, vinculado especialmente ao controle de constitucionalidade (ao qual se vinculariam a ação direta de inconstitucionalidade por ação ou por omissão, ação direta declaratória de constitucionalidade e a arguição de descumprimento de preceito fundamental) e a um direito processual coletivo comum, ao qual se vinculariam outras figuras processuais previstas na Constituição Federal (o mandado de segurança, o mandado de injunção, a ação popular, a ação civil pública, o dissídio coletivo, a ação de impugnação de mandato eletivo e a ação direta interventiva). ALMEIDA, Gregório Assagra de. *Direito processual coletivo brasileiro*: um novo ramo do direito processual. São Paulo: Saraiva, 2003, p. 143.

[4] Antonio Gidi tece severas críticas a essa classificação. v. GIDI, Antonio. *Rumo a um Código de Processo Civil Coletivo*: a codificação das ações coletivas do Brasil. Rio de Janeiro: GZ Editora, 2008, p. 397.

[5] Eduardo Cândia em lógica semelhante, refere-se a um *sistema processual civil coletivo*, composto por regras gerais, contidas na Lei de Ação Civil Pública e em algumas disposições do Título III do CDC e a *microssistemas específicos* previstos pelo legislador infraconstitucional mediante regras atreladas a determinadas situações de direito material. CÂNDIA, Eduardo. *Legitimidade ativa na ação civil pública*. Salvador: Juspodivm, 2013, p. 140.

[6] CÂNDIA, Eduardo. *Legitimidade ativa na ação civil pública*. Salvador: Juspodivm, 2013, p. 139.

que o sistema processual não deve ser visto desvinculado dos interesses que tutela, atentamos para o fato de que algumas considerações feitas ao final deste trabalho, especialmente no que diz respeito à análise do sistema sindical brasileiro devem ser lidas em consonância com este ambiente específico.

2. Justiça do Trabalho e tutela coletiva

Embora a Justiça do Trabalho tenha sido pioneira na tutela coletiva, o que se observa na atualidade é que, afora o dissídio coletivo, mostra-se bastante tímida.[7] A tutela coletiva no âmbito do direito do trabalho aplica-se na órbita da jurisdição trabalhista normativa e jurisdição trabalhista metaindividual. Conforme divisão proposta por Carlos Henrique Bezerra Leite, é possível falar-se em três subsistemas: "o primeiro, formado pela jurisdição trabalhista individual, destinado aos tradicionais 'dissídios individuais', utilizados para a solução das ações individuais ou plúrimas; o segundo, denominado jurisdição trabalhista normativa, voltado para os dissídios coletivos de interesses, nos quais se busca, por intermédio do Poder Normativo exercido originalmente pelos Tribunais do Trabalho (CF, art. 114, § 2º), a criação de normas trabalhistas aplicáveis às partes figurantes do 'dissídio coletivo' e seus representados; e o terceiro, ao qual o autor denomina jurisdição trabalhista metaindividual, vocacionado, basicamente, à tutela preventiva e reparatória dos direitos ou interesses metaindividuais, que são os difusos, os coletivos e os individuais homogêneos".[8]

---

[7] Em recente pesquisa acerca das ações civis públicas e dos principais proponentes destas ações, pode-se constatar a mínima atuação das entidades sindicais e a expressiva atuação do Ministério Público do Trabalho: "O que se percebe é que o conflito de trabalho comporta duas vertentes distintas de solução jurisdicional: uma de ordem coletiva, ao se reconhecer que um grupo de trabalhadores estava sujeito às mesmas condições de fato e de direito e, portanto, deve receber do Estado-juiz uma mesma resposta; e outra, aquela que necessariamente precisa ser individualizada em função do caráter particular de cada contrato de trabalho (e para qual variam condições como tempo de serviço, remuneração, condições pessoais do contrato, etc.). A Justiça do Trabalho tem desde sua criação atuado preponderantemente para resolver o segundo tipo de conflito, julgando as 'reclamatórias' individuais e condenando em caráter reparatório as empresas que não cumprem a lei, após extinto o contrato de trabalho. Porém, no que diz respeito ao tratamento coletivo dos conflitos trabalhistas, à exceção do poder normativo, a Justiça trabalhista tem sido pouco acionada pelo sindicatos. Ou seja, não se tem buscado, por via da ação coletiva, uma tutela jurisdicional sobre conflitos coletivos decorrentes do descumprimento da lei (fora portanto do âmbito econômico das negociações coletivas)". ARAUJO, Adriane Reis de; CASAGRANDE, Cássio Luis; PEREIRA, Ricardo José Macedo de Britto. As ações civis públicas no TST: atuação do Ministério Público do Trabalho e dos sindicatos em perspectiva comparada. In *Caderno CEDES*. n. 6. Rio de Janeiro: dez/2006. Disponível em http://www. soc.puc-rio.br/cedes/PDF/06novembro/acaocivilmp.pdf. Acesso em 29 de setembro de 2013.

[8] LEITE, Carlos Henrique Bezerra. *Direitos humanos*. 2. ed. Rio de Janeiro: Lumen Juris, 2011, p. 163, grifos do autor.

A tutela coletiva é exercida na Justiça do Trabalho através do dissídio coletivo, procedimento que entrou no ordenamento jurídico brasileiro em 1932, com a criação das Comissões Mistas de Conciliação (Decreto n. 21.396, de 12/05/1932), pouco antes da criação das Juntas de Conciliação e Julgamento (Decreto n. 22.132, de 25/11/1933). Em 1939, quando a Justiça do Trabalho ainda era concebida como um órgão administrativo desvinculado do Poder Judiciário, o Decreto-Lei nº 1.237/1939, em seu art. 94, já estabelecia a possibilidade de a decisão da Justiça do Trabalho se basear em um juízo de equidade. É possível afirmar, pois, que o poder normativo da Justiça do Trabalho faz parte da história da concepção do próprio Direito do Trabalho no Brasil. Sob a égide da Constituição de 1891 (emendada em 1926) – a qual não continha normas sobre direitos sociais – quando as partes não se conciliassem, o presidente da comissão propunha submeter a questão a um juízo arbitral e, se recusada a proposta, o processo era remetido ao Ministério do Trabalho, o qual, por sua vez, poderia nomear uma comissão incumbida de proferir um laudo arbitral. Estas comissões "foram absolutamente inoperantes".[9]

Sob a vigência da Constituição de 1934, o anteprojeto de organização da Justiça do Trabalho, encaminhado pelo Poder Executivo, conferia à mesma competência normativa. A Carta de 1937, criou o Conselho de Economia Nacional, composto por representantes dos vários ramos da produção nacional, designados pelas associações ou sindicatos de empregados e empregadores, o qual tinha como principais atribuições promover a organização corporativa da economia nacional e também editar normas reguladoras dos contratos coletivos de trabalho entre os sindicatos da mesma categoria da produção ou entre associações representativas de duas ou mais categorias. O artigo 139 tratava da Justiça do Trabalho.

A Constituição de 1946 deu à Justiça do Trabalho competência para conciliar e julgar os dissídios coletivos, dispondo que "a lei especificará os casos em que as decisões nos dissídios coletivos poderão estabelecer normas e condições de trabalho". Logo, conferiu status constitucional ao poder normativo, o que foi mantido na Constituição de 1967, com a Emenda nº 1 de 1969. A Constituição de 1988, em seu art. 114, § 2º, continua consagrando o poder normativo, prevendo este mecanismo como forma de solução dos conflitos coletivos de trabalho. Em 2004, a Emenda Constitucional 45 deu nova redação ao artigo 114 da Constituição Federal e, ao alterar a redação do § 2º do mesmo artigo, inseriu a necessidade de haver "comum acordo" entre as partes para a instauração da instância, aspecto sobre o qual discorreremos ao final deste item.

Lembra Amauri Mascaro Nascimento que, em 1999, o Supremo Tribunal Federal reduziu o alcance do poder normativo da Justiça do

---

[9] AROUCA, José Carlos. *Repensando o sindicato*. São Paulo: LTr, 1988, p. 178.

Trabalho, ao decidir, interpretando o artigo 114 da Constituição Federal de 1988, que a Justiça do Trabalho, no uso desse poder, pode atuar apenas no vazio deixado pelo legislador, não podendo contrariar lei em vigor ou estabelecer normas ou condições vedadas pela Constituição ou mesmo sobre matéria cuja disciplina seja reservada pela Constituição ao domínio da lei formal (RE 19.7911-PE). Em consequência, a Reforma do Poder Judiciário, discutida no mesmo ano, propôs a extinção do poder normativo da Justiça do Trabalho, salvo nos casos de greve em atividades essenciais, "com base na tese segundo a qual o meio próprio para a composição dos conflitos econômicos ou de interesses é a negociação coletiva, como nos demais países, ficando para o Judiciário a decisão dos conflitos, individuais ou coletivos, jurídicos",[10] proposta que, ao final, não obteve êxito.

Segundo José Carlos Arouca, "dissídio (conflito), coletivo (de grupo profissional), no sistema brasileiro, é mais que a arbitragem compulsória do conflito de interesses que não foi resolvida pelas partes. É a sua hetero-composição, através da atuação jurisdicional".[11] Distingue-se, quanto a sua finalidade, em dissídio coletivo econômico, assim considerado aquele que, embora não se restrinja a questões meramente econômicas, é ajuizado, como regra geral, próximo à data-base para reajuste das remunerações da categoria profissional e dissídio coletivo jurídico, consubstanciado em uma disputa judicial em torno da interpretação de determinada cláusula de convenção ou acordo coletivo de trabalho, de regulamento de empresa ou até mesmo de dispositivo de lei, sempre diante de um caso concreto. Para Amauri Mascaro Nascimento:

> Dissídio coletivo é um processo judicial de solução dos conflitos coletivos econômicos e jurídicos, que no Brasil ganhou máxima expressão como importante mecanismo de criação de normas e condições de trabalho por meio dos Tribunais Trabalhistas, que proferem sentenças denominadas normativas quando as partes que não se compuseram na negociação coletiva acionam a jurisdição.[12]

O poder normativo da Justiça do Trabalho, portanto, reside na atribuição constitucional deferida ao Poder Judiciário de fixar regras jurídicas no âmbito das relações laborais. Tecnicamente, a sentença normativa é sentença, pois sob o ponto de vista formal se constitui no exercício do poder decisório atribuído ao Estado. Substancialmente, entanto, a sentença normativa se distingue da sentença clássica, pois enquanto esta reflete a aplicação da norma jurídica existente sobre relação fático-jurídica configurada, a sentença normativa expressa a própria criação de regras

---

[10] NASCIMENTO, Amauri Mascaro. *Compêndio de direito sindical*. 6. ed. São Paulo: LTr, 2009, p. 436-437.

[11] AROUCA, José Carlos. *Repensando o sindicato*. São Paulo: LTr, 1988, p. 182.

[12] NASCIMENTO, op. cit., p. 437.

jurídicas abstratas, gerais e imperativas para a incidência sobre as relações de trabalho *ad futurum*.

A sentença normativa, portanto, é ato-regra (Duguit), comando abstrato (Carnelutti), constituindo-se em ato judicial (aspecto formal) criador de regras gerais, impessoais, obrigatórias e abstratas (aspecto material). É lei em sentido material, embora se preserve como ato judicial, do ponto de vista de sua forma de produção e exteriorização.[13]

No presente trabalho, interessa-nos especialmente a jurisdição trabalhista metaindividual, à medida que o dissídio coletivo (aplicável no âmbito da jurisdição trabalhista normativa) possui procedimento específico previsto na Consolidação das Leis do Trabalho e sua utilização já se encontra consolidada no âmbito trabalhista (e significativamente delimitada pelo princípio da unicidade sindical mantido com a Constituição Federal de 1988). A jurisdição trabalhista metaindividual, no entanto, suscita controvérsias e, em especial, abre espaço para que se discuta a representação processual adequada.

3. O controle judicial da representação processual nas *class actions* norte-americanas

O sistema estadunidense é, sem dúvida, aquele que mais tem condições de fornecer valiosas contribuições ao controle da representação processual pelo julgador, especialmente em virtude do seu histórico na utilização da tutela coletiva. No direito estadunidense, não existe um, mas vários tipos de ações coletivas. Há as ações coletivas de responsabilidade civil em massa e as ações coletivas de liberdades públicas e direitos civis. Há as ações coletivas de consumo e as ações coletivas em tutela de violações de lei antitruste. Há as ações coletivas indenizatórias e as ações coletivas de obrigação de fazer e não fazer. Há as ações coletivas em tutela de direitos privados e em tutela de direitos públicos. Há as ações coletivas de pequenas causas e as ações coletivas cujas pretensões individuais dos membros do grupo são economicamente viáveis através de ações individuais. Há ações coletivas em proteção ao mercado de valores e as ações coletivas ambientais. Há as ações coletivas ativas e as ações coletivas passivas.[14]

Os interessados em atuar como representantes em uma ação coletiva, devem comprovar que poderão efetuar uma justa e adequada pro-

---

[13] DELGADO, Maurício Godinho. *Curso de Direito do Trabalho*. 7. ed. São Paulo: LTr, 2008, p. 1297.

[14] Antonio Gidi possui vasto trabalho a respeito das *class actions* estadunidenses, no qual detalha as diversas espécies de ações coletivas e suas peculiaridades. A obra é referência no estudo das *class actions* e contribuiu significativamente na realização deste estudo. GIDI, Antonio. *A class action como instrumento de tutela coletiva de direitos*. São Paulo: Revista dos Tribunais, 2007, p. 20.

teção dos interesses da classe, nos termos da *Rule 23 (a) (4)*.[15] Trata-se de análise do caráter qualitativo da defesa dos interesses em juízo. "Abandona-se a ideia de *titularidade* afirmada de direitos em favor da muito mais flexível noção de *aptidão* para a defesa de direitos".[16] O representante deverá comprovar comprometimento com a causa, a motivação e o vigor na condução do feito, o interesse em jogo, as disponibilidades de tempo e a capacidade financeira, o conhecimento do litígio, honestidade, qualidade de caráter, credibilidade e, com especial relevo, a ausência de conflito de interesse. Além disso, a *Rule 23*, após a reforma de 1966, determina que o representante seja membro da classe.

No direito estadunidense, a representação adequada está intimamente ligada à noção de *due process of law*, ou seja, trata-se, mais do que uma mera questão processual, de uma questão de ordem constitucional.[17] Assim, para que uma ação coletiva seja aceita como tal, o juiz precisa estar suficientemente convencido de que o representante tem condições de representar adequadamente os interesses do grupo em juízo. O juiz tem o dever de controlar de ofício a atuação do representante desde o momento da propositura da ação até a execução de sentença, passando por todas as demais fases procedimentais.

> Através do requisito da adequação da representação o direito americano atinge três resultados: a um só tempo, minimiza o risco de colusão, incentiva uma conduta vigorosa do representante e do advogado do grupo e assegura que se traga para o processo a visão e os reais interesses dos membros do grupo. O objetivo primordial é assegurar, tanto quanto possível, que o resultado obtido com a ação coletiva não seja substancialmente diverso daquele que seria obtido em ações individuais em que os membros do grupo defendam pessoalmente seus direitos.[18]

Para analisar os efeitos da coisa julgada sobre os membros que não participaram do litígio, a *Rule 23* prevê a opção por uma dentre três técnicas de inclusão dos representados no grupo: a) a da presença compulsória (todos os membros do grupo são considerados presentes em juízo, sem possibilidade de se excluírem do grupo e serem atingidos pela coisa julgada – técnica particularmente importante na defesa de interesses indivisíveis); b) a do *opt in* (será considerado presente em juízo – e vinculado pela sentença coletiva – apenas aquele membro do grupo que expressamente solicitar sua inclusão no processo) e c) a do *opt out* (pre-

---

[15] *Rule 23 (a) (4): "The representative parties will fairly and adequately protect the interests of the class".*

[16] ROCHA, Luciano Velasque. *Ações coletivas:* o problema da legitimidade para agir. Rio de Janeiro: Forense, 2007, p. 141.

[17] E, como veremos no item seguinte, esta não é uma prerrogativa do sistema estadunidense. A representação adequada está diretamente relacionada ao princípio do devido processo legal coletivo, também no sistema brasileiro.

[18] GIDI, Antonio. A representação adequada nas ações coletivas brasileiras: uma proposta. In *Revista de Processo*. Vol. 108, n. 61, out-dez/2002. São Paulo: Revista dos Tribunais, p. 66.

sume-se que os membros do grupo desejam fazer parte do litígio e condiciona-se a sua exclusão a uma manifestação expressa nesse sentido).[19] A ausência de representação adequada poderá propiciar a decretação de invalidade ou declaração de ineficácia do julgado proferido na *class action* em relação ao membro ausente ou mesmo de um membro que, a princípio, considerava-se representado na ação coletiva:

> Se o grupo ou algum dos membros do grupo não forem adequadamente representados em juízo, eles não poderão legitimamente ser vinculados pela sentença dada em uma ação coletiva. Se em ação futura (individual ou coletiva), através de uma avaliação retrospectiva, ficar estabelecida a inadequação da representação, o juiz negará o efeito de coisa julgada à sentença anterior em benefício de todos ou alguns dos membros do grupo. O juiz da ação posterior, como terceiro distante e desinteressado, está muito mais bem aparelhado para detectar as inadequações ocorridas no processo anterior do que o próprio juiz que julgou a causa.

> Por esse motivo, ainda que possa parecer contraditório e irônico, é de interesse da parte contrária ao grupo zelar pela adequação do representante do grupo.[20]

Na análise da representação processual adequada está, a nosso ver, a principal contribuição das *class actions* estadunidenses para o sistema de tutela coletiva de direitos. Isto porque o sistema não parte de um rol preestabelecido de possíveis representantes, como se estivessem, *a priori*, devidamente legitimados e qualificados para o exercício deste mister. Tal condição não pode ser tida como um pressuposto, como é visto em outros sistemas, inclusive, no sistema brasileiro segundo parte da doutrina. Há, sim, grande margem de discricionariedade do julgador na análise deste requisito e até mesmo interesse da parte demandada no sentido de que o mesmo seja plenamente atendido, para evitar futuras demandas sobre o mesmo fato.

Ainda assim, é comum que a análise deste requisito se detenha apenas na ausência de conflito de interesses e não em outras provas de representação adequada (por exemplo, conhecimento da causa, idoneidade moral, ou outra). Como aponta Klonoff, *"courts usually require serious deficiences before finding that a class representative is inadequate"*.[21] O mesmo autor aponta os critérios que são (ou deveriam ser) considerados na análise da representação adequada, destacando que a valoração destes critérios costuma variar de acordo com os diferentes tribunais:

---

[19] GIDI, Antonio. *A Class Action como instrumento de tutela coletiva de direitos:* as ações coletivas em uma perspectiva comparada. São Paulo: Editora Revista dos Tribunais, 2007, p. 291-292.

[20] GIDI, Antonio. A representação adequada nas ações coletivas brasileiras: uma proposta. In *Revista de Processo*. Vol. 108, n. 61, out-dez/2002. São Paulo: Revista dos Tribunais, p. 66-67.

[21] KLONOFF, Robert H. *Class actions and other multy-party litigation.* 3. ed. Washington, DC: Thomson West, 2007, p. 53. "Os tribunais normalmente exigem sérias deficiências antes de considerar um representante inadequado". Tradução livre da doutoranda.

O primeiro destes critérios observado por algumas cortes estadunidenses diz respeito à exigência de uma acusação vigorosa (*vigorous prosecution*) por parte do representante. Isto significa, por exemplo, que ele ou ela deve conhecer a causa, acreditar no seu mérito, agir em tempo hábil e supervisionar a conduta do grupo. Além disso, deve ter tempo e recursos necessários para devotar à causa, sendo observada até mesmo a participação do representante no resultado da causa, pois como lembra Klonoff, *"If a representative has only a small stake in the outcome, he or she generally will be less inclined to commit the time and resources necessary to be vigorous and effective"*.[22] Ainda assim, o mesmo autor lembra: *"Few cases actually reject class representatives on this basis"*.

Um segundo critério observado para fins de representação processual adequada diz respeito ao conhecimento da causa, a saber, conhecimento dos fatos, partes e questões básicas do caso, além do contato direto com a classe. Isto não significa que os tribunais exijam um conhecimento preciso das questões de fato e de direito envolvidas, especialmente quando o caso é complicado ou extremamente técnico (como nos casos envolvendo fraudes em seguros ou leis antitruste, por exemplo), bastando um conhecimento básico do caso. Mesmo assim, são raros os casos em que há o reconhecimento de inadequação de representação baseado neste critério.[23]

Outro critério levado em consideração é a honestidade, bom caráter e credibilidade do representante (*honesty, good character and credibility*). Por exemplo, representantes que tenham prestado falso testemunho ou que tenham agido desonestamente no litígio em questão, podem ser considerados inadequados, embora poucos tribunais desqualifiquem o representante exclusivamente com base neste critério.

Ainda, outro critério considerado é a ausência de conflito de interesses entre o representante e a classe ou entre aquele e alguns membros da classe. Isto pode ocorrer quando houver interesse financeiro do próprio representante (sendo, por exemplo, acionista de uma das empresas demandadas). Questões como esta são decididas com base nos fatos específicos, sendo que nem toda relação familiar ou de negócios é considerada suficiente para desqualificar o representante. Ainda assim, este é o critério mais invocado para desqualificar representantes de classe por vários tribunais americanos, pois é mais fácil comprovar a existência de conflito de interesses do que desconhecimento de causa ou falha de caráter.

---

[22] KLONOFF, Robert H. *Class actions and other multy-party litigation*. 3. ed. Washington, DC: Thomson West, 2007, p. 54. "Se um representante tem apenas uma participação pequena no resultado, ele ou ela geralmente será menos inclinado a dispender o tempo e os recursos necessários para uma vigorosa e eficaz representação". Tradução livre da doutoranda.

[23] Idem, p. 55.

PROCESSOS COLETIVOS

A existência de defesas únicas, que possam atrair o foco do julgamento é um critério também considerado relevante, não apenas para preencher o requisito da tipicidade nas ações de classe, mas também para a adequação. *"If a representative must devote time and attention to defenses unique to the representative's own case, that is time taken away from representing the interests of the class as a whole"*.[24]

O representante, ainda, segundo alguns tribunais, deverá ter condições de financiar a *class action*, embora outros tribunais não exijam esta condição do representante, ainda mais quando o advogado do grupo apresentá-la.[25] Nas situações em que o tribunal exige que o representante tenha recursos financeiros para custear a ação, geralmente analisa-se se há recursos suficientes para arcar com a notificação dos membros da classe. Esta questão, de caráter financeiro, normalmente é analisada já em uma fase de pré-certificação.

Relacionada com a representação adequada, tem-se a análise da adequação do advogado da classe. Vários fatores são examinados com este fim: a) Qualificação: considera-se a experiência e reputação do advogado, especialmente sua atuação em outras ações de classe ou outros casos de maior complexidade. b) *Performance*: os tribunais costumam analisar a performance do advogado no litígio em questão. A maioria dos tribunais não exige demasiadamente deste fato, bastando que o advogado apresente uma *performance* minimamente competente. c) Envolvimento com os representados da classe: o que envolve manter os membros da classe informados de questões relevantes e decisões significativas do processo. d) Conduta ética: os tribunais consideram se o advogado cometeu atos antiéticos ou ilegais, no processo em questão ou mesmo em outros. e) Ausência de conflito de interesses: o advogado da classe não deve ter relação familiar ou de negócios com qualquer acusado ou defender qualquer dos acusados simultaneamente em outro processo; também pode haver conflito quando o advogado representar duas classes distintas contra o mesmo réu.

O fato é que os tribunais norte-americanos têm diferentes abordagens na análise da inadequação dos representantes da classe e dos advogados. É ônus do autor convencer o juiz da adequação da representação. Se for reconhecida uma representação inadequada (que pode ser alegada

---

[24] KLONOFF, Robert H. *Class actions and other multy-party litigation*. 3. ed. Washington, DC: Thomson West, 2007, p. 59. "Se um representante deve dedicar tempo e atenção a uma defesa única aos representados do próprio caso, trata-se do mesmo tempo que dispenderá para representar os interesses da classe como um todo". Tradução livre da doutoranda.

[25] Lembra Gidi que "quem inicia, financia e controla a ação coletiva é o advogado do grupo, e é ele quem deve estar suficientemente motivado para tutelar os interesses do grupo que representa. O advogado do grupo é o verdadeiro *dominus litis*". GIDI, Antonio. *A Class Action como instrumento de tutela coletiva de direitos*: as ações coletivas em uma perspectiva comparada. São Paulo: Revista dos Tribunais, 2007, p. 106.

por um membro interveniente, pelo advogado do grupo, pela parte contrária ou mesmo ser conhecida de ofício pelo juiz) antes da certificação da ação como *class action*, o tribunal pode negar esta certificação de classe ou permitir a substituição por um representante ou advogado adequado, conforme o caso. Alternativamente, pode permitir o prosseguimento apenas em relação aos indivíduos que estejam adequadamente representados, diminuindo a extensão da classe. Se um problema de adequação ocorrer após a certificação, o tribunal pode optar entre substituir o representante ou advogado inadequado, diminuir a extensão da classe ou, em situações extremas, cancelar a certificação da classe. *"In no event should a court allow the case to proceed in the absence of at least one adequate representative and one adequate attorney for each subclass in the case"*.[26]

É responsabilidade do juiz garantir que o processo coletivo seja conduzido de forma adequada. E isto inclui uma análise criteriosa da representação, pois a não observância deste requisito pode ocasionar graves prejuízos à causa, ao grupo, ou mesmo à sociedade. Como lembra Gidi:

> Se o representante não tutela adequadamente os interesses dos membros ausentes, ele é um não-representante. Em tese, não se poderia sequer se conceber um conceito de "representação inadequada": ou a representação é adequada ou não houve representação e, sem representação, não foi respeitado o direito dos membros ausentes de serem ouvidos em juízo.[27]

A análise da representação adequada não existe explicitamente no sistema processual brasileiro, o qual analisa a questão sob a ótica da legitimidade, como se verá no capítulo seguinte. Contudo, justamente em virtude do alcance da coisa julgada coletiva e sua função prática é possível defender que também no sistema brasileiro seja exercido este controle de representação, a respeito do qual discorreremos a seguir.

4. Representação processual adequada no direito brasileiro

A legislação brasileira nada refere a respeito da figura da representação processual adequada. Como se viu, no sistema pátrio é em torno da figura do legitimado que gravitam as discussões acerca do sujeito que poderá pleitear em Juízo direitos coletivos. Eis a razão pela qual parte da doutrina entende inaplicável o controle judicial da representação adequada, a nosso ver adotando uma leitura estreita das normas infracons-

---

[26] KLONOFF, Robert H. *Class actions and other multy-party litigation*. 3. ed. Washington, DC: Thomson West, 2007, p. 65. "Em nenhum caso deve o tribunal permitir que o processo prossiga na ausência de pelo menos um representante e um procurador adequado, para cada subclasse". Tradução livre da doutoranda.

[27] GIDI, Antonio. *A Class Action como instrumento de tutela coletiva de direitos*: as ações coletivas em uma perspectiva comparada. São Paulo: Revista dos Tribunais, 2007, p. 101.

titucionais. Como lembra Rodrigo Mendes de Araújo, "a necessidade de um representante adequado não é uma exigência exclusiva da legislação norte-americana, mas de toda e qualquer legislação que trate do tema, inclusive a brasileira".[28]

No âmbito dos processos coletivos no Brasil, o fato de a legitimidade e a representação adequada serem tratadas conjuntamente ou até mesmo confundirem-se, deve-se a dois fatores principais: a omissão do legislador infraconstitucional acerca do controle judicial da representação adequada e a falsa compreensão do que é representação processual adequada.

Denuncia Rodrigo Mendes de Araujo que "a escolha do representante de interesses alheios é uma das tarefas mais difíceis em se tratando de litígios coletivos".[29] Diversas são as alternativas para sua seleção. Segundo Mauro Cappelletti, podem-se apontar três delas, a saber: a ação governamental; a técnica do procurador-geral privado (*Organizational Private Attorney General*); e a técnica do advogado particular do interesse público.[30]

Nota-se que o Brasil segue a mesma linha adotada por muitos países, ao optar por uma solução "publicista",[31] reconhecendo aos entes públicos e entidades da administração indireta a legitimidade para a defesa dos interesses difusos, coletivos *stricto sensu* e individuais homogêneos.[32] De acordo com o artigo 5º da Lei da Ação Civil Pública e artigo 82 do Código de Defesa do Consumidor, a União, os Estados, o Distrito Federal, os Municípios, as autarquias, as empresas públicas, as fundações, as

---

[28] ARAUJO, Rodrigo Mendes de. *A representação adequada nas ações coletivas*. Salvador: Juspodivm, 2013, p. 208.

[29] Idem, p. 128.

[30] CAPPELLETTI, Mauro. *Acesso à justiça*. trad. de Ellen Gracie Northfleet. Porto Alegre: Fabris, 1988, p. 51-67. Rodolfo de Camargo Mancuso aponta quatro alternativas principais para a defesa dos interesses difusos: a legitimação difusa (concorrente ou disjuntiva) aos particulares, individualmente ou agrupados; a legitimação restrita aos grupos sociais; a legitimação a órgãos e agências governamentais especializadas; e a legitimação ao Ministério Público. MANCUSO, Rodolfo de Camargo. *Interesses difusos: conceito e legitimação para agir*. São Paulo: Revista dos Tribunais, 2000, p. 190-249. Rodrigo Mendes de Araujo aponta classificação que considera não apenas a defesa dos interesses difusos, mas também a defesa dos interesses coletivos stricto sensu e individuais homogêneos: a legitimação dos entes governamentais (entes políticos, entidades da administração indireta e Defensoria Pública); a atuação do Ministério Público; a atuação dos entes intermediários (as associações e os sindicatos) e a atuação dos indivíduos. ARAUJO, Rodrigo Mendes de. *A representação adequada nas ações coletivas*. Salvador: Juspodivm, 2013, p. 128.

[31] Solução que é criticada por Mauro Cappelletti, em virtude, dentre outros motivos, da incapacidade técnica do Estado, de uma maior sujeição a pressões políticas e de seu maior alinhamento com interesses organizados. CAPPELLETTI, Mauro. *Acesso à justiça*. Trad. de Ellen Gracie Northfleet. Porto Alegre: Fabris, 1988, p. 51-52.

[32] Nota-se que aqui se fala em legitimidade, a qual, a nosso ver, não é necessariamente sinônimo de representação processual adequada. Cabe, contudo, analisar-se quem são os entes legitimados, por se tratar de situação legalmente posta, para que a partir deste rol se possa verificar a existência da representação adequada (ou mesmo a falta dela).

sociedades de economia mista e as demais entidades e órgãos da administração pública, direta ou indireta, estão legitimadas para defender os interesses acima mencionados.[33]

Além delas, como se viu, também o Ministério Público possui legitimidade para a defesa dos interesses difusos e coletivos. A Constituição Federal de 1988, ao dispor sobre as funções institucionais do Ministério Público, em seu artigo 129, inciso III, atribui-lhe a tarefa de "promover o inquérito civil e a ação civil pública, para a promoção do patrimônio público e social, do meio ambiente e de outros interesses difusos e coletivos". Trata-se de função que já era consagrada na legislação infraconstitucional desde 1985, quando do advento da Lei nº 7.347[34] e que hoje, mais de vinte anos após a Constituição de 1988 e mais de quinze anos após o Código de Defesa do Consumidor de 1990, já aponta para a consolidação da imagem de que o processo coletivo no Brasil está intimamente ligado à atuação do Ministério Público.[35]

Entretanto, legitimidade não se confunde com representação processual adequada e, quanto a este aspecto, cabem alguns esclarecimentos semânticos. Em primeiro lugar, não se pode confundir representação processual com substituição processual. Na representação processual, o representante defende, em juízo, o direito de outrem, em nome de outrem, enquanto que o substituto *processual, utilizando-se do conceito de Liebman, é aquele que*

> exerce em nome próprio uma ação que, embora pertença a outrem segundo as regras ordinárias, é conferida ou estendida excepcionalmente a ele através da legitimação extraordinária; isto se dá em atenção a um seu especial interesse pessoal, que pode ser qualificado como interesse legítimo reconhecido pela lei através da permissão, que lhe dá, de agir em juízo para a tutela de um direito alheio.[36]

---

[33] Cabe referir que a Lei nº 11.448/2007 incluiu a Defensoria Pública no rol dos legitimados à propositura da Ação Civil Pública, conferindo nova redação ao artigo 5º , inciso II da Lei da Ação Civil Pública. Anteriormente a referida alteração legislativa, já se sustentava a atuação da Defensoria Pública na propositura de ação civil pública, mas apenas de forma excepcional, em duas situações: como representante judicial de um legitimado e quando havia previsão expressa de um órgão da Defensoria Pública para atuar na defesa dos interesses coletivos *lato sensu*.

[34] Rodrigo Mendes de Araujo lembra que, em grande parte por influência da posição de Mauro Cappelletti, a outorga de legitimidade ao Ministério Público para a defesa dos interesses coletivos no Brasil sofreu certa resistência, tanto que o primeiro projeto de lei de ação civil pública, embora previsse a legitimidade ativa e a intervenção necessária do Ministério Público nas ações civis públicas, não dotava a instituiçãode um instrumento pré-processual com vistas à investigação das infrações ao interesses coletivos (o inquérito civil). ARAUJO, Rodrigo Mendes de. *A representação adequada nas ações coletivas*. Salvador: Juspodivm, 2013, p. 138-139.

[35] Aliás, é preciso concordar com Eurico Ferraresi, quando afirma, referindo-se à ação popular, que "cada vez menos os cidadãos se utilizam desse instrumento, uma vez que o Ministério Público encampou quase que exclusivamente a tutela jurisdicional coletiva". FERRARESI, Eurico. A pessoa física como legitimada ativa da ação civil pública. In GRINOVER, Ada Pellegrini; MENDES, Aluisio Gonçalves de Castro; WATANABE, Kazuo (Coord.). *Direito processual coletivo e o anteprojeto do Código Brasileiro de Processos Coletivos*. São Paulo: Revista dos Tribunais, 2007, p. 137.

[36] LIEBMAN, Enrico Tullio. *Manual de direito processual civil*. Rio de Janeiro: Forense, 1984, v. I, p. 160.

Antes do advento da Lei nº 7.347/85 (Lei da Ação Civil Pública), boa parte da doutrina e da jurisprudência brasileiras recusava-se até mesmo a aceitar a legitimidade ativa de determinados *corpos intermediários* para a defesa em juízo de interesses coletivos. Por apego à legislação e à cultura jurídica de então, havia até mesmo resistência em se interpretar extensivamente o artigo 6º do Código de Processo Civil.[37]

De fato este dispositivo está voltado "para a tutela do direito individual puro",[38] como refere Gregório Assagra de Almeida, eis que elaborado sob uma concepção liberal-individualista, o que explica a falta de congruência em tentar-se aplicar esta solução para a defesa dos interesses massificados. Trabalhava-se com a clássica divisão entre legitimidade ordinária e legitimidade extraordinária adotada pelo artigo 6º do CPC e seguida por boa parte da doutrina nacional. Na atualidade esta divisão vem perdendo importância, em virtude da expressa previsão legal de entidades legitimadas para propor as ações coletivas.[39] A tutela de interesses coletivos na sociedade contemporânea reclama um olhar coletivo, um olhar sobre a representação além da mera legitimação. Ainda assim, para que se possa realizar a crítica, é pertinente que se perceba como se posicionam estas duas correntes e quais as repercussões ao se optar por uma ou outra solução.

De um lado, temos a possibilidade de uma legitimação extraordinária, defendida na doutrina nacional por Barbosa Moreira[40] a partir das lições de Arruda Alvim, segundo a qual a possibilidade de tutela jurisdicional de direitos supraindividuais independe de expressa autorização da lei processual. Haveria, portanto, uma legitimação extraordinária que pode ser inferida a partir da interpretação do ordenamento jurídico

---

[37] As ações coletivas existentes se restringiam ao dissídio coletivo e à ação popular previstos, respectivamente, na Consolidação das Leis do Trabalho (artigos 856 e 857) e na Lei 4.717/65, diplomas que especificavam restritamente quais seriam os legitimados ativos. Havia uma resistência, por ausência de previsão legal, em se reconhecer a possibilidade de tutela jurisdicional a outros direitos.

[38] ALMEIDA, Gregório Assagra de. *Direito processual coletivo brasileiro:* um novo ramo do direito processual. São Paulo: Saraiva, 2003, p. 143.

[39] Nelson Nery Junior defende, com base na doutrina alemã, uma legitimação autônoma para conduzir o processo, "instituto destinado a fazer valer em juízo os direitos difusos, sem que se tenha de recorrer aos mecanismos de direito material para explicar referida legitimação". NERY JUNIOR, Nelson. *Princípios do processo civil na Constituição Federal.* 7. ed. São Paulo: Revista dos Tribunais, 2002, p. 121.

[40] Para José Carlos Barbosa Moreira, as entidades associativas, ao agir em juízo em nome próprio, mas na defesa de direitos e de interesses de terceiros (os próprios filiados), atuam em situação de legitimação extraordinária, "que poderá dar lugar, isto sim, a um fenômeno de substituição processual, e não a um fenômeno de representação". BARBOSA MOREIRA, José Carlos. Ações coletivas na Constituição Federal de 1988. In *Revista de Processo.* n. 61, São Paulo: Revista dos Tribunais, jan/mar de 1991, p. 200. Referindo-se aos sindicatos, o mesmo autor afirma: "Também aqui me parece que se trata de um caso de legitimação extraordinária e, portanto, de eventual substituição processual e não de um caso de representação". BARBOSA MOREIRA, José Carlos. Ações coletivas na Constituição Federal de 1988. In *Revista de Processo.* n. 61, São Paulo: Revista dos Tribunais, jan/mar de 1991, p. 191.

como sistema. De outro tem-se uma construção doutrinária que procura extrair do próprio sistema jurídico processual vigente, mediante uma interpretação aberta e flexível do artigo 6º do CPC, uma legitimação ordinária por parte de entidades presentes na sociedade civil, criadas com a finalidade de proteger os direitos supraindividuais.

Na tentativa de superar esta polaridade clássica, uma terceira teoria, introduzida na doutrina brasileira por Nelson Nery Junior defende, com base na doutrina alemã, uma legitimação autônoma para conduzir o processo, "instituto destinado a fazer valer em juízo os direitos difusos, sem que se tenha de recorrer aos mecanismos de direito material para explicar referida legitimação".[41] Em nota, o autor diferencia a substituição processual da legitimação para as ações coletivas, pois enquanto na primeira o substituto busca defender direito alheio de titular determinado, nesta última o objetivo é outro, razão por que estas ações têm de ter estrutura diversa do regime de substituição processual.[42]

Ainda em sede de esclarecimentos, em segundo lugar, representação adequada não se confunde com legitimação para agir.[43] De fato há aproximações entre os dois termos, já que é esperado que o legitimado processual exerça a sua representação de forma adequada. Há também um controle misto da legitimação (legal e judicial) afinal, o legislador estabelece os legitimados e, em alguns casos, os requisitos que precisa preencher, tais como a pertinência temática e a pré-constituição das associações e este controle cabe ao Poder Judiciário. Contudo, não se pode afirmar que o simples fato de constar no rol dos legitimados ativos torna determinados sujeitos suficientemente adequados como representantes processuais.[44] A representação processual adequada relaciona-se com a diligência na condução do processo, com o esmero na produção de provas, com a preocupação com a publicidade aos demais componentes do grupo, aspectos que nem sempre estão presentes nas ações coletivas, embora delas devessem fazer parte.

Em terceiro lugar, representação adequada não se confunde com pertinência temática. Embora não haja um consenso acerca da natureza jurídica da pertinência temática, se requisito da legitimação ou do inte-

---

[41] NERY JUNIOR, Nelson. *Princípios do processo civil na Constituição Federal*. 7. ed. São Paulo: Editora Revista dos Tribunais, 2002, p. 121.

[42] Ibidem.

[43] "Uma aprendemos com os velhos processualistas italianos e a outra aprendemos da prática das *class actions* norte-americanas". GIDI, Antonio. *Rumo a um Código de Processo Civil Coletivo: a codificação das ações coletivas do Brasil*. Rio de Janeiro: GZ Editora, 2008, p. 111.

[44] Antonio Gidi denuncia uma espécie de "hesitação do legislador brasileiro com sua própria seleção de legitimados", pois se estes fossem realmente adequados, não haveria razão para a lei prever a coisa julgada *secundum evenum litis, in utilibus e secundum eventum probationis*. GIDI, Antonio. *Rumo a um Código de Processo Civil Coletivo: a codificação das ações coletivas do Brasil*. Rio de Janeiro: GZ Editora, 2008, p. 111.

resse processual,[45] fato é que a sua presença não garante que determinado ente que representa um interesse coletivo venha a se portar adequadamente no decorrer do processo. Por esta razão, Rodrigo Mendes de Araujo entende que a pertinência temática está relacionada com a legitimação para agir e que possui íntima relação com a representatividade pois, em suas palavras, a pertinência temática "não deixa de ser a garantia de um 'mínimo de representatividade' da associação com os interesses da classe que está sendo defendida em juízo".[46]

Por fim, representação não se confunde com representatividade adequada. Esta última refere-se a situação de efetivo reconhecimento por parte dos representados, que se sentem pertencentes ao grupo ali representado, à ressonância das atitudes do representante junto ao grupo. A representatividade é a própria vinculação do autor com os interesses reais da classe representada, enquanto a representação adequada é uma qualidade do autor, que se verifica *in concreto* no curso da relação processual e cuja necessidade de comprovação não se esgota em um único momento. Sobre este aspecto discorreremos mais no item seguinte.

Eduardo Cândia discorre acerca de duas formas de se conceber a representação adequada na jurisdição coletiva e que demonstra certa confusão a respeito do tema, existente na doutrina pátria: a primeira que entende que, tendo o legislador elencado nominal e taxativamente os titulares da ação coletiva, presume-se serem estes adequados e, nesses casos, normalmente os indivíduos integrantes da coletividade estão vinculados somente quando o resultado for favorável (pedido procedente) ou quando houver o ingresso do indivíduo na ação coletiva. Sob essa ótica, portanto, "a representação adequada é *in re ipsa*".[47] E a segunda, na qual há

> uma ampla e aberta titularidade da ação coletiva, ou seja, qualquer indivíduo que faça parte de um grupo e que comungue das mesmas queixas da classe pode, em tese, manejar a ação coletiva, de forma que o autor deverá provar em cada caso concreto que efetivamente vai, de forma adequada e vigorosa, defender os interesses de toda a coletividade que

---

[45] Para Rodolfo de Camargo Mancuso, a pertinência temática relaciona-se com a legitimidade para agir, pois se trata de saber se incide aquela exigência para que um colegitimado possa promover a tutela de determinado interesse coletivo. MANCUSO, Rodolfo de Camargo. *Jurisdição coletiva e coisa julgada*: teoria geral das ações coletivas. São Paulo: Revista dos Tribunais, 2006, p. 399. No mesmo sentido, MAZZILI, Hugo Nigro. *A defesa dos interesses difusos em juízo: meio ambiente, consumidor, patrimônio cultural, patrimônio público e outros interesses*. 18. ed. rev. ampl. e atual. São Paulo: Saraiva, 2005, p. 267. Para Teoria Albino Zavascki, a pertinência temática estaria mais ligada à questão do interesse de agir. ZAVASCKI, Teori Albino. *Processo coletivo: tutela de direitos coletivos e tutela coletiva de direitos*. 2. ed. São Paulo: Revista dos Tribunais, 2007, p. 75-76.

[46] ARAUJO, Rodrigo Mendes de. *A representação adequada nas ações coletivas*. Salvador: Juspodivm, 2013, p. 234.

[47] CÂNDIA, Eduardo. A representação adequado no direito processual civil coletivo brasileiro e o controle judicial em cada caso concreto: uma abordagem *de lege lata*. In *Revista de Processo*. Ano 36. vol. 202. dez/2011. São Paulo: Revista dos Tribunais, p. 424.

estará formalmente ausente no processo, tendo em conta que, coerentemente, o resultado final terá efeitos vinculantes para todos os indivíduos da classe, independentemente se benéfico ou não.[48]

Verifica-se, assim, que para o autor o controle da representação processual adequada só existe nos sistemas que permitem de forma ampliada o exercício da tutela coletiva, tal como o sistema estadunidense das *class actions*. Nos sistemas que optaram por um rol de legitimados, como ocorre no sistema brasileiro, a representação adequada é inerente à própria legitimidade (e com esta, consequentemente, se confunde). Um dos argumentos que se depreende das palavras do autor na formulação desta compreensão reside no (questionável) entendimento (comum a grande parte da doutrina) de que a coisa julgada nas demandas coletivas no Brasil se forma apenas para beneficiar os membros do grupo e nunca para prejudicar. Logo, se a sentença coletiva não pode nunca prejudicar o grupo, não haveria necessidade de controlar a adequação do representante.

De fato, como refere Antonio Gidi, as regras de escolha dos representantes e as regras do regime da coisa julgada são as duas faces de uma mesma moeda, ambas com o objetivo de proteger os interesses dos membros ausentes.[49] Entretanto, é equivocado pensar que a sentença coletiva sempre faz coisa julgada *secundum eventum litis* e se forma apenas no caso de procedência da demanda coletiva, para beneficiar os membros do grupo (*in utilibus*).

> A sentença de improcedência da demanda coletiva, se for dada com material probatório suficiente, faz coisa julgada coletiva (material), vincula o grupo e impede a propositura da mesma demanda coletiva. A coisa julgada coletiva se forma, portanto, *pro et contra,* independentemente do resultado do processo ter sido favorável ou contrário aos interesses ao grupo titular do direito de grupo. É verdade que os membros individuais do grupo não são atingidos pela coisa julgada coletiva e estarão livres para propor demandas individuais, para proteção dos seus direitos individuais. Todavia, a mesma demanda coletiva em tutela do mesmo direito difuso, coletivo ou individual homogêneo não poderá ser reproposta por nenhum dos legitimados. Portanto, o que é *secundum eventum litis* não é a formação da coisa julgada coletiva, mas a sua extensão à esfera jurídica individual dos membros do grupo titular do direito. Essa, sim, só ocorre para beneficiar (*in utilibus*), em caso de procedência da demanda coletiva.[50]

A compreensão de que a sentença coletiva faz coisa julgada *secundum eventum litis* e *in utilibus* provém da interpretação da regra contida no

---

[48] CÂNDIA, Eduardo. A representação adequada no direito processual civil coletivo brasileiro e o controle judicial em cada caso concreto: uma abordagem *de lege lata*. In *Revista de Processo*. Ano 36. vol. 202. dez/2011. São Paulo: Revista dos Tribunais, p. 424-425.

[49] GIDI, Antonio. *Coisa julgada e litispendência em ações coletivas*. São Paulo: Saraiva, 1995, p. 33-34.

[50] GIDI, Antonio. *Rumo a um Código de Processo Civil Coletivo:* a codificação das ações coletivas do Brasil. Rio de Janeiro: GZ Editora, 2008, p. 93-94.

artigo 103 da Lei 8.078/90.[51] Assim, sendo julgada improcedente a ação coletiva após prova plena e cognição exauriente, opera-se a coisa julgada material, o que inviabiliza a proposição de nova demanda coletiva com o mesmo objeto, nem mesmo por outro colegitimado ativo, contra os que integraram o polo passivo. Entretanto, isto não descarta a possibilidade de que sejam propostas ações individuais contra os integrantes do polo passivo, por aqueles indivíduos que não integraram a demanda coletiva. Todavia, o interesse a ser tutelado nestas ações individuais é, por óbvio, o interesse individual, de modo que, no que se refere ao interesse coletivo já discutido na ação coletiva anterior, sobre este paira a coisa julgada material. Logo, não se pode reduzir a discussão ao entendimento de que a coisa julgada, nas ações coletivas, ocorra só para beneficiar o autor da ação.

É claro que, se a coisa julgada na ação coletiva for de improcedência por insuficiência de provas, por conta do que determina o artigo 103 do CDC, não há que se falar nem no efeito *erga omnes* (no caso dos interesses difusos), nem no *ultra parte* (no caso dos coletivo *stricto sensu*). Este regime, todavia, não veio previsto para os interesses individuais homogêneos, isto porque neste caso tem-se direitos puramente individuais, que são tomados de forma coletiva apenas para fins de manejo judicial.

Ainda assim, é relevante considerar que o demandado coletivo que tenha sido vencedor em ação na qual tenha havido instrução plena e cognição exauriente encontra-se em posição francamente vantajosa, pois poderá se valer do resultado da ação coletiva como fundamento para defesa em futuras ações individuais. Em exemplo trazido por Rodolfo de Camargo Mancuso, de ação coletiva com cognição exauriente e julgada improcedente, na qual se buscava impedir a fabricação de um determinado medicamento sob o argumento de que trazia danos ao consumidor, mesmo que possa o usuário que não fez parte do pleito coletivo mover

---

[51] Art. 103. Nas ações coletivas de que trata este código, a sentença fará coisa julgada: I – erga omnes, exceto se o pedido for julgado improcedente por insuficiência de provas, hipótese em que qualquer legitimado poderá intentar outra ação, com idêntico fundamento valendo-se de nova prova, na hipótese do inciso I do parágrafo único do art. 81; II – ultra partes, mas limitadamente ao grupo, categoria ou classe, salvo improcedência por insuficiência de provas, nos termos do inciso anterior, quando se tratar da hipótese prevista no inciso II do parágrafo único do art. 81; III – *erga omnes*, apenas no caso de procedência do pedido, para beneficiar todas as vítimas e seus sucessores, na hipótese do inciso III do parágrafo único do art. 81. § 1º Os efeitos da coisa julgada previstos nos incisos I e II não prejudicarão interesses e direitos individuais dos integrantes da coletividade, do grupo, categoria ou classe. § 2º Na hipótese prevista no inciso III, em caso de improcedência do pedido, os interessados que não tiverem intervindo no processo como litisconsortes poderão propor ação de indenização a título individual. § 3º Os efeitos da coisa julgada de que cuida o art. 16, combinado com o art. 13 da Lei nº 7.347, de 24 de julho de 1985, não prejudicarão as ações de indenização por danos pessoalmente sofridos, propostas individualmente ou na forma prevista neste código, mas, se procedente o pedido, beneficiarão as vítimas e seus sucessores, que poderão proceder à liquidação e à execução, nos termos dos arts. 96 a 99.

sua demanda particular, "experimentará grande dificuldade para afastar a *influência* e o *peso* do fundamento do julgado coletivo sobre a lide individual".[52] Daí resulta mais um argumento da importância da representação adequada nas ações coletivas, como forma de garantir a observância do devido processo legal.

Como refere Gidi, "é princípio básico do direito processual civil coletivo que o processo não pode prosseguir, nem há formação de coisa julgada, sem que haja uma adequada representação dos interesses em jogo".[53] Esta representação relaciona-se com o devido processo legal (art. 5º, LV, CF/88), o qual tradicionalmente se aproxima de um esquema de processo judicial bastante centrado na figura do indivíduo, por procurar garantir a sua presença e participação no processo.[54] Mauro Cappelletti já se referia a um *devido processo legal coletivo*, de natureza social, em lugar do instituto tradicional, de natureza individual.[55] Através deste instituto revisitado, o direito de ser ouvido e de apresentar defesa em juízo são substituídos por um direito de ser ouvido, citado e defendido através de um representante. "Mas não através de um representante qualquer: o grupo deve ser representado em juízo por um representante adequado".[56]

Logo, o devido processo legal coletivo é o que possibilita e fundamenta a necessidade de um representante processual adequado. De todo o modo, persiste na doutrina brasileira uma certa resistência à discussão sobre a representação processual adequada, havendo quem se posicione no sentido de que a própria legislação brasileira já fixa os critérios desta representação adequada e aqueles que vislumbram a possibilidade de controle judicial de representação processual adequada *de lege lata*.

---

[52] MANCUSO, Rodolfo de Camargo. *Jurisdição coletiva e coisa julgada: teoria geral das ações coletivas*. São Paulo: Revista dos Tribunais, 2006, p. 264.

[53] GIDI, Antonio. *Rumo a um Código de Processo Civil Coletivo*: a codificação das ações coletivas do Brasil. Rio de Janeiro: GZ Editora, 2008, p. 77.

[54] Rodrigo Mendes de Araújo, em estudo sobre a representação processual adequada, analisa a aplicação do princípio do devido processo legal na defesa judicial dos interesses coletivos. A partir de exemplos extraídos do direito estadunidense, o autor aponta os obstáculos à utilização das ações coletivas e uma releitura dos tão consagrados direitos de ser ouvido em juízo (*right to be heard*) e de ter o seu dia perante o juízo (*day in court*). ARAUJO, Rodrigo Mendes de. *A representação adequada nas ações coletivas*. Salvador: Juspodivm, 2013, p. 108-117, especialmente p. 113.

[55] CAPPELLETTI, Mauro. *The judicial process in comparative perspective*. Oxford: Clarendon Press, 1991, p. 304. Referido por GIDI, Antonio. *Rumo a um Código de Processo Civil Coletivo*: a codificação das ações coletivas do Brasil. Rio de Janeiro: GZ Editora, 2008, p. 78, nota 60.

[56] GIDI, Antonio. *Rumo a um Código de Processo Civil Coletivo*: a codificação das ações coletivas do Brasil. Rio de Janeiro: GZ Editora, 2008, p. 78.

A primeira corrente, à qual se filiam Rodolfo de Camargo Mancuso,[57] Eduardo Cândia,[58] Nelson Nery Junior e Rosa Maria de Andrade Nery,[59] Aluísio Gonçalves de Castro Mendes,[60] Pedro da Silva Dinamarco, dentre outros, confunde representação adequada com legitimidade, partindo do pressuposto de que a previsão em lei do legitimado ativo já acarreta a presunção de sua representação adequada. Nelson Nery Junior chega a referir-se a uma legitimação *ad causam ope judicis* no sistema americano, isto é, por obra e escolha do juiz e a uma legitimação *ope legis* no sistema brasileiro.[61] Antonio Gidi tece severas críticas a este entendimento, afirmando ser fruto de uma interpretação equivocada das ações coletivas norte-americanas.[62] Isto porque também no sistema estadunidense não é o juiz quem escolhe os legitimados para a propositura da ação coletiva. A própria lei *Rule 23(a)* das *Federal Rules of Civil Procedure* já determina que o legitimado deve ser um membro típico do grupo e que deverá representar adequadamente os interesses do grupo. Cabe ao juiz realizar o controle da representação processual, para que esta se dê de maneira adequada.

Mesmo que se admita que a situação de uma representação inadequada seja excepcional, como faz Eduardo Cândia[63] e mesmo que não mais se admita que o magistrado adote uma postura passiva na condução do processo, é inegável que, dadas as peculiaridades dos interesses tutelados de forma coletiva, sua abrangência, importância e repercussão, não se pode admitir a possibilidade de haver uma representação inadequada, uma inadequada condução do processo como um risco possível. Além disso, concordamos com Antonio Gidi ao afirmar que "ser *contra* o controle judicial da representação adequada significa ser *a favor* da

---

[57] O autor entende que o legislador brasileiro adotou uma postura eclética e moderada, fixando na lei "os critérios da representação adequada (Lei 7.347/85, art. 5º; Lei 8.078/90, art. 82) mas deixou uma certa margem de aferição ao juiz que, por exemplo, pode dispensar o requisito da pré-constituição da associação autora (§ 1º do art. 82 da Lei 8.078/90) ou ainda indicar a *pertinência temática* entre o objeto da ação e o fim institucional do autor coletivo (Lei 7.347/85, art. 5º, II)". MANCUSO, Rodolfo de Camargo. *Jurisdição coletiva e coisa julgada: teoria geral das ações coletivas.* São Paulo: Revista dos Tribunais, 2006, p. 319.

[58] CÂNDIA, Eduardo. *Legitimidade ativa na ação civil pública.* Salvador: Juspodivm, 2013, p. 276.

[59] NERY JUNIOR, Nelson; NERY, Rosa Maria de Andrade. *Código Civil anotado e legislação extravagante.* São Paulo: Revista dos Tribunais, 2003, p. 975.

[60] "Ao estabelecer, de modo limitado, como legitimados, apenas os órgãos públicos e as associações, a representatividade adequada foi presumida". MENDES, Aluisio Gonçalves de Castro. *Ações coletivas no direito comparado e nacional.* 2. ed. São Paulo: Revista dos Tribunais, 2010, p. 279.

[61] NERY JUNIOR, Nelson. *Código Brasileiro de Defesa do Consumidor comentado pelos autores do anteprojeto.* 2. ed. Rio de Janeiro: Forense Universitária, 1992, p. 628 e 637.

[62] GIDI, Antonio. *Rumo a um Código de Processo Civil Coletivo: a codificação das ações coletivas do Brasil.* Rio de Janeiro: GZ Editora, 2008, p. 87.

[63] CÂNDIA, Eduardo. *Legitimidade ativa na ação civil pública.* Salvador: Juspodivm, 2013, p. 271.

possibilidade de uma representação inadequada dos direitos de grupo em demandas coletivas, o que é inadmissível".[64]

Assim, defendendo a necessidade de controle judicial da adequação do legitimado coletivo, como decorrência da aplicação da cláusula do devido processo legal à tutela jurisdicional coletiva, Antonio Gidi,[65] Fredie Didier e Hermes Zanetti Júnior,[66] Ada Pellegrini Grinover,[67] Álvaro Luiz Valery Mirra,[68] dentre outros, adotam uma segunda posição. Sob esta ótica, em havendo falta de representação adequada, há quem entenda, como fazem Antonio Gidi, Hermes Zanetti Junior e Fredie Didier, que deve ocorrer a substituição do autor da ação coletiva, quer pelo Ministério Público, quer por outro legitimado, convocado ao processo por meio de edital.[69]

5. A representatividade como requisito intrínseco da representação processual adequada

Conforme delineado anteriormente, representação não se confunde com representatividade. Esta última refere-se a situação de efetivo reco-

---

[64] GIDI, Antonio. *Rumo a um Código de Processo Civil Coletivo:* a codificação das ações coletivas do Brasil. Rio de Janeiro: GZ Editora, 2008, p. 84.

[65] GIDI, Antonio. A representação adequada nas ações coletivas brasileiras: uma proposta. *Revista de Processo.* São Paulo: Revista dos Tribunais, 2003, nº 108, p. 64.

[66] DIDIER JR, Fredie; ZANETI JR., Hermes. *Curso de direito processual civil:* processo coletivo. 3. ed. v. 4, Salvador: Juspodivm, 2008, p. 235.

[67] A autora chegou a afirmar que "o sistema brasileiro não escolheu o caminho do controle judicial da 'representatividade adequada'". GRINOVER, Ada Pellegrini. O novo processo do consumidor. In *O processo em evolução.* 2. ed. Rio de Janeiro: Forense Universitária, 1998, p. 132. Posteriormente, revendo posicionamento anterior, reconheceu que "problemas práticos tem surgido pelo manejo de ações coletivas por parte de associações que, embora obedeçam aos requisitos legais, não apresentam a credibilidade, a seriedade, o conhecimento técnico-científico, a capacidade econômica, a possibilidade de produzir uma defesa processual válida, dados sensíveis estes que constituem as características de uma "representatividade" idônea e adequada. E mesmo na atuação do Ministério Público, têm aparecido casos concretos em que os interesses defendidos pelo *parquet* não coincidem com os verdadeiros valores sociais da classe de cujos interesses ele se diz portador em juízo. (...) Quer me parecer que o sistema brasileiro, embora não o afirme expressamente, não é avesso ao controle da "representatividade adequada" pelo juiz, em cada caso concreto. (...) Vê-se daí que o ordenamento jurídico não é infenso ao controle da legitimação *ope judicis,* de modo que se pode afirmar que o modelo do direito comparado (...) pode ser tranquilamente adotado no Brasil, na ausência de norma impeditiva". GRINOVER, Ada Pellegrini. Ações coletivas ibero-americanas: novas questões sobre a legitimação e a coisa julgada. *Revista Forense.* Rio de Janeiro, Ano 98, v. 361, p. 5-6, mai/jun 2002.

[68] MIRRA, Álvaro Luiz Valery. Associações civis e a defesa dos interesses difusos em juízo: do direito vigente ao direito projetado. In GRINOVER, Ada Pellegrini; MENDES, Aluisio Gonçalves de Castro; WATANABE, Kazuo (Coord.). *Direito processual coletivo e o anteprojeto do Código Brasileiro de Processos Coletivos.* São Paulo: Revista dos Tribunais, 2007, p. 117.

[69] GIDI, Antonio. *Rumo a um Código de Processo Civil Coletivo:* a codificação das ações coletivas do Brasil. Rio de Janeiro: GZ Editora, 2008, p. 108. Ver também DIDIER JR, Fredie; ZANETI JR., Hermes. *Curso de direito processual civil:* processo coletivo. 3. ed. v. 4, Salvador: Juspodivm, 2008, p. 235.

nhecimento por parte dos representados, a uma identificação sociológica com aquele que representa, como verdadeiro porta-voz dos interesses do grupo. Esta diferenciação foi destaca por Antonio Gidi, para quem "a 'representação' tem a ver com a maneira como o processo é (ou pode ser) conduzido. A expressão 'representatividade' tem um teor mais sociológico ou político".[70] Até hoje, contudo, grande parte da doutrina confunda os dois termos ou, ainda, trata-os como sinônimos.

No sistema trabalhista a representatividade já é há tempos utilizada como fórmula democrática para assegurar a coexistência e a igualdade de participação das entidades sindicais em um determinado sistema. Em outras palavras, nos países que adotam a pluralidade sindical, consagrada na Convenção 87 da OIT (o que não é o caso do Brasil, dada a vedação contida no artigo 8°, inciso I, da Constituição Federal), pressupõe-se que os integrantes de uma determinada categoria serão representados pelo sindicato considerado mais representativo naquelas questões necessariamente comuns a todo o grupo profissional e que pressupõe uma unidade de ação. Para estas questões, os ordenamentos jurídicos de países que adotam a pluralidade sindical têm previsto critérios objetivos "que, ao mesmo tempo, fossem capazes de definir com segurança e precisão a entidade "privilegiada" e possibilitassem a ascensão de outros entes concorrentes, se a categoria assim o desejasse".[71]

É possível apontar critérios baseados em uma representatividade derivada e, outros, em representatividade comprovada. Na primeira espécie, as prerrogativas conferidas à entidade decorrem de sua filiação a um ente mais amplo (federação, confederação ou central sindical), de modo que o simples fato de a entidade sindical ser filiada à organização mais ampla é tido por suficiente para que esteja investida de uma maior representatividade.

Já na representatividade comprovada, as prerrogativas sindicais mais amplas são conferidas à entidade que, em um determinado momento, preencher determinados critérios estabelecidos em lei, tais como o número de filiados, patrimônio, volume de contribuições, dentre outros. Mozart Victor Russomano sugere requisitos que considera ideais para a aferição da representatividade comprovada. Vejamos:

> A questão exige a aplicação conjunta de vários critérios de avaliação da conduta sindical. De certo modo, realmente, o sindicato que tem mais sócios é o que inspira maior confiança. Mas, é preciso verificar, também, a correção de seus dirigentes, a eficácia de seus serviços, o funcionamento de sua organização interna, sua combatividade, seus recursos

---

[70] GIDI, Antonio. *Rumo a um Código de Processo Civil Coletivo*: a codificação das ações coletivas do Brasil. Rio de Janeiro: GZ Editora, 2008, p. 112.

[71] EBERT, Paulo Roberto Lemgruber. *Sindicato mais representativo e mutação constitucional*: uma proposta de releitura do artigo 8°, II da Constituição Federal. São Paulo: LTr, 2007, p. 64.

econômicos e assim por diante, avaliando todos os elementos que revelem a maior ou menor representatividade do sindicato.[72]

A modalidade de representação comprovada é, portanto, aquela que melhor atende às diretrizes democráticas e pluralistas. A Organização Internacional do Trabalho, no § 5°, do artigo 2° de sua Constituição, consagra a noção de "organizações sindicais mais representativas". O Comitê de Liberdade Sindical da OIT, por sua vez, reconhece a possibilidade de estabelecer a legislação de um país distinção entre as organizações sindicais mais representativas e as demais organizações sindicais. Mas o mesmo comitê estabeleceu que o fato de haver essa distinção não deveria ter como consequência privar as organizações sindicais, que não tenham sido reconhecidas como as mais representativas, dos meios essenciais para defender os interesses profissionais de seus membros, nem do direito de organizar sua gestão e sua atividade e de formular seu programa de ação, previsto pela Convenção 87.

A justificativa pela escolha do representante processual adequado, como se viu, encontra amparo no princípio do devido processo legal coletivo. O direito processual do trabalho, estando inserido no sistema do direito processual constitucional, deve necessariamente atentar para a aplicação de referido princípio.

Já quanto à análise da representação processual adequada pelo julgador, entendemos que o requisito da representatividade deve ser considerado quando da atuação dos chamados "corpos intermediários", a saber, associações e sindicatos, uma vez que os entes públicos, assim como o Ministério Público e a Defensoria Pública já trazem como missão a defesa do interesse público. No caso de associações e sindicatos, trata-se de entidades privadas, cuja constituição é relativamente fácil e cujos requisitos de pertinência temática e tempo de constituição, por si só, não garantem a defesa desse mesmo interesse. Ainda assim, é preciso lembrar que a associação de classe não se confunde com outras formas de agrupamentos, que tem como fundamento uma determinada posição política, religiosa ou mesmo uma opção de escolha em função de predileção definida. Tanto assim que a Constituição Federal trata os sindicatos como associações especiais (artigo 8°), separando-os das demais formas de associação (art. 5°, incisos XVI a XXI).

Entretanto, ao se ter em mente a realidade sindical do país e, em especial, a inexistência de liberdade sindical plena,[73] é possível concluir

---

[72] RUSSOMANO, Mozart Victor. *Princípios gerais de direito sindical.* 2. ed. Rio de Janeiro: Forense, 2002, p. 87.

[73] Nesse sentido, concordamos com Gilberto Stürmer em sua tese de doutoramento, ao reconhecer a inexistência de uma autêntica liberdade sindical no Brasil. O autor refere que: *"no Brasil, não há liberdade sindical individual, não há liberdade sindical coletiva e não há liberdade sindical em face do Estado".* E ainda: *"O conceito proposto refere que liberdade sindical é o direito de trabalhadores, entendidos como*

que não é dado aos trabalhadores o direito de escolha por associar-se ao sindicato mais representativo, tal como ocorre em países que adotam o princípio da pluralidade sindical.

Nesse sentido, é possível fazer a seguinte comparação: nos países de liberdade sindical plena ou de democracia sindical (onde há liberdade de criar sindicatos e liberdade de filiação), contar o número de filiados significa exatamente isso: saber a exata extensão da vigência de um contrato coletivo negociado entre sindicato e empregador. Logo, "os sindicatos são tanto mais representativos quanto maior for o contingente de filiados a eles".[74] No caso do Brasil, esta mesma correlação não pode ser feita, pois os sindicatos brasileiros não necessitam filiar adeptos para garantir sua sobrevivência, financeira: o imposto sindical compulsório lhes assegura esta sobrevivência e o princípio da unicidade sindical impede o surgimento de competição de outro sindicato de mesma base. Nesse caso, quais os elementos suficientes para que se aponte (ou não) a existência de representatividade sindical?

Concordamos com Adalberto Moreira Cardoso, ao afirmar que o elemento de medida da representatividade é a capacidade de coordenar movimentos coletivos (iniciar, interromper ou impedir que ocorram)[75] Tem de haver uma ressonância entre os representados no que diz respeito ao seu interesse coletivo.

> Isso quer dizer que a filiação sindical, mesmo se fosse necessária no Brasil para que os sindicatos falassem em nome dos representados, seria insuficiente como medida de sua representatividade. Se o que se disse faz sentido, a representatividade no Brasil estava e ainda está vinculada à sua capacidade de coordenar ações coletivas.[76]

Por outro lado, o fato de haver representatividade não significará, por si só, que a representação será adequada. Esta é, a nosso ver, apenas um dos elementos que deve ser considerado pelo Julgador, em se tra-

---

tal empregados, empregadores, autônomos e profissionais liberais, de livremente constituírem sindicatos; de livremente ingressarem e saírem dos sindicatos conforme seus interesses, sem limites decorrentes da profissão a qual pertençam; de livremente administrarem as organizações sindicais, constituírem órgãos superiores e de associarem-se a órgãos internacionais; de livremente negociarem sem qualquer interferência do Poder Público (Executivo, Legislativo ou Judiciário); e de livremente exercerem o direito de greve, observadas as formalidades legais; tudo isso sem limitação de base territorial e num regime de pluralismo, sendo o sistema financiado única e exclusivamente pelas contribuições espontâneas por eles mesmos fixadas". STÜRMER, Gilberto. A liberdade sindical. Porto Alegre: Livraria do Advogado, 2007, p. 150. No mesmo sentido, José Carlos Arouca, para quem "se a expressão da organização política completa-se com a ação partidária e é absolutamente livre a filiação à partido político, claro está que a filiação sindical compulsória anula a liberdade sindical e ainda mais, a liberdade individual como direito de cidadania". AROUCA, José Carlos. Repensando o sindicato. São Paulo: LTr, 1988, p. 76.

[74] CARDOSO, Adalberto Moreira. *A trama da modernidade:* pragmatismo sindical e democratização no Brasil. Rio de Janeiro: Revan: IUPERJ-UCAM, 1999, p. 74.

[75] O autor refere-se a "ações coletivas", compreendidas em seu sentido amplo, na forma de manifestações, reuniões, greves e seus desdobramentos. Preferimos o termo "movimentos coletivos" para não gerar nenhuma espécie de confusão com as ações coletivas ora estudadas.

[76] CARDOSO, op. cit., p. 80.

tando de ações coletivas movidas por associações ou sindicatos diante da tutela coletiva. No que se refere ao ajuizamento de dissídio coletivo, é possível afirmar que o sistema já apresenta possibilidades para que haja um certo controle prévio desta representatividade. Mesmo em se tratando de um sistema de sindicato único, a Constituição Federal em seu artigo 114 exige "mútuo acordo" para ajuizamento da demanda (no que se pressupõe que deve ter havido tentativa prévia de negociação) e também a legislação infraconstitucional exige aprovação do ajuizamento do dissídio mediante assembleia especialmente convocada para este fim (artigo 859 da CLT).[77]

Já quanto à jurisdição trabalhista metaindividual, não há, no direito objetivo brasileiro, nenhuma previsão a respeito, havendo inclusive, interpretação no sentido de que a representação sindical independe de autorização dos representados.[78] Logo, a observância da representatividade como requisito parcial da representação processual adequada pressupõe que esta se dê de *lege ferenda*, sob pena de se vedar o acesso à justiça. Paradoxalmente, quanto maior a capacidade da entidade sindical de mobilizar seus membros na defesa dos interesses do grupo, maior será sua representatividade. Logo, analisar sua atuação judicial sob a ótica da representatividade pressupõe que somente as entidades com histórico de ajuizamento de demandas (ou de greves, ou de manifestações...) serão consideradas adequadas, ao passo que aquelas de menor atuação nunca serão consideradas representativas por apresentarem baixa movimentação dos representados. A adoção deste critério de representatividade para o ajuizamento de demandas na defesa de interesses transindividuais pelos sindicatos iria de encontro às orientações da própria OIT e resultaria em um limitador do acesso à justiça.

Em sistemas de pluralidade sindical, a análise da representatividade dos sindicatos é requisito para seu funcionamento, pois pressupõe o cotejamento da atuação de duas ou mais associações que se dispõem a representar a categoria. Em sistemas de unicidade, como o sistema brasilei-

---

[77] Art. 859. A representação dos sindicatos para instauração da instância fica subordinada à aprovação de assembléia, da qual participem os associados interessados na solução do dissídio coletivo, em primeira convocação, por maioria de 2/3 (dois terços) dos mesmos, ou, em segunda convocação, por 2/3 (dois terços) dos presentes.
Entendemos que deve haver interpretação restritiva a este dispositivo, diante da proibição de interferência estatal nas atividades sindicais, devendo ser respeitado o *quorum* estabelecido nos estatutos, conforme interpretação doutrinária e jurisprudencial a qual nos filiamos.

[78] O Tribunal Superior do Trabalho manteve, até 01/10/2003, posicionamento majoritário no sentido de não ser possível a substituição processual pelo sindicato além das disposições específicas previstas em lei, o que restava claro através da redação de sua Súmula 310. Esta súmula foi cancelada após manifestação do Supremo Tribunal Federal em sentido contrário, reconhecendo a ampla e irrestrita liberdade de representação pelas entidades sindicais, com fulcro no artigo 8°, inciso III da Constituição Federal. Ver, entre outros, o RE 210029/RS, julgamento em 12/06/2006, pelo Tribunal Pleno, Relator Ministro Carlos Velloso, publicada no DJ 17/08/2007, p. 25.

ro, adotar o critério da representatividade na tutela de interesses difusos implicaria afastar o acesso à justiça. Nesse caso, o ideal é que este critério não seja adotado, mas que prevaleça o controle judicial da *representação* (e não da representatividade) adequada, pelo menos enquanto não realizadas modificações estruturais no sistema, em prol da adoção de um sistema de pluralidade sindical.

Em sentido contrário, Paulo Roberto Lemgruber Ebert[79] propõe a superação da atual compreensão em torno do artigo 8º, inciso II, da Constituição Federal mediante a adoção dos critérios previstos no artigo 519 da CLT.[80] Segundo o autor, uma interpretação conforme a Constituição recomenda, de um lado, a recepção do dispositivo em apreço na parte que consagra a maior representatividade como critério para preenchimento da regra constitucional da unicidade e, de outro, a exclusão de qualquer poder discricionário na outorga de personalidade sindical.

Embora entendamos que o paradigma da adoção da entidade sindical de maior representatividade seja coerente com os princípios da democracia, do pluralismo ideológico e da prevalência dos direitos humanos, a nosso ver os critérios estabelecidos no mencionado artigo 519 da CLT são insuficientes como medida de representatividade. Isto porque o número de associados ou filiados, os serviços sociais mantidos ou mesmo o patrimônio da entidade são insuficientes para demonstrar a capacidade do sindicato para mobilizar a categoria em prol de objetivos coletivos. O patrimônio e as condições financeiras da entidade sindical podem, no máximo, apontar para uma possível *representação* adequada, dada a necessidade de recursos financeiros para bem conduzir uma ação coletiva. Mas não são medida de representatividade.

6. Conclusões

O controle judicial da representação processual adequada constitui--se em um dever do julgador, em respeito ao princípio do devido processo legal coletivo. Esta representação pressupõe a diligência na condução do processo, o esmero na produção de provas, a preocupação com a publicidade aos demais componentes do grupo, aspectos que necessariamente nem sempre são exercidos pelos entes legitimados à tutela coletiva. O ideal, a nosso ver, em se tratando da defesa dos interesses coletivos pelos chamados "corpos intermediários" (associações e sindicatos), seria a

---

[79] EBERT, Paulo Roberto Lemgruber. *Sindicato mais representativo e mutação constitucional:* uma proposta de releitura do artigo 8º, II da Constituição Federal. São Paulo: LTR, 2007, p. 172.

[80] Art. 519. A investidura sindical será conferida sempre à associação profissional mais representativa, a juízo do Ministro do Trabalho, constituindo elementos para essa apreciação, entre outros: a) o número de associados; b) os serviços sociais fundados e mantidos; c) o valor do patrimônio.

verificação da representatividade destes, como mais um aspecto necessário ao se falar em representação processual adequada.

A Organização Internacional do Trabalho propõe um modelo de análise da representatividade das entidades sindicais, voltado para países que adotam o sistema de pluralidade sindical. Admite, portanto, que se possa escolher a entidade mais representativa para negociar e atuar em nome dos trabalhadores, ressalvando que nenhum país pode adotar mecanismos que restrinjam a atuação das entidades menos representativas.

A representatividade das entidades sindicais, para além do número de filiados (que, no Brasil, constitui informação inadequada para aferir representatividade, diante do modelo de sindicato único e da existência de imposto sindical compulsório), deve ser verificada a partir da capacidade de ação dos sindicatos, da ressonância de seu discurso diante dos representados.

No âmbito do direito processual do trabalho percebe-se a atuação das entidades sindicais no manejo do clássico dissídio coletivo (jurisdição trabalhista normativa), para o qual a própria legislação adota mecanismos que permitem que se verifique a presença de representatividade, ao exigir decisão em assembleia pela instauração do dissídio. Já no que toca à jurisdição trabalhista metaindividual, não há no direito objetivo nenhuma regra a respeito e criá-la significaria não apenas restringir o acesso à justiça, como contrariar a própria orientação da OIT.

Assim, a exigência de representatividade sindical para a tutela coletiva, a nosso ver, somente será possível *de lege lata* e, ainda assim, mediante uma total remodelação do sistema sindical brasileiro. Em outras palavras, somente com a abolição da unicidade sindical e a adoção de um sistema sindical pluralista e verdadeiramente democrático é que se poderá falar em sindicato mais representativo (e, ainda assim, esta escolha será necessária apenas na tutela trabalhista normativa), uma vez que esta análise pressupõe o cotejamento da atuação de duas ou mais entidades sindicais.

No que pertine à tutela trabalhista metaindividual, a exigência de representatividade ocasionará o ostracismo das entidades menos representativas, o que é questionável sob uma ótica democrática e pluralista. A representatividade dos sindicatos (ou a falta dela) será muito mais percebida na sua inércia em ajuizar ações coletivas para além do clássico dissídio coletivo. E, neste aspecto, não há controle judicial que dê conta de aproximar a jurisdição coletiva dos interesses dos trabalhadores. Para tanto, outros mecanismos poderão ser pensados, como a possibilidade de se permitir ao trabalhador membro do grupo postular a tutela coletiva, mormente em se tratando de interesses relacionados ao meio ambiente do trabalho, tuteláveis, a nosso ver, através da Ação Popular também na esfera da Justiça do Trabalho. Trata-se de discussão cujos contornos, por ora, não temos condições de desenvolver, mas que aponta para uma possibilidade de inclusão de novos atores na defesa dos interesses de natureza coletiva.

— III —

A representação adequada nas ações coletivas brasileiras

SHANA SERRÃO FENSTERSEIFER[1]

Sumário: 1. Algumas notas introdutórias sobre os regimes brasileiro e norte-americano das ações coletivas; 2. A aferição da representação adequada nas ações coletivas: um cotejo entre o regime brasileiro e o norte-americano; 3. Possibilidade de controle judicial da representação nas ações coletivas brasileiras; 4. Necessidade de um controle judicial da adequação do representante no regime processual coletivo brasileiro; 5. Conclusão.

1. Algumas notas introdutórias sobre os regimes brasileiro e norte-americano das ações coletivas

O estudo da representação adequada nas ações coletivas brasileiras tem como pressuposto inarredável a análise comparativa entre o regime brasileiro e norte-americano das ações coletivas, especialmente no que refere à forma da sua aferição.

Diante disso, o presente estudo almeja identificar os pontos positivos e negativos apresentados pela forma de aferição da representação adequada do direito pátrio, e com base nestes, refletir sobre alternativas para o seu aprimoramento.

Muitos autores,[2] ao abordarem a história dos processos coletivos no Brasil, afirmam que a legislação pátria de direito processual coletivo, integrada pela Lei da Ação Civil Pública e pelo Código de Defesa do Consumidor, foi influenciada pela experiência norte-americana, notada-

---

[1] Mestre em Direito pela Pontifícia Universidade Católica do Rio Grande do Sul PUCRS (2015). Especialista em Processo Civil (2010) e Graduada em Ciências Jurídicas e Sociais (2008) pela PUCRS. Integrante dos Grupos de Estudo e Pesquisa de Jurisdição, Efetividade e Instrumentalidade do Processo Civil e de Direito do Consumidor na PUCRS. Advogada.

[2] Neste sentido: LENZA, Pedro. *Teoria geral da ação civil pública*. São Paulo: Revista dos Tribunais, 2003, p. 161; GRINOVER, Ada Pellegrini; WATANABE, Kazuo. Recepção e transmissão de institutos processuais civis. *Revista de Processo*, São Paulo, ano 31, n. 140, p. 143-154, out. 2002, p. 147.

mente pela utilização das *class actions*. Tal afirmação não deixa de ser verdade, mas o é apenas de uma forma indireta.[3]

A rigor, a legislação e doutrina brasileira sobre demandas coletivas foram integralmente criadas com base na doutrina italiana. Esta sim, de fato, estudou e conheceu verdadeiramente as *class actions* norte-americanas. Deste modo, a verdade é que nenhuma fonte original do direito processual coletivo norte-americano foi consultada pelo legislador brasileiro para a elaboração da legislação processual coletiva pátria, ou seja, a consulta realizada para a elaboração da Ação Civil Pública e do Código de Defesa do Consumidor foi inteiramente de segunda mão, via doutrina italiana.[4]

Para a elaboração da legislação processual coletiva brasileira (LACP e CDC), nas décadas de 80 e 90, respectivamente, os juristas brasileiros estudaram as *class actions* norte-americanas através da visão distorcida dos juristas italianos. Ocorre que a doutrina italiana se utilizou do direito norte-americano dos primeiros anos de vigência da *Rule* 23, reformada em 1966. Ou seja, quando o direito brasileiro finalmente adotou o instituto das demandas coletivas, a legislação processual coletiva norte-americana já havia evoluído consideravelmente. Não obstante tal fato, a fonte do legislador brasileiro continuava sendo a doutrina italiana da década de 70, que por sua vez, estudava as *class actions* da década anterior.[5]

E o mais preocupante e triste de toda a história do processo coletivo brasileiro é que o legislador pátrio copiou as demandas coletivas de um sistema jurídico alienígena que não conhecia verdadeiramente e de uma forma aprofundada o direito processual civil norte-americano, menos ainda o instituto das *class actions*.

Apenas na década de 90, foi publicado o primeiro estudo das *class actions* baseado em fontes originais, mediante a obra pioneira sobre a matéria de José Rogério Cruz e Tucci,[6] ainda que fortemente marcado pela influência da doutrina italiana. Finalmente, em 1995, ou seja, quase vinte anos depois de iniciados os estudos sobre demandas coletivas no Brasil, os juristas brasileiros começaram a consultar diretamente as fontes norte-americanas sobre as *class actions* como forma de melhor compreender o direito processual coletivo brasileiro.[7]

---

[3] GIDI, Antonio. *Rumo a um código de processo civil coletivo: a codificação das ações coletivas do Brasil*. Rio de Janeiro: GZ Editora, 2008, p. 30.

[4] Idem, p. 30-31. Neste sentido também: MOREIRA, José Carlos Barbosa. A importação de modelos jurídicos. In: MOREIRA, José Carlos Barbosa (Coord.). *Temas de direito processual*. Oitava Série. São Paulo: Saraiva, 2004, p. 265.

[5] GIDI, op. cit., p. 32-34, 38.

[6] TUCCI, José Rogério Cruz e. *"Class action" e mandado de segurança coletivo*. São Paulo: Saraiva, 1990.

[7] GIDI, op. cit., p. 33-34.

Não obstante a inegável influência, ainda que "indireta", das *class actions* norte-americanas no direito processual coletivo nacional, o legislador brasileiro optou por um regime de ações coletivas nitidamente distinto daquele adotado pelo legislador norte-americano.[8] Para se chegar a esta constatação basta cotejar a regência dos principais institutos processuais do direito processual coletivo existentes nos dois sistemas jurídicos. Começando pela questão da legitimidade ativa.

O regime norte-americano[9] optou por conferir *legitimidade* aos próprios membros do grupo titular do direito violado, traçando, para tanto, critérios de constituição e caracterização dos grupos ou classes titulares dos direitos coletivos, ou seja, estabelecendo a exigência da presença de questões comuns aos indivíduos e de correspondência entre a pretensão do representante e às dos demais integrantes do grupo.

Neste particular, Antonio Gidi[10] faz crítica muito apropriada acerca da inadequação de conferir legitimidade a qualquer pessoa física para propor uma demanda coletiva que tenha por objeto a tutela de qualquer direito difuso. Isso porque há uma série de direitos difusos que são bastante limitados, e até mesmo mais restritos do que direitos coletivos e individuais homogêneos.

Para visualizar tal hipótese, basta pensar nos casos em que o direito envolvido seja difuso, mas o interesse legítimo meramente local, como se dá com um pequeno dano ambiental territorialmente limitado ou a improbidade de um vereador em uma pequena cidade. Em tais casos, ainda que o autor tivesse legitimidade para ajuizar a demanda coletiva, não teria interesse processual por não ser um membro do grupo titular do direito em jogo. Entender de modo contrário importa em grave violação ao princípio do devido processo legal.[11]

Justamente por essa razão que o regime norte-americano acertadamente atribui legitimidade apenas aos membros do grupo titular do direito violado, e não, a qualquer indivíduo titular de direito difuso.

---

[8] ARAÚJO, Rodrigo Mendes de. *A representação adequada nas ações coletivas*. Salvador: JusPODIVM, 2013, p. 204.

[9] Nos países de *commonn law* a tendência é atribuir legitimação para propor ações coletivas a pessoas físicas, associações e entes governamentais. WATANABE, Kazuo. Novas tendências em matéria de legitimação e coisa julgada nas ações coletivas. In: GRINOVER, Ada Pellegrini (Coord.). *Os processos coletivos nos países de civil law e common law: uma análise de direito comparado*. 2. ed. São Paulo: Revista dos Tribunais, 2011, p. 300.

[10] GIDI, Antonio. *Rumo a um código de processo civil coletivo: a codificação das ações coletivas do Brasil*. Rio de Janeiro: GZ Editora, 2008, p. 236.

[11] Idem, p. 236.

O regime brasileiro,[12] por seu turno, optou por conferir legitimidade apenas aos entes públicos (da administração pública direta e indireta, incluindo a Defensoria Pública), ao Ministério Público e aos entes intermediários (associações e sindicatos). Relativamente aos indivíduos, optou por resumir a sua atuação ao âmbito da ação popular. Com efeito, o legislador brasileiro priorizou nitidamente a seletividade em detrimento do acesso irrestrito à justiça.

No que concerne ao *objeto* das ações coletivas, vale dizer, aos direitos passíveis de defesa em juízo, o legislador norte-americano adotou a fórmula ampla e indefinida das questões comuns de fato e de direito para viabilizar a tutela coletiva, de modo que incumbe ao juiz averiguar em cada caso concreto a presença desta questão comum, certificando, em caso positivo, a ação como coletiva.[13]

Já o legislador brasileiro, mais uma vez, priorizando a segurança jurídica, optou por predefinir rigidamente na lei os interesses e direitos passíveis de tutela coletiva, são eles: difusos, coletivos *stricto sensu* e individuais homogêneos.

Uma terceira diferença entre os dois sistemas diz com a *relação entre a pretensão coletiva e as pretensões individuais*. No regime norte-americano a ação coletiva é concorrente das ações individuais, de modo que independentemente do seu resultado a primeira vincula diretamente as pretensões individuais. No sistema brasileiro, a ação coletiva é uma via meramente alternativa às ações individuais, e por isso a pretensão coletiva, em princípio, não atinge as pretensões individuais, mas apenas as vincula para beneficiar.[14]

Em decorrência desta diferença, o *regime da coisa julgada* é distinto nos sistemas em análise. Ao passo que no norte-americano a coisa julgada produzida nas ações coletivas atinge os indivíduos independentemente do resultado da ação (*pro et contra*), no brasileiro não atinge as pretensões individuais, servindo apenas para beneficiar as vítimas (*secundum eventum litis*).[15]

---

[12] Nos países de *civil law* a tendência é adotar o regime da legitimação mista para propor ações coletivas, ou seja, tanto pessoas físicas e entes privados (associações), quanto entes públicos são legitimados a propô-la. WATANABE, Kazuo. Novas tendências em matéria de legitimação e coisa julgada nas ações coletivas. In: GRINOVER, Ada Pellegrini (Coord.). *Os processos coletivos nos países de civil law e common law: uma análise de direito comparado.* 2. ed. São Paulo: Revista dos Tribunais, 2011, p. 300.

[13] ARAÚJO, Rodrigo Mendes de. *A representação adequada nas ações coletivas.* Salvador: JusPODIVM, 2013, p. 204-205.

[14] Idem, p. 205.

[15] Ibidem.

Enfim, dentre as principais diferenças existentes entre os referidos regimes de direito processual coletivo, está a que refere à *forma de aferição da representação adequada*.

Enquanto nos Estados Unidos da América a representação adequada constitui um pré-requisito explícito para o ajuizamento das *class actions*, de modo que a sua existência é aferida em cada caso concreto pelo juiz, no Brasil os legitimados para o ajuizamento da ação coletiva já se encontram previamente elencados na lei[16] com presunção *iure et iure* da sua idoneidade para representar a coletividade, inexistindo previsão expressa acerca para o exercício do controle judicial da presença do requisito da idoneidade da representação.[17]

2. A aferição da representação adequada nas ações coletivas: um cotejo entre o regime brasileiro e o norte-americano

Os sistemas jurídicos brasileiro e norte-americano adotam diferentes formas de aferição da representação adequada.

No sistema jurídico brasileiro, a previsão nominal e taxativa dos legitimados pelo legislador por si só induz a presunção da adequação dos mesmos para representar os interesses da coletividade. Neste regime, em razão desta presunção *iure et iure* da adequação não há previsão legal expressa que autorize uma efetiva investigação, e controle em concreto da atuação do legitimado. Em contrapartida, o resultado da ação coletiva só vincula as pretensões individuais quando for favorável a estas.

Significa dizer que, basta que o representante do grupo seja um dos entes legitimados elencados pelo legislador (art. 82 do CDC ou art. 5º da LACP) para ser considerado adequado a representar livremente os interesses do grupo[18] em juízo.

Consoante observa Rodrigo Mendes de Araújo, o legislador pátrio optou por uma "solução mais legalista", na medida em que selecionou

---

[16] Nos países de *civil law* a grande maioria adota o critério de aferição da representatividade adequada pelo legislador, através da fixação na lei dos legitimados e dos requisitos para a sua legitimação. Apenas alguns países adotam o controle judicial como forma de aferir a representatividade adequada. Dentre estes, o Uruguai, ainda que por entendimento jurisprudencial, e também a Argentina e Paraguai. Para aprofundamento do tema no que concerne ao seu tratamento pelos países da *common law* e *civil law* ver: WATANABE, Kazuo. Novas tendências em matéria de legitimação e coisa julgada nas ações coletivas. In: GRINOVER, Ada Pellegrini (Coord.). *Os processos coletivos nos países de civil law e common law: uma análise de direito comparado*. 2. ed. São Paulo: Revista dos Tribunais, 2011, p. 300-301

[17] ARAÚJO, Rodrigo Mendes de. *A representação adequada nas ações coletivas*. Salvador: JusPODIVM, 2013, p. 204.

[18] Antonio Gidi utiliza a terminologia "direito de grupo" para se referir aos direitos difusos, coletivos e individuais homogêneos com o fito de facilitação da abordagem do tema. *Rumo a um código de processo civil coletivo*: a codificação das ações coletivas do Brasil. Rio de Janeiro: GZ Editora, 2008.

previamente e taxativamente os adequados representantes para a defesa dos interesses da coletividade e dos indivíduos em juízo. Tal escolha, segundo o autor, certamente foi realizada tendo por base a suposta aptidão e idoneidade dos entes legitimados para a adequada defesa dos direito de grupo, a fim de atender ao princípio do devido processo legal no plano coletivo.[19]

Justamente sob o intuito de garantir a concretização deste princípio no âmbito da jurisdição coletiva, o legislador brasileiro disponibilizou três "salva-guardas" principais à coletividade e aos indivíduos: i) o regime da coisa julgada *secundum eventum probationis* para a tutela dos direitos difusos e coletivo *stricto sensu*, segundo o qual só se produz coisa julgada caso tenha sido produzido material probatório suficiente para a solução da lide; ii) o regime da coisa julgada *secundum eventum litis*, segundo o resultado da ação coletiva só serve para beneficiar as pretensões individuais das vítimas, mas nunca para prejudicá-las, e iii) a possibilidade de atuação do Ministério Público como *custos legis* ou legitimado ativo para a tutela dos direitos do grupo desempenhando um papel de fiscal da lei e da idoneidade da ação coletiva, restringindo a possibilidade de lides temerárias ou colusivas.[20]

A verdade, como destaca Antonio Gidi, é que no regime da ação coletiva brasileira um representante dos interesses e direitos do grupo pode ser incompetente, relapso, medíocre e fraudulento, e mesmo assim a sua atuação no processo poderá vincular todo o grupo que ele representa. Significa dizer que, as ações e omissões praticadas por este representante são alheias a todo e qualquer tipo de controle judicial, por mais nítidas que sejam as suas imperfeições.[21]

O sistema jurídico norte-americano, por seu turno, adota uma *segunda forma de aferição da representação adequada*. Neste regime, o legislador exige do legitimado, ou seja, do próprio membro do grupo, a comprovação em concreto de que a defesa dos interesses do grupo será exercida de modo vigoroso e adequado, e com base nesta comprovação, atribui efeito vinculativo a todos os seus integrantes independente do resultado da ação.[22]

Nos Estados Unidos, o requisito da adequação do representante não só está previsto expressamente na lei processual,[23] como, acima de tudo,

---

[19] ARAÚJO, Rodrigo Mendes de. *A representação adequada nas ações coletivas*. Salvador: JusPODIVM, 2013, p. 208.

[20] Idem, p. 208-210.

[21] GIDI, Antônio. A representação adequada nas ações coletivas brasileiras: uma proposta. *Revista de Processo*, São Paulo, ano 27, n. 108, p. 61-70, out./dez. 2002, p. 65.

[22] ARAÚJO, op. cit., p. 206.

[23] Rule 23 (a) Prerequisitves to a Class Action. One or more members of a class may sue or be sued as representative parties on behalf of all only if (1) the class is so numerous that joinder of all members

constitui questão de ordem constitucional, vale dizer, é uma relativa ao devido processo legal.

Assim, no direito processual coletivo norte-americano, para que uma ação coletiva seja aceita, o juiz tem que estar convencido, dentre outros requisitos, de que o representante tem condições de representar adequadamente os interesses do grupo em juízo.

Segundo Antonio Gidi, embora não seja o único requisito das *class actions* norte-americanas, a representação adequada é indubitavelmente seu aspecto mais importante, seja de uma perspectiva teórica ou prática, tanto que se o grupo ou alguns membros do grupo não forem adequadamente representados em juízo, não poderão legitimamente ser vinculados ao resultado da ação coletiva.[24]

No regime norte-americano, o requisito da adequação do representante é constituído por dois elementos: a ausência de antagonismo ou conflito de interesses entre o representante e o grupo, e a possibilidade de garantir a vigorosa tutela dos interesses do grupo. Tanto um quanto o outro, devem ser averiguados com relação não só ao representante, como principalmente, ao advogado do grupo. A rigor, o juiz controla muito mais a conduta do advogado do que propriamente do representante, já que o primeiro é o verdadeiro *dominus litis* no processo coletivo norte-americano.[25]

Com este requisito o direito norte-americano busca atingir três resultados a um só tempo: i) minimizar o risco de colusão, ii) incentivar uma atuação vigorosa do representante e do advogado do grupo, e iii) assegurar que se traga para o processo a visão e os reais interesses do grupo. Consoante ressalta Antonio Gidi, o objetivo primordial, no entanto, é assegurar ao máximo possível que o resultado alcançado na ação coletiva não seja substancialmente diverso daquele que seria alcançado nas ações individuais através das quais os membros do grupo defendam pessoalmente os seus direitos e interesses.[26]

Na legislação processual coletiva norte-americana, a representação adequada é requisito essencial para a efetividade da coisa julgada, na medida em que verificando a sua ausência, não há a vinculação dos membros da classe aos efeitos da sentença coletiva. Ademais, a adequação do

---

is impracticable, (2) there are questions of law or fact common to class, (3) the claims or defenses of the representative parties are typical of the claims or defenses of the class, and (4) the representative parties will fairly and adequately protect the interests of the class.

[24] GIDI, Antônio. A representação adequada nas ações coletivas brasileiras: uma proposta. *Revista de Processo*, São Paulo, ano 27, n. 108, p. 61-70, out./dez. 2002, p. 66.

[25] Idem, p. 67.

[26] Idem, p. 66.

representante constitui um dos componentes do direito fundamental ao devido processo legal no âmbito da jurisdição coletiva.

Em síntese, a aferição da adequação do representante pode ser realizada pelo juiz ou pelo legislador através, respectivamente, do controle exercido diante de caso concreto ou tão somente da prévia fixação na lei dos entes legitimados e dos requisitos para a sua legitimação.

Neste contexto, considerando que o legislador brasileiro optou pela primeira forma de aferição da idoneidade da representação, a *questão central que se levanta é se haveria espaço para se defender o controle judicial da representação adequada nas ações coletivas brasileiras*.

3. Possibilidade de controle judicial da representação nas ações coletivas brasileiras

Partindo de uma análise do processo coletivo pátrio à luz da Constituição Federal, notadamente do princípio do devido processo legal, buscar-se-á demonstrar neste tópico que o juiz brasileiro tem não só a permissão, como inclusive, o dever de controlar a adequada representação dos interesses do grupo em juízo.

Na doutrina nacional, não há consenso[27] acerca da possibilidade de controle judicial da adequação do representante nas ações coletivas brasileiras, sendo que a posição majoritária é no sentido de que não há tal fiscalização. Inclusive, tem sido defendido por alguns autores, como por exemplo por Nelson Nery Junior[28] e Arruda Alvim,[29] que ao juiz brasileiro é vedada a avaliação da adequação do representante.

Dentre os argumentos daqueles que defendem que não deve haver este controle, está o de que na medida em que o legislador elencou

---

[27] Favorável ao controle judicial da representação adequada nas coletivas brasileiras: GIDI, Antônio. A representação adequada nas ações coletivas brasileiras: uma proposta. *Revista de Processo*, São Paulo, ano 27, n. 108, p. 61-70, out./dez. 2002, p. 68; ARAÚJO, Rodrigo Mendes de. *A representação adequada nas ações coletivas*. Salvador: JusPODIVM, 2013, p. 218-219; WATANABE, Kazuo. Novas tendências em matéria de legitimação e coisa julgada nas ações coletivas. In: GRINOVER, Ada Pellegrini (Coord.). *Os processos coletivos nos países de civil law e common law: uma análise de direito comparado*. 2. ed. São Paulo: Revista dos Tribunais, 2011, p. 300-301. Ver ainda os posicionamentos de: GRINOVER, Ada Pellegrini. *Código brasileiro de defesa do consumidor*. 8. ed. Rio de Janeiro: Forense Universitária, 2004, p. 825-826; LENZA, Pedro. *Teoria geral da ação civil pública*. São Paulo: Revista dos Tribunais, 2003, p. 197-198. Fredier Didier Jr. e Hermes Zaneti Jr. Sustentam, inclusive que a representação adequada e o controle judicial da legitimação seriam "princípios" gerais da tutela coletiva no Brasil, ver, neste sentido: DIDIER JR., Fredie; ZANETI JR., Hermes. *Curso de direito processual civil.* v. 4. Salvador: JusPODIVM, 2007, p. 128.

[28] NERY JUNIOR, Nelson; NERY, Rosa Maria de. *Código de Processo Civil comentado*. São Paulo: Revista dos Tribunais, 1997, p. 1137-1396.

[29] ARRUDA, Alvim; ALVIM, Thereza Arruda; ALVIM, Eduardo Arruda; MARINS, James. *Código do Consumidor comentado*. São Paulo: Revista dos Tribunais, 1995, p. 381-382.

previamente os entes legitimados a propor ações coletivas, a sua adequação é presunção *iure et de iure.*

Antonio Gidi critica, com razão, este posicionamento por considerar ingênuo acreditar que qualquer associação existente no Brasil, pelo simples fato de estar constituída há mais de dois anos, possa ser um adequado representante na tutela de qualquer direito da coletividade em juízo.[30]

No entanto, vem ganhando adesão progressiva o posicionamento que defende que, apesar de os legitimados para o ajuizamento da ação coletiva já se encontrarem previamente estabelecidos em lei, haveria a *possibilidade*, e, como sustentam alguns, entre eles Antônio Gidi,[31] o *dever*, do juiz brasileiro realizar em concreto o controle da idoneidade dos referidos legitimados para representar os interesses da coletividade.

A rigor, para saber se é possível implantar o controle judicial da representação adequada no regime das ações coletivas brasileiras, é preciso verificar se tal regime está em consonância com o princípio do devido processo legal, previsto no art. 5º, LIV, da Constituição Federal. Ou seja, é preciso averiguar se *o regime das ações coletivas adotado pelo Brasil, está estruturado e aparelhado o suficiente para que não haja qualquer prejuízo ao direito dos membros do grupo.*

Consoante adverte Rodrigo Mendes de Araújo, essa checagem faz-se necessária por uma simples razão: *a não presença e a não participação "pessoal" dos indivíduos no processo coletivo*, diferentemente do que ocorre no processo individual, *constituem os principais "custos" para a observância e concretização do devido processo legal.*[32]

Assim, para que tais "custos" sejam validamente aceitos à luz do princípio do devido processo legal *é imprescindível que os indivíduos sejam adequadamente representados em juízo*. Disso decorre que o representante adequado é uma figura central nos processos coletivos, pois é por meio dele que os direitos dos membros ausentes são tutelados em juízo.

Analisando o regime da ação coletiva brasileira à luz do princípio do devido processo legal, Rodrigo Mendes de Araújo entende que uma representação inadequada dos direitos difusos e coletivos *stricto sensu* não estaria afastada pela simples possibilidade da repropositura de uma nova ação coletiva, baseada em prova nova, ou seja, pela simples "salvaguarda" do regime da coisa julgada *secundum eventum probationis*, pois referida proteção é de difícil implementação na prática, e deste modo, de

---

[30] GIDI, Antônio. A representação adequada nas ações coletivas brasileiras: uma proposta. *Revista de Processo*, São Paulo, ano 27, n. 108, p. 61-70, out./dez. 2002, p. 64.

[31] Idem, p. 68.

[32] ARAÚJO, Rodrigo Mendes de. *A representação adequada nas ações coletivas*. Salvador: JusPODIVM, 2013, p. 208.

utilidade bastante questionável.[33] Para se chegar a esta constatação basta considerar algumas questões.

Na verdade, não se pode reduzir o problema em torno da representação adequada a uma simples questão de produção de provas, visto que o sucesso ou insucesso de uma ação está mais ligado ao trabalho de argumentação, fundamentação e condução do processo realizado pelo advogado, do que unicamente às provas produzidas nos autos.[34]

O problema, na verdade, como define Antonio Gidi, é quando "a incompetência do representante repercute na forma como o processo é conduzido ou na fundamentação jurídica da pretensão coletiva do grupo". Isso porque, segundo o regime pátrio, é possível repropor a mesma ação coletiva com base em prova nova, no entanto, não o é com base em uma melhor argumentação ou fundamentação.[35]

Assim, se uma sentença de improcedência em ação coletiva for proferida com base em material probatório suficiente, mas resultar de um péssimo trabalho de argumentação, fundamentação e condução do processo realizado pelo advogado do grupo, produzirá coisa julgada material e impedirá a propositura da mesma ação coletiva. Muito embora os membros do grupo não sejam atingidos pela coisa julgada produzida na referida ação e possam propor livremente as suas ações individuais para a defesa dos seus respectivos direitos individuais, a mesma ação coletiva em tutela do mesmo direito difuso, coletivo ou individual homogêneo não poderá ser reproposta.

Este é um dos principais problemas que decorrem da representação inadequada dos direitos coletivos *lato sensu*: a aniquilação da via coletiva para defender os mesmos em juízo. E por esta razão, como bem observa Antonio Gidi, não é tecnicamente correto o argumento – daqueles que são contra o controle judicial da adequação do representante – de que a coisa julgada nas ações coletivas é dada apenas para beneficiar os membros do grupo, e nunca para prejudicar.[36]

Neste contexto, Antonio Gidi ensina que é preciso ter bem claro que, na verdade, a coisa julgada nas ações coletivas se produz *pro et contra*, independentemente de o resultado do processo ter sido favorável ou desfavorável ao grupo titular do direito difuso, coletivo ou individual homogêneo. Assim, a rigor, o que é *secundum eventum litis* é apenas a

---

[33] ARAÚJO, Rodrigo Mendes de. *A representação adequada nas ações coletivas*. Salvador: JusPODIVM, 2013, p. 213.

[34] Neste sentido: ARAÚJO, Rodrigo Mendes de. *A representação adequada nas ações coletivas*. Salvador: JusPODIVM, 2013, p. 211-212.

[35] GIDI, Antônio. A representação adequada nas ações coletivas brasileiras: uma proposta. *Revista de Processo*, São Paulo, ano 27, n. 108, p. 61-70, out./dez. 2002, p. 63.

[36] Idem, p. 63.

extensão (*in utilibus*) da coisa julgada coletiva para as pretensões individuais dos membros do grupo titular do direito. É esta extensão *in utilibus*, portanto, que só opera em caso de procedência da ação coletiva.[37]

Destarte, caso o advogado dos interesses da coletividade não colabore com o juiz para uma análise adequada da prova produzida nos autos por meio da apresentação de uma boa argumentação da sua tese fundamentada na referida prova, provavelmente ela será mal avaliada pelo magistrado.

Na hipótese suprarreferida, observe-se que ainda que o procurador dos interesses do grupo tenha atuado no processo de modo manifestamente negligente, a decisão resultante desta precária valoração probatória vinculará o grupo, porquanto tal circunstância não autoriza a rediscussão da sentença mediante a propositura de ação rescisória.[38] Neste particular, a "salvaguarda" da coisa julgada *secundum eventum probationis* não evitaria que direitos difusos e coletivos *stricto sensu* sejam gravemente prejudicados por uma representação inadequada.

Ademais, o regime da coisa julgada *secundum eventum probationis* só seria útil nas pouquíssimas hipóteses em que uma nova ação coletiva fosse proposta com base em prova considerada "nova prova",[39] o que é difícil de acontecer na prática.

Uma representação inadequada dos direitos individuais homogêneos também não estaria afastada pela simples possibilidade da propositura de uma ação individual caso o resultado da ação coletiva seja desfavorável, ou seja, pela simples "salvaguarda" do regime da coisa julgada *secundum eventum litis*. Esta tentativa de proteção, na verdade, só aumentaria as chances de uma representação inadequada.[40] Isso porque, o fato de existir a via da tutela individual para o caso de não haver êxito na via coletiva, e, o representante não se preocupará e comprometerá tanto quanto deveria com o resultado positivo da ação coletiva.

Com efeito, tal regime abre a possibilidade de que qualquer legitimado conduza o processo coletivo de forma negligente e fraudulenta, sem a preocupação de produzir as provas necessárias para a comprovação dos fatos deduzidos na petição inicial, de modo que o trânsito em julgado da sentença coletiva desfavorável acaba por fulminar a possibilidade da via coletiva para a tutela daquele determinado direito. E neste cenário há que se ponderar que existem direitos de baixo valor monetá-

---

[37] GIDI, Antonio. *Coisa julgada e litispendência em ações coletivas*. São Paulo: Saraiva, 1995, p. 126-127.

[38] Neste sentido: ARAÚJO, Rodrigo Mendes de. *A representação adequada nas ações coletivas*. Salvador: JusPODIVM, 2013, p. 212.

[39] Dependendo ainda do sentido que a jurisprudência dará ao art. 103 do Código de Defesa do Consumidor.

[40] ARAÚJO, op. cit., p. 216.

rio que são passíveis de tutela apenas na forma coletiva, pois pela relação custo-benefício não poderiam ser tutelados individualmente.[41]

Da mesma forma, uma representação inadequada dos direitos coletivos *lato sensu* não estaria afastada pela simples possibilidade de participação do Ministério Público como fiscal da lei e da idoneidade da representação, em todas as ações coletivas propostas por qualquer dos outros legitimados pela lei.[42]

Os que defendem a impossibilidade de controle judicial da adequação do representante com base no argumento de que o órgão ministerial participa do processo coletivo como fiscal da lei, e assim, da idoneidade da representação, argumentam que o ente ministerial estaria em uma melhor posição do que o juiz da causa para fiscalizar a atuação processual do representante.[43]

Todavia, como esclarece Antonio Gidi, tal argumento é falacioso, eis que não há qualquer incongruência entre o fato de o órgão ministerial estar em melhores condições de monitorar a adequação do representante e o juiz estar incumbido de decidir sobre esta questão. Afinal, esse é exatamente o parâmetro delimitador de trabalhos entre o Ministério Público e o Judiciário, ademais, de nada adiantaria o ente ministerial evidenciar a inadequação do representante em uma ação coletiva se não puder advertir o juiz sobre tal circunstância e requerer a extinção do processo sem julgamento do mérito, e, sem a formação de coisa julgada material. Do contrário, caso isso não for possível, verificada a inadequação, o Ministério Público ficará impotente, ficando obrigado a substituir o autor coletivo e assumir o controle do litígio, ainda que não esteja preparado a fazê-lo e a fase processual seja inoportuna.[44]

Além disso, Rodrigo Mendes de Araújo adverte que há que se considerar a possibilidade de que não haja intervenção ministerial (em razão da exigência da presença de interesse social relevante) e a atuação inadequada do representante ocorra sem maior controle. Ou então, pode haver a intervenção, mas em contrapartida, o órgão ministerial não tenha como corrigir a inadequação implementada pelo representante anterior em razão da impossibilidade de emendar a inicial nos casos em que a citação já tenha sido feita.[45]

---

[41] ARAÚJO, Rodrigo Mendes de. *A representação adequada nas ações coletivas*. Salvador: JusPODIVM, 2013, p. 214.

[42] Os arts. 92 do CDC e 5º, §1º da LACP, preveem que o Ministério Público atuará como fiscal da lei em todas as ações que não propuser ou que intervier.

[43] GIDI, Antônio. A representação adequada nas ações coletivas brasileiras: uma proposta. Revista de Processo, São Paulo, ano 27, n. 108, p. 61-70, out./dez. 2002, p. 64.

[44] Ibidem.

[45] ARAÚJO, op. cit., p. 215.

Outra questão relevante a ser considerada neste contexto é a de quem fiscalizará o fiscal da lei quando ele propor ou conduzir inadequadamente uma ação coletiva. Nesta linha de raciocínio, impende considerar que muito embora o ente ministerial goze de uma presunção de competência, ocorre que o órgão ministerial pode se revelar um representante inadequado em alguns casos específicos, não havendo outra saída que não a do controle judicial em concreto da atuação ministerial.[46]

Por fim, uma representação inadequada dos direitos individuais homogêneos não estaria afastada pela simples ameaça da imposição de sanção (art. 87 CDC) na hipótese da associação legitimada atuar com má-fé. Isso porque, tal "salvaguarda" se restringe às associações, não sendo aplicável aos demais legitimados. Outrossim, a representação inadequada não se enquadra nas hipóteses de má-fé previstas no art. 17 do CPC. E ainda, tais sanções só teriam efetividade caso as associações e seus diretores possuíssem uma excelente condição financeira, o que é pouco provável, pois no Brasil as associações mantêm-se apenas através de contribuições voluntárias de seus associados.[47]

Diante deste panorama da legislação processual coletiva brasileira, fica fácil concluir que, assim como no regime norte-americano, no regime brasileiro os titulares de direitos coletivos *lato sensu* não deveriam ficar vinculados a uma sentença coletiva proferida em processo no qual os seus interesses tenham sido inadequadamente representados.

4. Necessidade de um controle judicial da adequação do representante no regime processual coletivo brasileiro

Neste contexto, impõe-se concluir que as "salvaguardas" que a lei brasileira apresenta para a tutela de direitos coletivos *lato sensu* são insuficientes e ineficazes para o afastamento da inadequada representação dos direitos dos indivíduos ausentes. Por essa razão, é possível evidenciar que o regime das ações coletivas no Brasil não se encontra em consonância com o princípio constitucional do devido processo legal, revelando, deste modo, na mesma linha conclusiva de Antonio Gidi[48] e Rodrigo Mendes de Araújo,[49] a necessidade de uma fiscalização mais efetiva da representação adequada nas ações coletivas pátrias, o que só

---

[46] GIDI, Antônio. A representação adequada nas ações coletivas brasileiras: uma proposta. *Revista de Processo*, São Paulo, ano 27, n. 108, p. 61-70, out./dez. 2002, p. 64.

[47] ARAÚJO, Rodrigo Mendes de. *A representação adequada nas ações coletivas*. Salvador: JusPODIVM, 2013, p. 216.

[48] GIDI, op. cit., p. 68.

[49] ARAÚJO, op. cit., p. 218-219.

poderá ser alcançado por meio da implantação do controle judicial no sistema pátrio.

Destarte, diante da insuficiência do regime pátrio da ação coletiva, seguindo a linha capitaneada na doutrina nacional por Antônio Gidi, há de se reconhecer, à luz do princípio constitucional do devido processo legal, que o juiz brasileiro não só tem a permissão, mas inclusive, o dever de controlar a adequada representação dos interesses do grupo em juízo. Assim, caso o juiz evidencie eventual inadequação do representante, seja qual for o momento do processo, deverá oportunizar que o autor inadequado seja substituído por outro adequado.

Antonio Gidi defende esta possibilidade de substituição do representante inadequado com base em uma aplicação analógica do art. 5º, § 3º, da LACP. Neste sentido sustenta que se tal dispositivo permite que qualquer legitimado assuma o processo se o autor original desistir ou abandonar a ação coletiva, por analogia, deve-se permitir que um representante inadequado dos interesses coletivos em juízo seja substituído por um adequado.[50]

Caso o juiz não determine ou não seja possível tal substituição, deverá extinguir o processo sem julgamento do mérito. Todavia, se o juiz atingir inadvertidamente o mérito da causa, a sentença coletiva não produzirá coisa julgada material e a mesma ação coletiva poderá ser reproposta por qualquer legitimado.[51]

Não há como deixar de transcrever, neste sentido, a proposta de *lege ferenda* de Antonio Gidi acerca da representação adequada a fim de viabilizar uma melhor visualização da temática em estudo:

Artigo 3º. Requisitos da ação coletiva.

3. A ação somente poderá ser conduzida na forma coletiva se: [...]

II – o legitimado coletivo e o advogado do grupo puderem **representar adequadamente** os direitos do grupo e de seus membros (vide art. 18, I); [...]

3.1. Na análise da **adequação da representação**, o juiz analisará em relação ao representante e ao advogado, entre outros fatores:

3.1.1. a competência, honestidade, capacidade, prestígio e experiência;

3.1.2. o histórico na proteção judicial e extrajudicial dos interesses do grupo;

3.1.3. a conduta e participação no processo coletivo e em outros processos anteriores;

3.1.4. a capacidade financeira para prosseguir na ação coletiva;

3.1.5. o tempo de instituição e o grau de representatividade perante o grupo.

3.2. Em caso de desistência infundada, abandono da ação coletiva ou **inadequação do representante**, o juiz notificará, amplamente o grupo e outro legitimado poderá assumir a

---

[50] GIDI, Antônio. A representação adequada nas ações coletivas brasileiras: uma proposta. *Revista de Processo*, São Paulo, ano 27, n. 108, p. 61-70, out./dez. 2002, p. 68.

[51] Ibidem.

titularidade ativa (*vide* arts. 5º e 6º). Na ausência de **legitimado adequado** interessado em assumir a titularidade ativa da ação coletiva, o juiz extinguirá o processo sem julgamento do mérito.

Artigo 18. Coisa julgada coletiva.

18. A coisa julgada coletiva vinculará o grupo e seus membros independentemente do resultado da demanda, exceto se a improcedência for causada por:

I – representação inadequada dos direitos e interesses do grupo e de seus membros (*vide* art. 3º, II);

II – insuficiência de provas.

18.1. Se a ação coletiva for julgada improcedente por insuficiência de provas, qualquer legitimado coletivo (vide art. 2º) poderá propor a mesma ação coletiva, valendo-se de nova prova que poderia levar a um diferente resultado.

18.2. Os vícios de que trata este artigo serão conhecidos tanto pelo juiz da causa como pelo juiz da ação individual ou coletiva posteriormente proposta.[52] (grifou-se)

Nesta mesma linha, Rodrigo Mendes de Araújo sustenta que não só faz-se necessário um efetivo controle judicial em concreto da representação adequada. Salienta, inclusive, que o juiz brasileiro se encontra apto a realizar tal controle. Ainda que não o estivesse, incumbiria ao Poder Judiciário a estruturação e preparação dos seus quadros de magistrados para assumir esta importante tarefa, a começar, a título de exemplo, pela instituição de Varas Especializadas de Direitos Difusos, Coletivos *Stricto Sensu* e Individuais Homogêneos, a exemplo do que já fizeram algumas comarcas brasileiras.[53]

Segundo Kazuo Watanabe, ainda que os requisitos para a legitimação já estejam prefixados em lei, incumbe ao juiz, diante de cada caso concreto, verificar se tais requisitos estão efetivamente presentes para que haja representação adequada. Em outras palavras, o autor entende que, não obstante mais facilitada a tarefa, é ao juiz que cabe a aferição deste requisito diante do caso concreto.[54]

Nesta mesma linha, Antonio Gidi defende que, não obstante seja inegável que o controle da adequação seja realizado de uma forma precária pelo juiz brasileiro, a representação adequada dos interesses do grupo não pode ser completamente excluída do controle judicial. O fato do papel do juiz brasileiro ser diferente do desempenhado pelo julgador norte-americano não significa que o julgador pátrio seja completamente

---

[52] Íntegra do Anteprojeto Original de Código de Processo Civil Coletivo de autoria de Antonio Gidi, ver em: GIDI, Antônio. A representação adequada nas ações coletivas brasileiras: uma proposta. *Revista de Processo*, São Paulo, ano 27, n. 108, out./dez. 2002, p. 192.

[53] ARAÚJO, Rodrigo Mendes de. *A representação adequada nas ações coletivas*. Salvador: JusPODIVM, 2013, p. 218-221.

[54] WATANABE, Kazuo. Novas tendências em matéria de legitimação e coisa julgada nas ações coletivas. In: GRINOVER, Ada Pellegrini (Coord.). *Os processos coletivos nos países de civil law e common law: uma análise de direito comparado*. 2. ed. São Paulo: Revista dos Tribunais, 2011, p. 300-301.

desprovido de instrumentos e incapacitado de realizar algum controle da adequação do representante, principalmente se dispuser de instrumentos criados especialmente para facilitar a sua tarefa, tal como: seleção criteriosa realizada pelo legislador das categorias de representantes legitimados a propor a ação coletiva, uma avaliação e controle realizada em sede administrativa das associações legitimadas para propor ações coletivas, a notificação e a possibilidade de intervenção e participação do Ministério Público, demais entes legitimados e membros do grupo.[55]

5. Conclusão

Partindo de uma análise do processo coletivo pátrio à luz da Constituição Federal, notadamente do princípio do devido processo legal, buscou-se demonstrar no presente artigo que o juiz brasileiro tem não só a permissão, como inclusive, o dever de controlar a adequada representação dos interesses do grupo em juízo

Isso porque, a necessidade de que os interesses do grupo sejam adequadamente representados em juízo não constitui uma exigência meramente processual, mas, sobretudo, constitucional, porquanto corolário do direito-garantia fundamental ao devido processo legal.

Portanto, considerando que a adequação do representante é imprescindível para que o princípio do devido processo legal coletivo seja atendido nas ações coletivas brasileiras, não há como negar a necessidade de um efetivo controle e implementação desta adequação, o que só pode ser eficazmente realizado através da atividade jurisdicional diante de cada caso concreto.

Neste contexto, conforme sustenta Mauro Capelletti,[56] há de se estabelecer em lugar do devido processo legal tradicional (de natureza individual) um *devido processo legal social*, ou ainda, tal como designa Antonio Gidi,[57] um *devido processo coletivo*.

Nestes termos, com base nesta nova perspectiva do devido processo legal, os tradicionais direitos de ser citado, ouvido e apresentar defesa em juízo dão lugar a um direito de ser citado, ouvido e defendido em juízo *por um representante*, o qual, entretanto, deve ser *adequado* para representar os interesses do grupo em juízo.

---

[55] GIDI, Antônio. A representação adequada nas ações coletivas brasileiras: uma proposta. *Revista de Processo*, São Paulo, ano 27, n. 108, p. 61-70, out./dez. 2002, p. 65.

[56] CAPELLETTI, Mauro *apud* GIDI, Antônio. A representação adequada nas ações coletivas brasileiras: uma proposta. *Revista de Processo*, São Paulo, ano 27, n. 108, p. 61-70, out./dez. 2002, p. 69.

[57] GIDI, op. cit., p. 69.

Por tais razões, a proposta de *lege ferenda* de Antonio Gidi[58] acerca do controle judicial da representação adequada constitui solução apta a viabilizar um controle e afastamento da representação inadequada nas ações coletivas brasileiras.

---

[58] Íntegra do Anteprojeto Original de Código de Processo Civil Coletivo de autoria de Antonio Gidi, ver em: GIDI, Antonio. *Rumo a um código de processo civil coletivo: a codificação das ações coletivas do Brasil*. Rio de Janeiro: GZ Editora, 2008, p. 448.

— IV —

A legitimidade da Defensoria Pública para a propositura de ação civil pública em prol da tutela e promoção de direitos e interesses difusos

TIAGO FENSTERSEIFER[1]

Sumário: Introdução: Defensoria Pública, acesso à justiça e direitos fundamentais; 1. A esperada "cooperação" entre a Defensoria Pública e o Ministério Público na tutela e promoção dos direitos fundamentais (individuais, sociais e ecológicos) dos indivíduos e grupos sociais necessitados; 1.1. A conjuntura política e judicial envolvendo a matéria: a ADI 3.943 proposta pela CONAMP (Associação Nacional dos Membros do Ministério Público) no Supremo Tribunal Federal e a repercussão geral reconhecida pelo STF no ARE 690.838; 1.2. O regime constitucional de rejeição a qualquer "exclusividade" do *Parquet* para a propositura de ações coletivas (art. 129, § 1º, da CF/88) e sua incidência na seara dos direitos difusos; 1.3. A atuação "cooperativa" entre os entes legitimados à propositura de ação civil pública (em especial no tocante ao Ministério Público, à Defensoria Pública e às associações civis); 2. A interpretação restritiva do art. 5º, II, da Lei 7.437/85 como violação ao princípio constitucional da máxima eficácia possível (art. 5º, § 1º, da CF/88) a ser conferida aos direitos fundamentais (liberais, sociais e ecológicos); 3. A caracterização da legitimidade da Defensoria Pública para a tutela e promoção de direitos difusos a partir da "mera possibilidade" de beneficiar pessoas necessitadas (art. 4º, VII, da LC 132/2009); 4. Os direitos fundamentais liberais (ou civis e políticos) como direitos difusos e sua tutela e promoção por intermédio de instrumentos processuais coletivos; 5. A caracterização dos direitos fundamentais sociais (ou econômicos, sociais e culturais) como direitos difusos e a pertinência da atuação coletiva da Defensoria Pública para a sua defesa e promoção em favor dos indivíduos e grupos sociais necessitados; 5.1. Algumas considerações gerais sobre a atuação coletiva da Defensoria Pública em prol dos direitos fundamentais sociais: a inserção dos indivíduos e grupos sociais necessitados no pacto

---

[1] Doutorando e Mestre em Direito Público pela PUC/RS (Ex-Bolsista do CNPq), com pesquisa de doutorado-sanduíche junto ao Instituto Max-Planck de Direito Social e Política Social de Munique, na Alemanha (Bolsista da CAPES). Professor-convidado de diversos Cursos de Especialização em Direito Constitucional e Direito Ambiental (PUC/SP, PUC/Rio, PUC/RS, Fundação Escola Superior do Ministério Público do Distrito Federal e Faculdade Dom Alberto). Examinador da Disciplina de Direitos Difusos e Coletivos do V e VI Concursos para o Cargo de Defensor Público/SP (2012 e 2013). Autor das obras *Direitos Fundamentais e Proteção do Ambiente* (Porto Alegre: Livraria do Advogado, 2008) e *Defensoria Pública, Direitos Fundamentais e Ação Civil Pública* (São Paulo: Saraiva, 2015); coautor, juntamente com Ingo W. Sarlet, das obras *Direito Constitucional Ambiental* (4.ed. São Paulo: Revista dos Tribunais, 2014), *Direito Ambiental: Introdução, Fundamentos e Teoria Geral* (São Paulo: Saraiva, 2014) e *Princípios do Direito Ambiental* (São Paulo: Saraiva, 2014). Defensor Público (SP).

político-constitucional (e a tutela e promoção do direito-garantia mo mínimo existencial); 5.2. A caracterização dos direitos fundamentais sociais como direitos difusos e a pertinência da atuação coletiva da Defensoria Pública em tal matéria; 5.3. A importância da autonomia (funcional e administrativa) da Defensoria Pública (art. 134, §§ 2º e 3º, da CF/88) e a legitimidade da sua atuação coletiva em face dos poderes públicos na seara dos direitos sociais (art. 4º, § 2º, da LC 80/94); 6. A legitimidade da Defensoria Pública para a atuação coletiva em defesa do direito fundamental ao ambiente (art. 4, X, da LC 80/94); 6.1. O direito de titularidade dos indivíduos e grupos sociais necessitados a viver em um ambiente sadio, equilibrado e seguro à luz do marco jurídico-constitucional socioambiental; 6.2. Os indivíduos e grupos sociais necessitados em termos (socio)ambientais (e os refugiados ou deslocados ambientais): uma questão de justiça (socio)ambiental; Considerações finais: Defensoria Pública, ação civil pública e controle judicial de políticas públicas voltadas à defesa e promoção de direitos fundamentais (liberais, sociais e ecológicos) dos indivíduos e grupos sociais necessitados.

Introdução: Defensoria Pública, acesso à justiça e direitos fundamentais

A inclusão da Defensoria Pública no rol dos entes legitimados para a propositura de ação civil pública segue, por assim dizer, a ordem natural das coisas. Ou seja, a evolução do Direito e, em outra perspectiva, o aprimoramento do nosso Sistema de Justiça. O paradigma liberal-individualista do Direito, que marcou sobremaneira o nosso sistema jurídico nos últimos séculos, especialmente sob a influência dominante do Direito Privado, já é coisa do passado. O pacto constitucional de 1988 decretou o seu fim. E, nesse compasso, instaurou uma nova ordem jurídica marcada pelo paradigma social[2] – e, para alguns, até mesmo socioambiental[3] –, ancorado na força normativa irradiante do princípio da dignidade da pessoa humana.[4] A mitigação do espectro liberal-individualista e ascendência dos valores sociais e ecológicos no nosso ordenamento

[2] A respeito do "paradigma solidarista", a ensejar a legitimidade da Defensoria Pública para propor ação civil pública, v. SOUSA, José Augusto Garcia de. "O destino de Gaia e as funções constitucionais da Defensoria Pública: ainda faz sentido – sobretudo após a edição da Lei Complementar 132/09 – a visão individualista a respeito da instituição?". In: SOUSA, José Augusto Garcia de (Coord.). *Uma nova Defensoria Pública pede passagem*: reflexões sobre a Lei Complementar 132/09. Rio de Janeiro: Lumen Juris, 2011, p. 13-73. Também a respeito do novo paradigma social renovador do processo civil, v. o artigo clássico de BENJAMIN, Antônio Herman. "A insurreição da aldeia global contra o processo civil clássico: apontamentos sobre a opressão e a libertação judiciais do ambiente e do consumidor". In: *Textos "Ambiente e Consumo"*, Volume I. Lisboa: Centro de Estudos Jurídicos, 1996, p. 277-351, bem como a coletânea de artigos organizada por SALLES, Carlos Alberto de (Org.). *Processo civil e interesse público*: o processo como instrumento de defesa social. São Paulo: Revista dos Tribunais, 2003.

[3] A conformação normativa de um marco constitucional socioambiental é tratada por SARLET, Ingo Wolfgang; FENSTERSEIFER, Tiago. *Direito constitucional ambiental*: Constituição, direitos fundamentais e proteção do ambiente. 3. ed. São Paulo: Revista dos Tribunais, 2013.

[4] Na doutrina brasileira, destacando o "estado da arte" sobre o princípio da dignidade da pessoa humana, v. a obra referencial e já clássica de SARLET, Ingo Wolfgang. *Dignidade da pessoa humana e direitos fundamentais na Constituição Federal de 1988*. 9. ed. Porto Alegre: Livraria do Advogado, 2012.

jurídico são sentidos em todos os ramos jurídicos. O processo civil talvez tenha sido o precursor, em certa medida, de tal mudança de paradigma, notadamente em relação à conformação dos "direitos transindividuais". Muitos dos avanços sentidos na ruptura com o marco jurídico liberal-individualista tiveram na sua base a produção doutrinária "progressista" de autores provenientes da área do Processo Civil e, em especial, do Processo Civil Coletivo (ou mesmo vinculados a áreas correlatas, como o Direito Ambiental e o Direito do Consumidor).[5]

Antes mesmo da Lei Fundamental de 1988, nós já dispúnhamos da Lei da Ação Civil Pública (Lei 7.437/85), diploma processual – e também com forte conteúdo inovador de ordem material – que combatia tal "olhar individualista" do processo civil, abrindo o sistema jurídico para os conflitos de massa que marcam a nossa sociedade desde (pelo menos) a Década de 1970.[6] O mesmo se pode dizer em relação à Lei da Política Nacional do Meio Ambiente (Lei 6.938/81), a qual consagrou, antes mesmo da Lei 7.347/85, a legitimidade do Ministério Público para a propositura de ação de reparação por danos ambientais (art. 14, § 1º), inaugurando, em certa medida, os novos instrumentos processuais coletivos no âmbito do ordenamento jurídico pátrio. Da mesma forma, a Lei Complementar 40/81, que regia o Ministério Público naquela época, estabeleceu a atribuição do *Parquet* para ajuizamento de ação civil pública (art. 3º, III). O seu objeto, influenciado pela Lei 6.938/81, era restrito à questão ambiental, o que se alterou substancialmente com o advento da Lei 7.347/85, iniciando-se uma normatização sistematizada para defesa de interesses coletivos e difusos (que teve, até o momento, o seu ápice com o Código de Defesa do Consumidor).

A Constituição da República Federativa do Brasil de 1988,[7] por sua vez, acompanhou esse cenário normativo "renovador" do nosso ordenamento jurídico, dando guarida constitucional aos novos direitos de natureza coletiva. A título de exemplo, verifica-se a consagração constitucional da proteção do consumidor (art. 5º, XXXII), de um extenso rol de direitos sociais (art. 6º) e do direito ao ambiente (art. 225). Após a CF/88,

---

[5] Tanto o desenvolvimento do Direito Ambiental quanto do Direito do Consumidor é resultado, em grande medida, da produção científica de tais autores, cabendo citar nomes, apenas para listar alguns, como de Ada Pellegrini Grinover, José Carlos Barbosa Moreira, Kazuo Watanabe, Antonio Herman Benjamin, Nelson Nery Junior, Rodolfo de Camargo Mancuso, Édis Milaré, Luiz Guilherme Marinoni, Antonio Gidi, Cláudia Lima Marques e Aluisio Gonçalves de Castro Mendes. Mais recentemente, é digna de nota a nova geração de processualistas que, em grande medida, deram continuidade e agregaram grande valor à referida tradição processual brasileira, contribuindo para o aprimoramento do nosso Direito Processual Coletivo, como é o caso, entre outros, de Gregório Assagra de Almeida, Márcio Mafra Leal, Fredie Didier Jr., Hermes Zaneti Jr., Elton Venturi, Luiz Manoel Gomes Júnior, Carlos Alberto Salles, Ricardo de Barros Leonel, Marcelo Abelha Rodrigues, José Augusto Garcia de Sousa e Alvaro Luiz Valery Mirra.

[6] Doravante referida apenas como LACP.

[7] Doravante referida apenas como CF/88.

PROCESSOS COLETIVOS

muitos outros diplomas legislativos subsequentes, como, por exemplo, a Lei de Proteção das Pessoas com Deficiência (Lei 7.853/89), o Código de Defesa do Consumidor (8.078/90), o Estatuto da Criança e do Adolescente (lei 8.069/90), o Estatuto da Cidade (Lei 10.257/2001), o Estatuto do Idoso (Lei 10.741/2003), a Lei "Maria da Penha" de Combate à Violência Doméstica e Familiar contra a Mulher (Lei 11.340/2006), o Estatuto da Igualdade Racial (Lei 12.288/2010), fortaleceram normativamente tal *paradigma jurídico social*, permeados pelos marcos constitucionais da igualdade e da solidariedade, de modo a consolidar o Direito Processual Coletivo brasileiro.

A criação da Defensoria Pública, como expressão desse novo paradigma jurídico, alinha-se com tal ruptura com o marco liberal-individualista e, nesse sentido, não há razão para afastar da sua atuação o manuseio dos novos instrumentos de tutela coletiva em constante aprimoramento no nosso ordenamento jurídico, pelo menos desde a edição da Lei 7.437/85. A Defensoria Pública não apenas está habilitada para fazer uso dos mecanismos processuais coletivos (entre eles, a ação civil pública) como, pela perspectiva do nosso Sistema de Justiça, a instituição é talvez um dos melhores exemplos do "novo capítulo" que se escreve na história político-institucional brasileira,[8] de modo a promover profundas transformações em relação ao tema do acesso à justiça (em termos individuais e coletivos), notadamente no sentido de permitir que aqueles indivíduos e grupos sociais, que por muito tempo não tiveram condições socioeconômicas e técnicas de acessarem nossas Cortes de Justiça, passassem a fazê-lo. Ressalta-se, por esse prisma, que o acesso à justiça, a partir do novo marco constitucional estabelecido em 1988, não se confunde com acesso ao Poder Judiciário, de modo que a "assistência jurídica" (e, portanto, não mais apenas "assistência judicial ou judiciária") extrapola o espectro judicial para ampliar o âmbito de tutela de direitos das pessoas necessitadas, somando-se a essa salvaguarda diversas práticas de ordem extrajudicial, inclusive na seara da educação em direitos.

A Defensoria Pública, portanto, é expressão desse *paradigma jurídico social* ou mesmo de um *constitucionalismo social* estabelecido pela CF/88. Não por outra razão é lá que se verifica a sua gênese constitucional (art. 134). A Defensoria Pública é concebida a partir de um novo Sistema de Justiça consolidado sob a ótica de um Estado Social e Democrático de Direito, tal qual assegurado na CF/88. E essa nova história político-jurídica revelada nas linhas precedentes é escrita também por meio das técnicas

---

[8] O modelo brasileiro de Defensoria Pública foi "recomendado" a todos os Estado-Membros da OEA (Organização dos Estados Americanos) por meio da Resolução Ag/Res. 2656 (XLI-O/11) sobre "Garantias de Acesso à Justiça: o Papel dos Defensores Públicos Oficiais", adotada pela Assembleia Geral da OEA, em 04 de junho de 2012, durante o Quadragésimo Segundo Período Ordinário de Sessões, ocorrido na Cidade de Cochabamba, Bolívia.

e dos instrumentos processuais disponibilizados à Instituição, sendo a ação civil pública (e todos os demais mecanismos processuais de âmbito coletivo) indispensável aos seus propósitos institucionais delineados no texto constitucional. Leia-se: defesa e promoção dos direitos fundamentais dos indivíduos e grupos sociais necessitados. O mote de tal compreensão está atrelado também à primazia que deve ser atribuída ao direito material, em detrimento de uma leitura formalista do processo.[9] O *princípio da instrumentalidade do processo*,[10] por essa ótica, contribui para uma leitura dinâmica e consentânea com a efetividade dos instrumentos processuais em prol dos direitos materiais tutelados por eles, especialmente quando estiverem em causa direitos fundamentais (liberais, sociais e ecológicos) de *pessoas necessitadas* ou *vulneráveis*.

Não se deve olvidar, de igual maneira, o caráter democrático-participativo que permeia a ordem jurídica estabelecida pela CF/88, o que também ganha expressão nos instrumentos processuais[11] e no próprio controle jurisdicional exercido pelo Estado-Juiz, inclusive no âmbito do controle judicial de políticas públicas,[12] ante a *omissão* ou *atuação insuficiente* do Estado-Legislador ou do Estado-Administrador, o que tem crucial relevância para a tutela e promoção dos direitos fundamentais – em especial daqueles dotados de natureza social – dos indivíduos e grupos sociais necessitados, enquanto habituais usuários dos serviços públicos prestados pelo Estado. É importante frisar, nesse ponto, a relação "visceral" existente entre a tutela coletiva dos diretos sociais (saúde, educação, moradia, saneamento básico, assistência social, etc.) e os objetivos institucionais da Defensoria Pública. Há, nesse sentido, absoluta identidade entre os usuários de tais serviços públicos prestados pelo Estado e as pessoas assistidas juridicamente pela instituição (tomando, como regra geral, o valor correspondente a três salários mínimos de renda familiar),[13]

---

[9] A primazia que deve ser assegurada ao direito material em face do direito processual é tratada por GRINOVER, Ada Pellegrini. "Controle de políticas públicas pelo Poder Judiciário". In: *Revista de Processo*, n. 164. São Paulo: Revista dos Tribunais, Out-2008, p. 20; e ALEXY, Robert. *Teoria dos direitos fundamentais*. São Paulo: Malheiros, 2008, p. 488.

[10] Na doutrina brasileira, a respeito do princípio da instrumentalidade do processo, v., por todos, DINAMARCO, Cândido Rangel. *A instrumentalidade do processo*. 13.ed. São Paulo: Malheiros, 2008.

[11] MARINONI, Luiz Guilherme. *Teoria geral do processo*. São Paulo: Revista dos Tribunais, 2006, p. 196.

[12] O controle judicial de políticas públicas levado a efeito pelos instrumentos processuais coletivos é desenvolvido por GRINOVER, Ada Pellegrini. "Controle de políticas públicas pelo Poder Judiciário". In: *Revista de Processo*, n. 164. São Paulo: Revista dos Tribunais, Out-2008, p. 09-29, bem como GRINOVER, Ada Pellegrini; WATANABE, Kazuo (Coords.). *O controle judicial de políticas públicas*. Rio de Janeiro: Editora Forense, 2011.

[13] A respeito do parâmetro de três salários mínimos de renda familiar adotado, de um modo geral, pela Defensoria Pública para estabelecer o critério de atendimento dos seus serviços, v. o *Mapa da Defensoria Pública no Brasil (2013)* elaborado pelo Instituto de Pesquisa Econômica (IPEA) e a Associação Nacional de Defensores Públicos (ANADEP). Disponível em: http://www.ipea.gov.br/sites/mapadefensoria.

ressalvando-se, ainda, que, em diversas situações, tais direitos enquadram-se na categoria dos direitos difusos, conforme trataremos de modo específico em tópico do livro.

O paradigma jurídico democrático-participativo, transposto para o âmbito processual coletivo, implica também a ampliação dos atores processuais, inclusive de modo a fortalecer os canais de acesso dos cidadãos (em termos individuais e coletivos), das organizações não governamentais e dos movimentos populares ao Poder Judiciário, o que se dá, sob o ângulo das pessoas necessitadas, por intermédio da assistência jurídica prestada pela Defensoria Pública. Por mais que muito avanço se tenha dado no sentido de promover a primeira onda renovatória traçada por Mauro Cappelletti, no tocante a assegurar o acesso dos pobres à justiça, bem como a segunda onda renovatória, em relação à representação processual dos direitos difusos,[14] há ainda, conforme refere J. C. Barbosa Moreira, uma "forte demanda reprimida",[15] notadamente em relação às parcelas marginalizadas da nossa comunidade estatal, as quais se encontram privadas do acesso aos seus direitos fundamentais.

De acordo com Barbosa Moreira, "ao que tudo indica, há entre nós, no que concerne à vida jurídica, e particularmente nos estratos menos favorecidos da sociedade, uma forte demanda reprimida, uma enorme quantidade de prestações que não chegam a ser pedidas, de pleitos que não se formulam, de atos que não se praticam (...). O fenômeno tem causas numerosas e variadas. Uma delas, bastante óbvia, é a falta de informação: não poucos, pelo país afora, simplesmente ignoram que têm determinados direitos e que, se algum for lesado ou ameaçado de lesão, é possível reclamar do Estado uma providência reparadora ou acautelatória (...)".[16] Nesse ponto em específico, merece destaque o entendimento de Rodolfo de C. Mancuso no sentido estabelecer a releitura do conceito de "litigiosidade contida" formulado por Mauro Cappelleti, inclusive com o propósito de alertar para que a equivocada interpretação do referido conceito pudesse reforçar o excessivo "demandismo judicial" diagnosticado no âmbito do nosso Sistema de Justiça contemporâneo.[17] No entanto, não obstante concordarmos com Mancuso a respeito da importância de se evitar o que ele denomina "demandismo judicial" e mesmo de se buscar a "desjudicialização" dos conflitos, entendemos, na linha da passagem citada de Barbosa Moreira, que ainda hoje a "litigiosidade contida" encontra correspondência na realidade brasileira contemporâ-

---

[14] CAPPELLETTI, Mauro; GARTH, Bryant. *Acesso à justiça*. Porto Alegre: Fabris, 2002, p. 67-73.

[15] MOREIRA, José Carlos Barbosa. "O direito à assistência jurídica: evolução no ordenamento brasileiro de nosso tempo". In: *Revista de Processo*, vol. 67, Revista dos Tribunais, Jul./1992, p. 124 e ss.

[16] MOREIRA, *"O direito à assistência jurídica..."*, p. 124 e ss.

[17] MANCUSO, Rodolfo de Camargo. *Acesso à justiça*. São Paulo: Revista dos Tribunais, 2011, p. 139 e ss.

nea, notadamente em se tratando dos indivíduos e grupos sociais necessitados assistidos pela Defensoria Pública, havendo profundo abismo socioeconômico que lhes impede de conhecer seus direitos e, consequentemente, de promover a sua defesa (extrajudicial e judicialmente). A eles, a nosso ver, ainda se mostra atual o conceito de "litigiosidade contida" cunhado décadas atrás por Cappelletti.

Não bastassem as razões de fundo verificadas na evolução do nosso sistema jurídico, à luz do novo paradigma constitucional de matriz social vigente, as quais, por si só, conduzem ao fortalecimento da Defensoria Pública e, consequentemente, à disponibilização dos instrumentos processuais (de natureza individual e coletiva) necessários a que tenha êxito na consecução dos seus objetivos institucionais, verifica-se, no plano infraconstitucional, um novo marco legislativo estabelecido especificamente no tocante à atuação da Defensoria Pública em sede coletiva. Isso se faz perceptível com a inserção da instituição no rol dos entes legitimados para a propositura de ação civil pública estabelecido no art. 5º da Lei 7.437/85, o que se deu por meio da alteração legislativa levada a efeito pela Lei 11.448/07. O mesmo se verifica na Lei Orgânica Nacional da Defensoria Pública (LC 80/94),[18] notadamente em razão da profunda reforma feita em tal diploma pela LC 132/09,[19] quando, então, passou a consagrar no seu art. 4º, VIII, como atribuição da Defensoria Pública, a legitimidade para a propositura de "*ação civil pública* e todas as espécies de ações capazes de propiciar a adequada tutela dos *direitos difusos, coletivos e individuais homogêneos* quando o resultado da demanda puder beneficiar grupo de pessoas hipossuficientes".

As inovações legislativas em análise, como não poderiam deixar de ser, em virtude do impacto transformador que impulsionaram no âmbito do nosso Sistema de Justiça, ensejaram "disputas" de índole corporativo-institucional entre a Defensoria Pública e o Ministério Público, o que motivou, por parte da Associação Nacional dos Membros do Ministério Público (CONAMP), a interposição da Ação Direta de Inconstitucionalidade n. 3.943, perante o Supremo Tribunal Federal, impugnando o novel inciso II do art. 5º da Lei da Ação Civil Pública, em especial no tocante à legitimidade da Defensoria Pública para a defesa e promoção de direitos difusos.[20] O presente estudo, por sua vez, propõe uma reflexão sobre o tema a partir da Teoria dos Direitos Fundamentais e do Direito Processual Civil Coletivo brasileiro, com o propósito de efetivar e resguardar

---

[18] Doravante referida apenas como LC 80/94.

[19] Doravante referida apenas como LC 132/2009.

[20] Mais recentemente, além da ADI 3943, a matéria relativa à legitimidade da Defensoria Pública para a propositura de ação civil pública em defesa de interesses e direitos difusos teve repercussão geral reconhecida pelo Plenário Virtual do STF. A decisão foi tomada no processo paradigma ARE 690.838, sob a relatoria do Ministro Dias Toffoli.

os direitos fundamentais (liberais,[21] sociais e ecológicos) dos beneficiários da atuação coletiva da Defensoria Pública, ou seja, os indivíduos e grupos sociais necessitados (ou vulneráveis em termos organizacionais, conforme trataremos à frente), objetivando, em última instância, assegurar aos mesmos a sua inclusão no *pacto político-constitucional* estabelecido pela nossa Lei Fundamental de 1988. E, portanto, nada menos que uma *vida digna.*[22]

1. A esperada "cooperação" entre a Defensoria Pública e o Ministério Público na tutela e promoção dos direitos fundamentais (individuais, sociais e ecológicos) dos indivíduos e grupos sociais necessitados

1.1. A conjuntura política e judicial envolvendo a matéria: a ADI 3.943 proposta pela CONAMP (Associação Nacional dos Membros do Ministério Público) no Supremo Tribunal Federal e a repercussão geral reconhecida pelo STF no ARE 690.838

Na contramão da História e de forma contrária à evolução da matéria em termos constitucionais e processuais, por fundamentos que mascaram pretensões corporativas, entidades de classe vinculadas ao Ministério Público – em especial, a CONAMP – têm se posicionado fortemente contrárias à atuação da Defensoria Pública em sede de tutela coletiva, conforme se pode verificar na propositura da Ação Direta de Inconstitucionalidade n. 3.943, em trâmite perante o STF, impugnando a inserção da instituição no rol do art. 5º da Lei 7.347/85. A despeito da postura da CONAMP, como entidade de classe com evidente escopo corporativo, cumpre assinalar que não vislumbramos, tanto em âmbito doutrinário quanto na prática judicial, que tal seja o entendimento dominante no Ministério Público brasileiro de um modo geral. Já tivemos

---

[21] Os direitos liberais (ou civis e políticos), tipicamente tidos como direitos individuais (por exemplo, vida, integridade física, liberdade de locomoção, liberdade de expressão, direitos de personalidade, direito ao voto, etc.), também alcançam o espectro e a caracterização normativa de direitos ou interesses difusos a depender do caso concreto, de sorte que a sua tutela e promoção pode ser viabilizada por instrumentos processuais coletivos, como é o caso da ação civil pública. A possibilidade de se atribuir natureza difusa aos direitos liberais foi determinante para a opção conceitual que fizemos ao longo deste estudo (e que está consolidada no subtítulo do livro quando nos referimos aos "direitos fundamentais *liberais*, sociais e ecológicos"), no sentido de preferir a expressão "direitos liberais" a "direitos individuais". No plano normativo, a abertura do "catálogo de direitos coletivos em sentido amplo" prevista no art. 1º, IV, da Lei 7.347/85 reforça esse entendimento.

[22] Para uma análise de casos concretos de atuação da Defensoria Pública na seara coletiva, envolvendo a defesa e promoção de direitos fundamentais de todas as dimensões (liberais, sociais e ecológicos), v. o estudo emblemático coordenado por SOUSA, José Augusto Garcia de (Coord.). *I Relatório Nacional de Atuações Coletivas da Defensoria Pública*: um estudo empírico sob a ótica dos "consumidores" do Sistema de Justiça. Brasília: ANADEP, 2013.

a oportunidade de verificar inúmeros pareceres ministeriais favoráveis à legitimidade da Defensoria Pública para a propositura de ação civil pública, além de várias ações civis públicas propostas conjuntamente por Promotores de Justiça e Defensores Públicos.

Há, no mesmo sentido e de modo a reforçar tal contexto de fortalecimento institucional mútuo, inúmeras ações civis públicas propostas, tanto por Ministérios Públicos Estaduais quanto pelo Ministério Público da União, pleiteando a criação de cargos e a instalação da Defensoria Pública em diferentes localidades do nosso País. Como símbolo de tal cooperação institucional em prol das pessoas necessitadas, pode-se destacar o parecer lançado pela Procuradoria-Geral da República na ADI 4.636 proposta pelo Conselho Federal da OAB. Por isso tudo, nos parece que os rumos de ambas as instituições são cada vez mais convergentes em matéria coletiva, de modo a atuarem de forma cooperativa na proteção dos direitos dos indivíduos e grupos sociais necessitados, superando quaisquer disputas meramente corporativas e pautando a atuação de cada instituição de acordo com o seu perfil delineado na CF/88.

A exclusão da Defensoria Pública do rol dos entes legitimados para a propositura da ação civil pública, especialmente para a hipótese dos direitos e interesses coletivos (em sentido amplo), conforme pleiteado na referida ação, segue o caminho inverso do ideal democrático-participativo e da ampliação do acesso à justiça, pois pretende concentrar, e não descentralizar, tal "poder" de intervenção judicial em questões atinentes a direitos difusos. A descentralização do "poder" para o ajuizamento da ação civil pública é salutar à manutenção das bases democrático-participativas que alicerçam axiologicamente os instrumentos processuais de tutela coletiva e o sistema processual coletivo como um todo. Conforme registrou a Professora Ada Pellegrini Grinover, em parecer ofertado na ADI 3.943, "seria até mesmo um contrassenso a existência de um órgão que só pudesse defender necessitados individualmente, deixando à margem a defesa de lesões coletivas, socialmente muito mais graves", bem como que "fica claro, assim, que o verdadeiro intuito da requerente, ao propor a presente ADI, é simplesmente o de *evitar a concorrência da Defensoria Pública*, como se no manejo de tão importante instrumento de acesso à justiça e de exercício da cidadania pudesse haver *reserva de mercado*".[23]

A rejeição à legitimidade da Defensoria Pública para manusear ação civil pública, especialmente no tocante à tutela de direitos difusos, traria como consequência a vedação da sua atuação em matérias sensíveis

---

[23] GRINOVER, Ada Pellegrini. "Parecer a respeito da constitucionalidade da Lei 11.448/07, que conferiu legitimidade ampla à Defensoria Pública para a ação civil pública". In: SOUSA, José Augusto Garcia de (Coord.). *Uma nova Defensoria Pública pede passagem*: reflexões sobre a Lei Complementar 132/09. Rio de Janeiro: Lumen Juris, 2011, p. 480. Disponível também em: http://www.anadep.org.br/wtksite/cms/conteudo/4820/Documento10.pdf.

e visceralmente atreladas à sua vocação constitucional, como é o caso de ações coletivas movidas para assegurar a efetividade de direitos fundamentais sociais (saúde, educação, moradia, saneamento básico, transporte público, alimentação, entre outros). Além do mais, com a devida vênia, ao contrário do que afirmou o Procurador-Geral da República no parecer lançado na ADI 3.943, defendendo a inconstitucionalidade do inciso II do art. 5º da LACP, ao afirmar que "os espaços de defesa coletiva estão convenientemente preenchidos",[24] os problemas sociais (e também ecológicos) enfrentados atualmente superam, em muito, a capacidade de atuação coletiva do Ministério Público brasileiro.[25] A magnitude dos desafios enfrentados pela sociedade brasileira – como se verifica, por exemplo, na seara dos direitos sociais – extrapola sobremaneira a capacidade de atuação coletiva do *Parquet*.[26] Diferentemente do que alegou o Procurador-Geral da República no referido parecer, os "espaços de defesa coletiva" não estão "convenientemente preenchidos", ao menos não no caso da defesa coletiva dos direitos fundamentais (liberais, sociais e ecológicos) dos indivíduos e grupos sociais necessitados, conforme resultou atestado no campo prático pelo *I Relatório Nacional de Atuações Coletivas da Defensoria Pública (2013)*.[27]

---

[24] Disponível em: http://www.conamp.org.br/Lists/Proposies%20Legislativas/Attachments/73/adin%203943%20parecer%20PGR.pdf.

[25] Com o propósito de reforçar tal argumento, destacam-se as Súmulas 27, 28 e 29 do Conselho Superior do Ministério Público do Estado de São Paulo, atestando, nos seus fundamentos, uma "grande sobrecarga" do Ministério Público na área dos interesses difusos, notadamente no caso da improbidade administrativa e da proteção do ambiente. Extrai-se de parte da fundamentação da Súmula 29, relativamente ao arquivamento de inquérito civil em matéria ambiental, que: "o Ministério Público, de uns tempos a esta parte, vem sendo o destinatário de inúmeros autos de infração lavrados pelos órgãos ambientais, compostos, em grande parte, por danos ambientais de pequena monta. Isto vem gerando grande sobrecarga de trabalho, inviabilizando que os Promotores de Justiça se dediquem a perseguir maiores infratores. Mostra-se inevitável a racionalização do serviço. A proposta ora apresentada tem esta finalidade. O desejável seria que nossa estrutura permitisse a apuração de todo e qualquer dano ambiental. Todavia, a realidade demonstra não ser isto possível no momento. Havendo que se traçar os caminhos prioritários na área, entende-se que a proposta constituirá em instrumento para que se inicie a racionalização, buscando que a atividade ministerial tenha maior eficácia. Ressalte-se que o Poder Público também tem legitimidade para tomar compromisso de ajustamento de conduta e ajuizar ação civil pública, além de contar com poder de polícia que, por vezes, é suficiente para evitar o dano". Disponível em: http://www.mp.sp.gov.br/portal/page/portal/conselho_superior/sumulas.

[26] A atuação do Ministério Público, conforme ficou documentado no *Relatório sobre a Tutela Judicial dos Interesses Metaindividuais* (2007) elaborado pelo Ministério da Justiça, deu-se, a nosso ver, de modo em áreas temáticas sensíveis em matéria coletiva, como no campo dos direitos sociais. Talvez tal situação se tenha gerado em decorrência das escolhas institucionais feitas pelo Ministério Público brasileiro ao longo dos anos, dispensando a maior parte da sua energia e força de trabalho (em sede de atuação coletiva) para matérias como improbidade administrativa e proteção ambiental. Disponível em: http://www.mj.gov.br/main.asp?View={597BC4FE-7844-402D-BC4B-06C93AF009F0}.

[27] SOUSA, José Augusto Garcia de (Coord.). *I Relatório Nacional de Atuações Coletivas da Defensoria Pública*: um estudo empírico sob a ótica dos "consumidores" do Sistema de Justiça. Brasília: ANADEP, 2013.

Não há, a nosso ver, razão para se falar, portanto, em identidade de atuação e, como decorrência disso, sobreposição de atribuições entre o Ministério Público e a Defensoria Pública como resultado da legitimidade conferida à última para a propositura de ação civil pública. Há sim, a nosso ver, complementaridade. A atuação coletiva de ambas as instituições (somada também à dos demais entes legitimados) deve servir de reforço mútuo da proteção dos direitos violados. E, muito embora em algumas situações as temáticas de fundo serão idênticas (por exemplo, saúde e educação públicas), o foco de atuação de cada instituição terá por escopo o seu perfil constitucional. No caso do MP, o interesse de toda a coletividade; no da Defensoria Pública, o interesse de indivíduos e grupos sociais necessitados. O Ministério Público brasileiro tem dado, sobretudo a partir da Lei 7.347/85, uma contribuição inestimável para a sociedade brasileira no tocante à proteção dos direitos coletivos. Isso não mudará. A Defensoria Pública objetiva apenas agregar força complementar a esse trabalho, dada a dimensão continental dos problemas sociedade enfrentados pela nossa sociedade com potencial de serem atacados pelos instrumentos processuais coletivos. O mesmo raciocínio vale para todos os demais entes legitimados, em especial as associações civis.

Ambas as instituições desempenham funções constitucionais da mais alta relevância no âmbito do nosso Sistema de Justiça, sendo a ação civil pública apenas um instrumento processual (entre tantos outros) capaz de dar vazão e efetividade às suas vocações institucionais em termos de tutela de direitos (individuais e coletivos). De acordo com Didier Jr. e Zaneti Jr., "não há qualquer sentido na alegação da CONAMP de que a Lei n. 11.448/2007 é inconstitucional. A legitimação para a tutela coletiva é conferida para a proteção dos interesses da coletividade, e não para dar mais prestígio a essa ou aquela instituição. A ampliação dos legitimados à tutela coletiva é uma tendência no direito brasileiro, que se iniciou em 1985, com a permissão de que associações pudessem promover ações coletivas, e terminará com a aprovação do projeto de codificação da legislação coletiva, que prevê a legitimação do cidadão. Por outro lado, a tese clássica de Mauro Cappelletti é no sentido da *legitimação plúrima* como forma mais coerente de fortalecer a efetividade dos 'novos direitos' pela jurisprudência".[28] Comentando a postura da CONAMP, Antonio Gidi assinala que a ADI representa a "demonstração pública de falta de cidadania, ao criar empecilhos técnicos artificiais à legitimidade da Defensoria Pública".[29]

---

[28] DIDIER JR., Fredie; ZANETI JR., Hermes. *Curso de direito processual.* v. 4 (Processo Coletivo). 6. ed. Salvador: Editora Juspodivm, 2011, p. 221.

[29] GIDI, Antonio. *Rumo a um Código de Processo Civil Coletivo*: a codificação das ações coletivas no Brasil. Rio de Janeiro: GZ Editora, 2008, p. 415.

A CONAMP, por sua vez, nunca adotou medida judicial no sentido de suscitar a inconstitucionalidade da legitimidade dos demais entes constantes do rol do art. 5º da LACP,[30] mas apenas agora da Defensoria Pública por intermédio da ADI referida. É provável que assim tenha ocorrido em razão de que a legitimidade dos demais entes praticamente nunca saiu do papel, sendo que, até hoje, mais de 90% das ações civis públicas são (e sempre foram) ajuizadas pelo *Parquet*.[31] Na prática, consolidou-se um "monopólio", o qual se vê hoje ameaçado pela atuação crescente da Defensoria Pública no âmbito coletivo, especialmente em matérias atinentes a direitos sociais. No entanto, é oportuno registrar que o Ministério Público não detém "monopólio" absoluto nem mesmo no âmbito da ação penal. Há tanto a ação penal privada quanto a ação penal privada subsidiária da pública na hipótese de o órgão acusador omitir--se na persecução penal e não interpor a ação penal no prazo legal (art. 5º, LIX, da CF/88), de modo a relativizar, portanto, o caráter absoluto da legitimidade do *Parquet* até mesmo para a hipótese da ação penal, onde, diferentemente da seara cível, há fortes razões, inclusive de ordem constitucional (art. 129, I, da CF/88), para uma titularidade privativa e centralizada no *Parquet*.

A concentração de poder num determinado ente estatal é contrária ao ideal democrático-participativo aplicado ao Sistema de Justiça. É salutar a qualquer sistema democrático que sempre exista um aparato de controle da atuação do poder público, bem como que se estimule a criação de instrumentos tendentes à sua descentralização e transparência. Esse foi o caminho perseguido pelo legislador infraconstitucional ao incluir a Defensoria Pública no rol do art. 5º da LACP, recentemente ratificado pela LC 132/2009, conforme referido anteriormente, considerando, especialmente, a perspectiva do acesso à justiça das pessoas necessitadas. A "barreira (política e judicial)" posta por entidades vinculadas ao Ministério Público à legitimidade da Defensoria Pública para a propositura de ação civil pública é, antes de qualquer coisa, uma "barreira" contra o acesso à justiça da população que mais dela necessita e que, historicamente, foi mantida à margem do nosso Sistema de Justiça. As ações e defesas judiciais individuais, assim como a atuação extrajudicial, a mediação e prevenção de conflitos, a educação em direitos, entre outras práticas realizadas cotidianamente pelos Defensores Públicos, são e vão continuar a ser a essência da atuação institucional da Defensoria Pública. A legitimidade para a ação civil pública, nessa perspectiva, tem apenas

---

[30] O mesmo questionamento é posto por DIDIER JR.; ZANETI JR, *"Curso de direito processual..."*, p. 221.

[31] Tal entendimento pode ser deduzido das informações constantes do *Relatório sobre a Tutela Judicial dos Interesses Metaindividuais* (2007), elaborado pelo Ministério da Justiça. Disponível em: http://www.mj.gov.br/main.asp?View={597BC4FE-7844-402D-BC4B-06C93AF009F0}. No mesmo sentido, v. GIDI, *"Rumo a um Código..."*, p. 404.

a função de ser mais um instrumento de trabalho do Defensor Público para potencializar e levar a um número cada vez maior de pessoas necessitadas a tutela dos seus direitos e, acima de tudo, o resguardo da sua dignidade, notadamente quando estiverem em jogo os seus direitos fundamentais.

Mais recentemente, além da ADI 3943, a matéria relativa à legitimidade da Defensoria Pública para a propositura de ação civil pública em defesa de interesses e direitos difusos teve repercussão geral reconhecida pelo Plenário Virtual do STF. A decisão foi tomada no processo paradigma ARE 690.838, sob a relatoria do Ministro Dias Toffoli. Em tal processo, o Município de Belo Horizonte recorreu de decisão do Tribunal de Justiça de Minas Gerais que reconheceu a legitimidade da Defensoria para propor ação civil pública na defesa de interesses e direitos difusos. De acordo com a decisão do TJMG, a própria natureza dos direitos difusos, previstos no inciso I do parágrafo único do artigo 81 do Código de Defesa do Consumidor (CDC), torna "impraticável" que a Defensoria Pública tenha de demonstrar a hipossuficiência (indivíduo sem recursos para pagar um advogado particular) de cada pessoa envolvida na demanda para legitimar sua atuação. Segundo o Ministro Dias Toffoli, ao apreciar a questão, o processo em análise "apresenta densidade constitucional e extrapola os interesses subjetivos das partes, sendo relevante para todas as Defensorias Públicas existentes no país". Enfim, o nosso propósito neste tópico foi apenas destacar a relevância e atualidade da matéria, destacando o contexto político e judicial em que se insere a discussão a respeito da legitimidade da Defensoria Pública para a propositura da ação civil pública.

1.2. O regime constitucional de rejeição a qualquer "exclusividade" do Parquet para a propositura de ações coletivas (art. 129, § 1º, da CF/88) e sua incidência na seara dos direitos difusos

A CF/88 estabelece, no seu art. 129, § 1º, a rejeição à "exclusividade" do Ministério Público para a tutela coletiva de direitos difusos, conforme já apontado em passagem anterior. Tal dispositivo, inserido no âmbito do regime constitucional traçado para o Ministério Público na CF/88, revela a "vontade do constituinte" de democratizar os instrumentos de tutela coletiva, inclusive na seara dos direitos difusos, como, por exemplo, na proteção ambiental. Da mesma forma que o art. 129, III, estabelece, como função institucional do Ministério Público, "promover o inquérito civil e a ação civil pública, para a proteção do patrimônio público e social, do meio ambiente e de outros interesses difusos e coletivos", o § 1º do mesmo dispositivo constitucional estabelece que "*a legitimação do Ministério Público para as ações civis previstas neste artigo não impede a de terceiros*, nas mesmas hipóteses, segundo o disposto nesta Constituição e na lei" (grifos nossos). Ao tratarem, em específico, sobre a constitucionalidade da legitimidade da Defensoria Pública para a propositura de ação civil pública frente ao disposto no art. 129, § 1º da CF/88, Fredie Didier Jr. e Hermes Zaneti Jr. referem que "esta é a vontade da Constituição, esta é a sua direção. Inconstitucional, ao contrário, é a interpretação que restringe a legitimação conferida de maneira adequada".[32]

Por esse prisma, há evidente manifestação do constituinte no sentido de "democratizar" a legitimidade da ação civil pública, ampliando os canais de acesso para a tutela jurisdicional dos interesses e direitos difusos.[33] A diretriz constitucional estabelecida no art. 129, § 1º, da CF/88 alcança, sem dúvida, também o espectro dos direitos e interesses difusos, o que favorece não somente a legitimidade da Defensoria Pública em tal matéria, mas de todos os demais entes legitimados à propositura de ações coletivas, em especial das associações civis. Afinal de contas, como bem elucida Antonio Gidi, "o MP faz parte de um esquema complexo de tutela jurisdicional dos direitos de grupo, sendo apenas *mais um* legitimado para propor demandas coletivas, ao lado das associações e de outros entes públicos: ele não é *o* legitimado, nem muito menos o principal ou o mais importante ou o protagonista ou um supralegitimado. Quem não perceber isso, atrelado a acidentes históricos passageiros, não compreenderá o direito processual coletivo do Século XXI".[34]

1.3. A atuação "cooperativa" entre os entes legitimados à propositura de ação civil pública (em especial no tocante ao Ministério Público, à Defensoria Pública e às associações civis)

O Ministério Público e a Defensoria Pública estarão, por vezes, em pólos antagônicos nas relações jurídicas de natureza coletiva, como, por exemplo, em ação civil pública promovida pelo *Parquet* para retirar grupos de famílias pobres que ocupam área de preservação permanente. No entanto, quando não houver "colisão" de interesses e direitos, e na grande maioria das vezes os interesses serão convergentes, como na hipótese da inexistência de rede de tratamento de esgoto em determinado bairro da periferia (o que necessariamente produzirá degradação ambiental e violação a direitos sociais de pessoas necessitadas), não há razão para

---

[32] DIDIER JR.; ZANETI JR, *"Curso de direito processual..."*, p. 221.

[33] O dispositivo constitucional ora em análise (art. 129, § 1º) foi um dos fundamentos utilizados pelo Tribunal de Justiça do Estado de Minas Gerais para reconhecer a legitimidade da Defensoria Pública para a tutela de direitos e interesses difusos no caso anteriormente citado, o qual foi objeto de repercussão geral reconhecida pelo Plenário Virtual do STF (ARE 690.838), sob a relatoria do Ministro Dias Toffoli.

[34] GIDI, *"Rumo a um Código..."*, p. 418.

não ser reconhecida a legitimidade concorrente, disjuntiva e autônoma entre o Ministério Público e a Defensoria Pública (além, é claro, dos demais entes arrolados no art. 5º da LACP) para tutelarem tais direitos por meio da ação civil pública.

É bom ressaltar que *não se trata de uma legitimidade subsidiária* diante da omissão do Ministério Público e dos demais órgãos legitimados, mas sim de legitimidade autônoma e própria da Defensoria Pública, consubstanciada no seu dever constitucional (e objetivo institucional) de tutelar os direitos fundamentais e a dignidade de indivíduos e grupos sociais necessitados. Ambas as instituições têm o papel constitucional de defender os direitos fundamentais, especialmente no caso de pessoas necessitadas ou vulneráveis, devendo, portanto, quando possível à luz do caso concreto, unir forças numa atuação conjunta e cooperativa,[35] com o propósito de potencializar a tutela e efetividade dos direitos em causa. Até porque, como bem ressalta José A. Garcia de Sousa, o ingresso oficial da Defensoria Pública no rol do art. 5º da LACP é "para somar, não dividir".[36]

Imbuído do "espírito cooperativo" que deve prevalecer na relação entre Defensoria Pública e Ministério Público, Eurico Ferraresi assinala que "órgãos públicos devem se somar na proteção dos direitos difusos e coletivos e não disputar titularidade. As técnicas processuais coletivas existem para benefício de todos. Aliás, o direito processual existe para disponibilizar meios ágeis, econômicos e seguros de pacificação, individual e coletiva. A visão egoística é incompatível com o direito processual coletivo".[37] O Ministério Público, na linha do que foi dito pelo autor, continuará com o seu protagonismo e lugar de destaque em determinadas matérias como, por exemplo, na proteção ambiental e no combate à improbidade administrativa. Apenas, tal lugar de poder, pela importância social que representa, deve ser democratizado ao máximo. Ao invés de se restringir, deve-se ampliar e fortalecer a atuação coletiva tanto da so-

---

[35] Endossando essa abordagem "cooperativa", registra-se a atuação conjunta entre o Ministério Público e a Defensoria Pública paulistas, onde a última ingressou como assistente litisconsorcial do *Parquet* em ação de execução de termo de ajustamento de conduta contra o Município de Ferraz de Vasconcelos, o qual descumpriu acordo relativo à regularização de deposição de lixo tóxico (resíduos de agrotóxico BHC, proibido no Brasil desde 1985 por causar danos severos ao sistema nervoso central das pessoas que o manipulavam). O Juiz, com parecer favorável do Ministério Público local, autorizou que a Defensoria Pública ingressasse no pólo ativo da referida ação. Disponível em: http://www.anadep.org.br/wtk/pagina/impressao?materia=3433.

[36] SOUSA, José Augusto Garcia de. "A Nova Lei 11.448/07, os escopos extrajurídicos do processo e a velha legitimidade da Defensoria Pública para ações coletivas". In: SOUSA, José Augusto Garcia de (Coord.). *A Defensoria Pública e os processos coletivos*: comemorando a Lei Federal 11.448, de 15 de janeiro de 2007. Rio de Janeiro: Lumen Juris, 2008, p. 249.

[37] FERRARESI, Eurico. *Ação popular, ação civil pública e mandado de segurança coletivo*: instrumentos processuais coletivos. Rio de Janeiro: Editora Forense, 2009, p. 210 (nota 23).

ciedade civil organizada e dos cidadãos[38] quanto dos demais entes públicos legitimados, como é o caso da Defensoria Pública.

Ademais, especialmente em relação à sociedade civil e os movimentos sociais, notadamente daqueles voltados à tutela dos grupos sociais vulneráveis, cumpre à Defensoria Pública, manter permanente canal de diálogo com os mesmos, a fim de que a sua atuação coletiva, por intermédio do manuseio de ações civis públicas, esteja em consonância com as reivindicações sociais latentes no ambiente comunitário. A corroborar esse entendimento, J. A. Garcia de Sousa pontua que "a posse da legitimidade para as ações coletivas não deve degradar-se no âmbito estreito das disputas corporativas; deve, sim, homenagear o interesse público, em especial no que diz aos escopos sociais e políticos aqui realçados. Para tanto, a atuação da Defensoria Pública no setor coletivo há de se abrir a parcerias. Entre os parceiros bem-vindos, mencionem-se primeiramente a sociedade civil e os movimentos populares, fontes não só de legitimidade substancial para as iniciativas da Defensoria mas também de conhecimento especializado acerca das matérias postas em juízo".[39] O entendimento lançado acima guarda sintonia fina com o "espírito democrático-participativo" (e, portanto, também cooperativo) que deve nortear o nosso Sistema Processual Coletivo, tendo sempre como o seu objetivo primordial a proteção e efetividade dos direitos (materiais).

A atuação "cooperativa" entre Ministério Público e Defensoria Pública (e também com as associações civis e os movimentos populares de base) no âmbito processual coletivo, tanto em sede extrajudicial quanto judicial, nos parece alinhada à ideia de colaboração no processo civil, conforme tratado na doutrina por Daniel Mitidiero. Em obra específica sobre o tema, o autor propõe a "construção de um modelo de processo civil conforme as exigências do Estado Constitucional, fazendo-o a partir do marco teórico do formalismo-valorativo. Defende-se aqui que esse modelo de processo corresponde ao processo cooperativo, pautado pelo diálogo judiciário, pela colaboração e pela lealdade entre as partes que participam do processo".[40] Por esse prisma, nada diferente de uma atuação cooperativa poderia ser esperada de duas instituições públicas que, ao fim e ao cabo, objetivam, de forma comum, a defesa e promoção dos direitos fundamentais (liberais, sociais e ecológicos) dos indivíduos e grupos sociais necessitados.

---

[38] Não por outra razão, o Anteprojeto do Código Brasileiro de Processos Coletivos prevê, inclusive, a legitimidade do indivíduo (qualquer pessoa física) para a propositura da ação civil pública no seu art. 20, I, nos moldes da *class action* norte-americana. No nosso sistema processual coletivo, o cidadão já tem hoje à sua disposição a ação popular.

[39] SOUSA, "*A Nova Lei 11.448/07, os escopos extrajurídicos do processo ...*", p. 249.

[40] MITIDIERO, Daniel. *Colaboração no processo civil*: pressupostos sociais, lógicos e éticos. 2.ed. São Paulo: Revista dos Tribunais, 2011, p. 17.

Afinal de contas, há mazelas sociais de sobra para serem enfrentadas por intermédio da atuação coletiva levada a efeito pelas duas entidades, de forma conjunta ou separadamente, com destaque para o diálogo aberto que tais instituições devem manter com a sociedade civil organizada e os movimentos populares, inclusive com o propósito de ampliar a legitimidade social da sua atuação, o que é particularmente importante em matéria coletiva, dado o impacto social de tais medidas. A atenção de todos os atores do nosso Sistema de Justiça deveria estar voltada sim à "sub-representação" de determinados interesses e direitos, sobretudo de indivíduos e grupos sociais necessitados, e não a uma suposta "superposição" de atribuições entre instituições públicas. Retomando a lição de José Augusto Garcia de Sousa, em estudo empírito emblemático sobre a atuação da Defensoria Pública brasileira na seara coletiva, "o que deveria realmente preocupar os críticos da legitimidade da Defensoria, já o dissemos, não é a esporádica superposição de atribuições entre legitimados, mas sim a dramática sub-representação de interesses coletivos vitais que se vê, corriqueiramente, em nosso país de dimensões continentais".[41]

2. A interpretação restritiva do art. 5º, II, da Lei 7.437/85 como violação ao princípio constitucional da máxima eficácia possível (art. 5º, §1º, da CF/88) a ser conferida aos direitos fundamentais (liberais, sociais e ecológicos)

A CF/88 consagrou no seu art. 5º, § 1º, que "as normas definidoras dos direitos e garantias fundamentais têm aplicação imediata". O dispositivo constitucional em questão, integrador do regime jurídico dos direitos fundamentais trazido pela CF/88, é considerado, de acordo com Ingo W. Sarlet, norma com conteúdo principiológico, ou seja, "uma espécie de mandado de otimização (ou maximização), isto é, estabelecendo aos órgãos estatais a tarefa de reconhecerem a maior eficácia possível aos direitos fundamentais".[42] Tal entendimento, por sua vez, autoriza, a nosso ver, a compreensão de que a interpretação conferida a determinado dispositivo legal – no nosso caso, o art. 5º, II, da Lei 7.437/85, ou seja, uma norma legal de natureza processual –, deve atender a tal premissa ordenadora do nosso sistema constitucional, notadamente quando, diante de um caso concreto – momento em que, via de regra, o intérprete coloca-se diante do seu ofício hermenêutico –, verifica-se estar em causa violação a direitos fundamentais, inclusive com repercussão de ordem

---

[41] SOUSA, "I Relatório Nacional de Atuações Coletivas ...", p. 113.

[42] SARLET, Ingo Wolfgang. A eficácia dos direitos fundamentais: uma teoria geral dos direitos fundamentais na perspectiva constitucional. 10. ed. Porto Alegre: Livraria do Advogado, 2009, p. 270.

coletiva. A vinculação da norma processual em análise à proteção de direitos fundamentais impõe ao seu intérprete buscar aquele entendimento que assegura a proteção mais ampla possível aos direitos fundamentais, em respeito ao princípio da máxima eficácia possível consagrado no art. 5º, § 1º, da CF/88.

Além disso, como destacam Fredie Didier Jr. e Hermes Zaneti Jr., uma interpretação restritiva da legitimidade da Defensoria Pública para a propositura da ação civil pública contraria os princípios da tutela coletiva.[43] E mais, é importante assinalar que o dispositivo da legislação infraconstitucional ora analisado não impõe "qualquer" restrição à legitimidade da Defensoria Pública,[44] o que demandaria, para dizer o mínimo, uma interpretação "força barra" (além de restritiva em relação a direitos fundamentais) para sustentar, por exemplo, a ilegitimidade ativa da Defensoria Pública para a tutela coletiva de direitos difusos. Interpretar a norma inscrita no inciso II do art. 5º da LACP de forma restritiva é interpretá-la contrariamente ao comando constitucional referido (art. 5º, § 1º). O fato de a atuação coletiva da Defensoria Pública, dada a natureza socioeconômica dos usuários dos seus serviços, objetivar suplantar situações de violação aos direitos fundamentais dos indivíduos e grupos sociais necessitados reforça ainda mais a "inconstitucionalidade" de tal interpretação restritiva, ante o flagrante dever do Estado – inclusive, do Estado-Juiz – de conferir especial proteção jurídica, tanto no plano fático quanto normativo, às pessoas em situação de vulnerabilidade. A defesa dessas pessoas é, em última instância, a defesa da própria sociedade e dos valores basilares que lhe dão sustentação moral e jurídica. Portanto, é o interesse público (de natureza primária) que deve permear a interpretação, e não outras razões coorporativas.

3. A caracterização da legitimidade da Defensoria Pública para a tutela e promoção de direitos difusos a partir da "mera possibilidade" de beneficiar pessoas necessitadas (art. 4º, VII, da LC 132/2009)

A resistência de alguns autores em reconhecer a legitimidade da Defensoria Pública para a propositura de ação civil pública em prol de

---

[43] DIDIER JR.; ZANETI JR., "*Curso de direito processual...*", p. 218. O mesmo entendimento é compartilhado por PINHO, Humberto Dalla Bernardina de. "A legitimidade da Defensoria Pública para a propositura de ações civis públicas: primeiras impressões e questões controvertidas". In: SOUSA, José Augusto Garcia de (Coord.). *A Defensoria Pública e os processos coletivos*: comemorando a Lei Federal 11.448, de 15 de janeiro de 2007. Rio de Janeiro: Lumen Juris, 2008, p. 186.

[44] No sentido de reconhecer uma legitimidade ampla da Defensoria Pública, haja vista a ausência de qualquer restrição imposta pela lei, v. GOMES JR., Luiz Manoel. *Curso de direito processual civil coletivo*. 2.ed. São Paulo: SRS Editora, 2008, p. 138.

direitos e interesses difusos está vinculada à impossibilidade de identificar-se, de modo individual, os beneficiários de tal medida processual coletiva, já que os titulares de tais direitos são indeterminados. Por exemplo, o direito a viver em um ambiente sadio, equilibrado e seguro traz como titular "toda a coletividade", conforme dispõe o art. 225, *caput*, da CF/88. Isso não permitiria, em tese, conforme sustentam alguns, verificar a presença de indivíduos ou grupos sociais necessitados no grupo de beneficiários, elemento que seria necessário para caracterizar a pertinência temática da atuação Defensoria Pública. No entanto, a nosso ver, esse entendimento não se sustenta na prática, pois, a partir do caso concreto, sempre será possível estimar a presença ou não de interesses ou direitos de pessoas necessitadas, mesmo que não sejam somente elas as beneficiárias de tal medida, autorizando, portanto, a atuação da Defensoria Pública. Com a devida vênia, o entendimento de que eventual medida processual coletiva interposta pela Defensoria Pública deveria beneficiar "exclusivamente" pessoas necessitadas beira o absurdo e contraria frontalmente os princípios reitores do Direito Processual Coletivo (por exemplo, acesso à justiça, economia processual, efetividade de direitos, primazia dos direitos materiais).

A verificação de interesse de indivíduos e grupos sociais necessitados resulta facilmente perceptível em situações como, por exemplo, ações civis públicas para suprimir a ausência de saneamento básico geradora de degradação ambiental em área pobre de determinado município, evitar a contaminação química próxima à área industrial (já que geralmente os trabalhadores de baixa renda vivem na cercania dos pólos industriais), regularizar ou evitar o corte do fornecimento de energia e água, assegurar transporte público e condições de acessibilidade a pessoas com deficiência, proibir a poluição sonora provocada por festas em determinada favela, exigir a disponibilidade de vagas em creche ou escola da rede pública, exigir a disponibilização de determinado medicamento ou tratamento médico na rede pública de saúde, assegurar condições mínimas de bem-estar em determinado presídio ou cadeia pública, entre outras situações em que direitos de pessoas necessitadas estarão evidenciados, mesmo que indiretamente. De tal sorte, a "indeterminação" dos sujeitos que caracteriza os direitos e interesses difusos não caracteriza qualquer barreira para a verificação da pertinência temática da Defensoria Pública para a propositura de ação civil pública em tais situações.

Por fim, o próprio art. 4°, VII, da LC 80/94 não pode ser mais claro no sentido de reconhecer que a mera possibilidade, ou seja, a simples "potencialidade" de beneficiar grupos de pessoas necessitadas já caracteriza a pertinência temática e legitimidade da Defensoria, inclusive em se tratando de direitos difusos. De acordo com o dispositivo citado, entre as atribuições da Defensoria Pública, está a legitimidade para "promover ação civil pública e todas as espécies de ações capazes de propiciar a adequada tutela dos *direitos difusos,* coletivos ou individuais homogêneos *quando o resultado da demanda puder beneficiar grupo de pessoas hipossuficientes".* Afasta-se, portanto, a necessidade de verificação concreta – de modo individualizado – de pessoas necessitadas entre os beneficiários para legitimar eventual medida coletiva proposta pela Defensoria Pública, bastando, de acordo com tal diploma legal, o mero potencial de uma ação civil pública trazer resultado proveitoso a direitos de pessoas necessitadas.[45] E o "potencial" benefício de pessoas necessitadas é facilmente verificado no caso concreto (por exemplo, numa ação civil pública para ampliar o números de leitos disponíveis em hospital público), mesmo em se tratando de direitos difusos, a exemplo das demais hipóteses que tratamos neste tópico.

4. Os direitos fundamentais liberais (ou civis e políticos)[46] como direitos difusos e sua tutela e promoção por intermédio de instrumentos processuais coletivos

Os *direitos fundamentais liberais* (ou *civis e políticos,* como comumente são denominados no plano internacional) são aqueles tidos como de primeira dimensão, como, por exemplo, vida, integridade física e moral, liberdade de locomoção, liberdade de expressão, direitos de personalidade, direito ao voto, etc. E, muito embora sejam identificados pela doutrina como típicos direitos individuais, também podem alcançar a caracterização normativa de direitos ou interesses difusos em algumas situações fáticas, de modo que a sua tutela e promoção também pode ser assegurada por instrumentos processuais coletivos, como é o caso da ação civil pública. A título de exemplo, a Defensoria Pública do Estado de São Paulo ajuizou ação civil pública com o objetivo de garantir a formalização de casamentos homoafetivos (entre pessoas do mesmo sexo) em cidade do interior do Estado de São Paulo. A propositura da ação ocorreu após um casal de homens ter sido impedido de formalizar

---

[45] Sustentando igual entendimento, v. MARINONI, Luiz Guilherme; ARENHART, Sérgio Cruz. *Processo de conhecimento* (Curso de Processo Civil, v. 2). 7. ed. São Paulo: Revista dos Tribunais, 2008, p. 746.

[46] De acordo com os esclarecimentos que assinalamos na Introdução do livro, a possibilidade de os direitos liberais também se configurarem como direitos e interesses difusos foi determinante para a opção conceitual que fizemos ao longo deste estudo (e que está consolidada no subtítulo do livro quando nos referimos aos "direitos fundamentais liberais, sociais e ecológicos") de preferir a expressão "direitos liberais" a "direitos individuais", como também poderiam ser denominados os direitos fundamentais de primeira dimensão.

seu casamento em um dos cartórios da cidade.[47] Muito embora a atuação inicial da Defensoria Pública tenha partido de um caso individual concreto, o objeto de medida processual coletiva possui natureza difusa, já que busca defender o interesse de toda a coletividade e prevenir que tal violação a direitos se verificasse em outros casos futuros, assegurando a habilitação para casamentos entre pessoas do mesmo sexo nos cartórios de registro civil da localidade.

Outro exemplo, também extraído da atuação prática da Defensoria Pública, diz respeito à restrição da liberdade de ir e vir (locomoção) de crianças e adolescentes caracterizado por medidas de "toque de recolher" adotadas em alguns Municípios do Estado de São Paulo. A impetração de *habeas corpus* coletivo com o propósito de assegurar a liberdade de crianças e adolescentes em face da medida de "toque de recolher" também extrapola a órbita individual, passando a conformar interesse e direito de natureza difusa, já que os beneficiários de tal medida são indeterminados.[48] Também nesse contexto, como situação de flagrante violação à integridade física e psíquica de indivíduos, destaca-se a interposição de *habeas corpus* coletivo preventivo pela Defensoria Pública em face de decisão da Juíza Corregedora dos Presídios da Comarca de Taubaté (1ª Vara das Execuções Criminais) no sentido de determinar a execução de exames invasivos em pessoas suspeitas de carregarem objetos ilícitos quando em visitas a presídios. Na decisão liminar proferida pelo Rel. Des. Marco Nahum, resultou determinado que a decisão adotada pela Juíza Corregedora autorizativa dos exames invasivos ficasse suspensa até julgamento final do *writ*. De acordo com o relator, "em nome de eventual segurança carcerária, o Estado não pode violentar a dignidade do ser humano, obrigando-lhe a se submeter a exame invasivo, para que a autoridade possa proceder 'a retirada do corpo estranho do inte-

---

[47] Disponível em: http://www.defensoria.sp.gov.br/dpesp/Conteudos/Noticias/NoticiaMostra.aspx?idItem=43070&idPagina=1&flaDestaque=V.

[48] "ESTATUTO DA CRIANÇA E DO ADOLESCENTE. *HABEAS CORPUS*. TOQUE DE RECOLHER. (...) NORMA DE CARÁTER GENÉRICO E ABSTRATO. ILEGALIDADE. ORDEM CONCEDIDA. (...) 2. Narra-se que a Juíza da Vara de Infância e Juventude de Cajuru editou a Portaria 01/2011, que criaria um 'toque de recolher', correspondente à determinação de recolhimento, nas ruas, de crianças e adolescentes desacompanhados dos pais ou responsáveis: a) após as 23 horas, b) em locais próximos a prostíbulos e pontos de vendas de drogas e c) na companhia de adultos que estejam consumindo bebidas alcoólicas. A mencionada portaria também determina o recolhimento dos menores que, mesmo acompanhados de seus pais ou responsáveis, sejam flagrados consumindo álcool ou estejam na presença de adultos que estejam usando entorpecentes.(...) 6. A despeito das legítimas preocupações da autoridade coatora com as contribuições necessárias do Poder Judiciário para a garantia de dignidade, de proteção integral e de direitos fundamentais da criança e do adolescente, é preciso delimitar o poder normativo da autoridade judiciária estabelecido pelo Estatuto da Criança e do Adolescente, em cotejo com a competência do Poder Legislativo sobre a matéria. (...) 8. Habeas Corpus concedido para declarar a ilegalidade da Portaria 01/2011 da Vara da Infância e Juventude da Comarca de Cajuru." (STJ, HC 207720/SP, 2ª Turma, Rel. Min. Herman Benjamin, j. 01.12.2011). No mesmo sentido, v. STJ, REsp 1.292.143/SP, 1ª Turma, Rel. Min. Teori Albino Zavascki, j. 21.06.2012.

rior da pessoa investigada, com ou sem o consentimento da mesma".[49] No exemplo citado, a natureza do direito em questão, tendo como potenciais beneficiários, por exemplo, amigos e familiares de pessoas privadas de liberdade, também alcança o espectro coletivo, já que os titulares do direito em questão são indeterminados.

Mais recentemente, chegou ao STF *Habeas Corpus* Coletivo (HC 118.536, sob a relatoria do Min. Dias Toffoli) impetrado pela Defensoria Pública do Estado de São Paulo em que é formulado pedido para assegurar direito a banho de sol diário para detentos em estabelecimento prisional paulista (Comarca de Presidente Prudente). O pedido é fundamentado no incisos XLIX e XLVII, letra "e", do art. 5º da CF/88, os quais dispõem, respectivamente que "é assegurado aos presos o respeito à integridade física e moral" e que "não haverá penas cruéis". De acordo com a fundamentação do HC, a proibição de banho de sol e a manutenção de presos em cela escura "constituem evidente tratamento cruel e desumano, bem como uma punição física que pode levar à morte". Outro exemplo prático extraído da atuação da Defensoria Pública diz respeito a ação civil pública com o propósito de assegurar o fornecimento ininterrupto de água em estabelecimento prisional que se encontrava com medidas de racionamento.[50] Também no mesmo sentido registra-se o ajuizamento de ação civil pública pleiteando a implantação de equipes de saúde em estabelecimento prisional que apresenteva deficiência na prestação desse serviço essencial.[51]

A dramática situação em que se encontra o sistema prisional no Brasil é um celeiro para a privação e violação a direitos e, acima de tudo, à dignidade das pessoas privadas de liberdade que se encontram sob a custódia do Estado. Há, conforme ilustrado nos exemplos citados, a possibilidade de ajuizamento, como já registrado em inúmeras situações concretas, de ação civil pública para a implementação de medidas positivas (ou prestacionais) ou mesmo para a interdição de estabelecimentos prisionais. As péssimas condições de salubridade em tais estabelecimentos, com precaríssimo atendimento médico e assistencial, além da superlotação, ensejam, em especial, a violação aos direitos à vida e à integridade física e psíquica, dos indivíduos privados de liberdade. Eventuais ações interpostas para melhorar as condições de vida e bem-estar nos estabelecimentos prisionais terão, necessariamente, natureza coletiva.

---

[49] TJSP, HC nº 0269428-71.2012.8.26.0000, 1ª Câmara de Direito Criminal, Rel. Des. Marco Nahum, j. 18.12.2012.

[50] http://www.defensoria.sp.gov.br/dpesp/Conteudos/Noticias/NoticiaMostra.aspx?idItem=46873&idPagina=3086

[51] http://www.defensoria.sp.gov.br/dpesp/Conteudos/Noticias/NoticiaMostra.aspx?idItem=45753&idPagina=3086.

A respeito da atuação coletiva da Defensoria Pública em tal temática, registra-se entendimento do Ministro Herman Benjamin: "a Defensoria Pública, como órgão essencial à justiça, dispõe de mecanismos mais eficientes e efetivos para contribuir, no atacado, com a melhoria do sistema prisional, valendo citar, entre tantos outros: a) defesa coletiva de direitos (art. 5º, II, da Lei 7.347/1985), por intermédio do ajuizamento de Ação Civil Pública, para resolver, de forma global e definitiva, o grave problema da superlotação das prisões, pondo um basta nas violações à dignidade dos prisioneiros, inclusive com a interdição de estabelecimentos carcerários".[52] Portanto, aqui também a tutela de direitos de feição liberal, como vida e integridade física e psíquica, poderá ser instrumentalizada por meio de ações de natureza coletiva e os direitos em questão assumirão a feição de direitos e difusos. Nos exemplos citados, não haveria qualquer dúvida sobre "quem" seriam os potenciais beneficiários, muito embora a natureza difusa do direito em questão, já que a absoluta maioria das pessoas privadas de liberdade no Brasil integra o grupo social mais marginalizado da nossa sociedade em termos socioeconômicos. Não haveria, nesse sentido, qualquer margem para discussão a respeito da pertinência temática e da legitimidade da Defensoria Pública para a propositura de ação civil pública em tais situações.

Seguindo na trilha dos exemplos citados, mas agora na ótica dos direitos políticos, destaca-se a possibilidade de adoção de medida judicial coletiva para assegurar o direito ao voto de presos provisórios e adolescentes maiores de 16 anos internados. Nesse sentido, a Defensoria Pública do Estado de São Paulo obteve decisão favorável em ação civil pública interposta para a efetivação do direito ao voto de jovens internos em unidades da Fundação CASA. Na sentença, o Juiz de Direito assinalou que "impedir o jovem eleitor de votar, ainda que esteja cumprindo medida socioeducativa, importa em descumprir direito político assegurado pela Constituição Federal e pelo artigo 16 do Estatuto da Criança e do Adolescente".[53] No mesmo sentido, é possível o ajuizamento de ação com idêntico teor em favor de presos provisórios. O direito ao voto, típico direito de natureza política e vinculado aos direitos fundamentais de primeira dimensão, conforme se pode apreender dos exemplos trazidos, também pode ser configurado como direito difuso em determinadas situações e, consequentemente, tutelado por meio de ações coletivas. Por ser um tema de atuação coletiva pouco tratado pela doutrina, fizemos questão de, por meio de inúmeros exemplos concretos, demonstrar na prática a posição teórica ora defendida.

---

[52] STJ, REsp 962.934/MS, 2ª Turma, Rel. Min. Herman Benjamin, j. 13.04.2010.

[53] Disponível em: http://www.defensoria.sp.gov.br/dpesp/Conteudos/Noticias/NoticiaMostra.aspx?idItem=5926&idPagina=3086.

O nosso propósito neste tópico é justamente elucidar, com base nas situações analisadas, que os direitos fundamentais liberais (ou de primeira dimensão), tidos tipicamente como direitos individuais, também podem, a depender do caso concreto, assumir a feição normativa de direitos transindividuais, passíveis de serem tutelados por instrumentos extrajudiciais e judiciais de natureza coletiva, como é o caso da ação civil pública. Outros tantos exemplos poderiam ser pensados e relacionados. A nosso ver, é equivocada e deve ser desmistificada a ideia de que os direitos liberais possuem apenas natureza de direitos individuais. Da mesma forma que se operou a superação do entendimento "clássico" no sentido de que os direitos liberais apenas configuravam carga normativa de natureza defensiva ou negativa e que os direitos sociais, em contrapartida, apenas caracterizavam carga normativa de feição prestacional ou positiva,[54] não há razão para não se reconhecer o potencial normativo de os direitos liberais também assumirem a natureza de direitos transindividuais e, consequentemente, terem a sua salvaguarda intermediada por instrumentos processuais coletivos.

Em sintonia com o que sustentamos nas linhas precedentes, José A. Garcia de Sousa assinala que "a atuação da Defensoria Pública tem servido bastante à defesa – difusa (eis que os destinatários são indeterminados e indetermináveis) – dos direitos e garantias fundamentais de primeira dimensão", que, de acordo com o autor, "é um ângulo pouco visitado pelos demais legitimados coletivos".[55] Seguindo no desenvolvimento da análise, tomada especialmente por conta da atuação prática (e, portanto, não somente por especulação teórica), analisada no âmbito do *I Relatório Nacional de Atuações Coletivas da Defensoria Pública (2013)*, o autor pontua que "o levantamento realizado demonstra, de maneira caudalosa, que a atuação coletiva da Defensoria tem prestado serviços relevantes à tutela da dignidade humana e dos direitos fundamentais, inclusive o próprio direito à vida. Mais importante ainda, têm sido tutelados direitos fundamentais de sujeitos, como é o caso dos presos, pouco valorizados pela sociedade em geral e pelos demais legitimados para as ações coletivas, o que torna absolutamente imprescindível a legitimidade da Defensoria".[56] Tudo isso somente reforça a aptidão e pertinência da legitimidade coletiva da Defensoria Pública para tutelar direitos fundamentais de primeira dimensão, ou seja, aqueles de feição liberal, tomando em conta a sua ca-

---

[54] HOLMES, Stephen; e SUNSTEIN, Cass R. *The cost of rights*: why liberty depends on taxes. New York-London: W. W. Norton & Company, 1999. Na literatura em língua portuguesa, v. NABAIS, José Casalta. "A face oculta dos direitos fundamentais: os deveres e os custos dos direitos". In: NABAIS, José Casalta. *Por uma liberdade com responsabilidade*: estudos sobre direitos e deveres fundamentais. Coimbra: Coimbra Editora, 2007, p. 163-196.

[55] SOUSA, "*I Relatório Nacional de Atuações Coletivas...*", p. 81.

[56] Ibidem.

racterização também como interesses ou direitos transindividuais, como deixa evidente os exemplos relacionados ao nosso "demasiado desumano" sistema prisional.

5. A caracterização dos direitos fundamentais sociais (ou econômicos, sociais e culturais) como direitos difusos e a pertinência da atuação coletiva da Defensoria Pública para a sua defesa e promoção em favor dos indivíduos e grupos sociais necessitados

5.1. Algumas considerações gerais sobre a atuação coletiva da Defensoria Pública em prol dos direitos fundamentais sociais: a inserção dos indivíduos e grupos sociais necessitados no pacto político-constitucional (e a tutela e promoção do direito-garantia ao mínimo existencial)

O nosso propósito, a partir de agora, é tecer algumas considerações sobre a atuação da Defensoria Pública no campo dos *direitos fundamentais sociais* (ou de segunda dimensão). A Defensoria Pública, haja vista a sua identidade e papel constitucional, enquanto instituição promotora da cidadania, está visceralmente vinculada à defesa e promoção dos direitos das pessoas em condições de carência socioeconômica. A condição de vulnerabilidade, em linhas gerais, é resultado da falta de acesso de tais indivíduos e grupos sociais a *condições mínimas de bem-estar* (inclusive sob a perspectiva do *direito-garantia ao mínimo existencial*),[57] ou seja, de acesso aos seus direitos sociais mais básicos, como saúde, educação, moradia, água e saneamento básico, alimentação, previdência, assistência social, transporte público, acesso à justiça, entre outros. O cenário descrito de "carências materiais" e de indignidade humana, infelizmente, é recorrente e está presente de forma significativa no contexto social brasileiro, onde uma massa expressiva da população carente encontra-se sem acesso aos seus direitos sociais básicos, e, por consequência, a uma vida digna.

Essa abordagem, considerando a desigual realidade brasileira, coloca para a Defensoria Pública, além da defesa judicial dos direitos sociais de tais pessoas – muitas vezes em demandas em face do próprio Estado, dada omissão dos poderes públicos em assegurar o desfrute de tais direitos –, um leque de possibilidades de atuação também no âmbito extrajudicial, como, por exemplo, por meio da fiscalização e da participação na gestão de políticas públicas, além de práticas de educação em direitos.

---

[57] Na doutrina brasileira, tratando do direito-garantia ao mínimo existencial, v., por todos, SARLET, *"A eficácia dos direitos fundamentais..."*, p. 280 e ss.; e TORRES, Ricardo Lobo. *O direito ao mínimo existencial*. Rio de Janeiro: Renovar, 2009.

Soma-se a isso tudo a matriz democrático-participativa que deve nortear a atuação da Defensoria Pública, de modo a manter permanente canal de diálogo com a sociedade civil e os movimentos sociais e legitimar a sua atuação a partir das demandas em matéria de direitos sociais que lhes são trazidas por tais entidades e mesmo por indivíduos isoladamente.[58]

O estudo sobre a atuação concreta da Defensoria Pública em matéria de direitos fundamentais sociais torna-se atual em razão do novo marco normativo estabelecido com o advento da LC 132/2009, alterando de forma significativa a LC 80/94, onde é dado à Defensoria Pública o papel de "instituição permanente, essencial à função jurisdicional do Estado, incumbindo-lhe (...) a *promoção dos direitos humanos* e a defesa, em todos os graus, judicial e extrajudicial, dos direitos individuais e coletivos(...)". O mesmo diploma legislativo ainda coloca como objetivos a serem perseguidos pela Defensoria Pública "a primazia da dignidade da pessoa humana e a *redução das desigualdades sociais*" (art. 3º-A, I), além de traçar como funções institucionais da instituição a promoção da "mais ampla defesa dos direitos fundamentais dos necessitados, abrangendo seus direitos individuais, coletivos, *sociais, econômicos, culturais* e ambientais (...)" (art. 4º, X). Agrega-se a esse manacial normativo a consagração da legitimidade da Defensoria Pública para a propositura de ação civil pública (art. 5, II, da Lei 7.347/85 e art. 4º, II, da LC 80/94), o que reflete diretamente na possibilidade do controle judicial de políticas públicas sociais por parte da instituição.

Em termos gerais, a atuação da Defensoria Pública na defesa e promoção dos direitos sociais se dá tanto pelo prisma individual quanto pelo coletivo. Entre as ações individuais e coletivas ajuizadas pela Defensoria Pública na seara dos direitos sociais, destacam-se pedidos de medicamento e tratamento médico, os pedidos de vaga em creche e escola, as defesas possessórias em defesa do direito à moradia de indivíduos e coletividades inteiras (em oposição a ações judiciais e medidas extrajudiciais intentadas por particulares e também pelo próprio poder público), ações para assegurar o pagamento de bolsa aluguel a pessoas necessitadas em determinadas circunstâncias, ações com o objetivo de implementar saneamento básico em bairro da periferia, ações para assegurar transporte público gratuito a pessoas com deficiência e a pessoas idosas, ações para assegurar merenda escolar em quantidade e qualidade adequadas aos alunos da rede pública de educação, entre diversas outras questões (inclusive do próno direito fundamental à assistência jurídica prestada aos

---

[58] A presença da Defensoria Pública em locais com maior exclusão social é imposta com caráter prioritário nos termos do art. 107 da LC 80/94, a partir da redação dada pela LC 132/2009, ao dispor que "a Defensoria Pública do Estado poderá atuar por intermédio de núcleos ou núcleos especializados, *dando-se prioridade*, de todo modo, *às regiões com maiores índices de exclusão social e adensamento populacional*".

necessitados).[59] Também podem ser enquadradas como atuação da Defensoria Pública que visa à tutela de direitos sociais as ações interpostas para interditar estabelecimentos prisionais e de internação de adolescentes, pois, na maioria das vezes, as justificativas para tais pleitos envolvem a ausência de condições mínimas de salubridade de tais locais, em desrespeito não só aos direitos liberais à vida, à liberdade e à integridade física e psíquica das pessoas privadas de liberdade, conforme destacamos no tópico anterior, mas também por violação aos seus direitos sociais à saúde, à alimentação, ao saneamento básico, à educação, ao lazer, ao trabalho, etc.

As considerações tecidas até aqui dão os contornos da transição de um "modelo clássico" de Defensoria Pública, centrado basicamente na atuação criminal e em algumas matérias cíveis de natureza individual (como, por exemplo, nas ações de direito de família), para um "modelo contemporâneo" de Defensoria Pública, consagrado especialmente por meio da EC 45/2004 e da LC 132/2009, onde um leque muito maior de atribuições – basta olhar a nova redação do art. 4º da LC 80/94, já destacado em passagem anterior – foi conferido à instituição. Houve, assim, sem que a Defensoria Pública deixasse de atuar nas matérias tidas como "clássicas", um novo rol de funções, destacando-se, entre elas, a atuação na seara dos direitos sociais, tanto de forma individual quanto coletiva. Nesse sentido, é oportuno destacar a priorização da resolução extrajudicial de conflitos (art. 4º, II, LC 80/94)[60] imposta por lei à atuação institucional, o que tem um reflexo bastante significativo em matéria de direitos sociais, cabendo a Defensoria Pública, entre outras medidas, a fiscalização orçamentária dos gastos realizados em políticas públicas sociais, além da participação em conselhos temáticos de áreas afins (art. 4º, XX, LC 80/94), a realização de práticas de educação em direitos sociais (art. 4º, III, LC 80/94). As medidas citadas possuem evidente caráter preventivo no tocante à violação de direitos sociais de titularidade de pessoas

---

[59] "DEFENSORIA PÚBLICA. IMPLANTAÇÃO. OMISSÃO ESTATAL QUE COMPROMETE E FRUSTRA DIREITOS FUNDAMENTAIS DE PESSOAS NECESSITADAS. SITUAÇÃO CONSTITU-CIONALMENTE INTOLERÁVEL. O reconhecimento, em favor de populações carentes e desassistidas, postas à margem do sistema jurídico, do 'direito a ter direitos' como pressuposto de acesso aos demais direitos, liberdades e garantias. Intervenção jurisdicional concretizadora de programa constitucional destinado a viabilizar o acesso dos necessitados à orientação jurídica integral e à assistência judiciária gratuitas (CF, art. 5º, inciso LXXIV, e art. 134). (...) Controle jurisdicional de legitimidade sobre a omissão do Estado: atividade de fiscalização judicial que se justifica pela necessidade de observância de certos parâmetros constitucionais (proibição de retrocesso social, proteção ao mínimo existencial, vedação da proteção insuficiente e proibição de excesso). Doutrina. Precedentes. A função constitucional da Defensoria Pública e a essencialidade dessa instituição da República. Recurso extraordinário conhecido e provido" (STF, AI 598212/PR, Rel. Min. Celso de Mello, j. 10.06.2013).

[60] "Art. 4º (...) II – promover, prioritariamente, a solução extrajudicial dos litígios, visando à composição entre as pessoas em conflito de interesses, por meio de mediação, conciliação, arbitragem e demais técnicas de composição e administração de conflitos".

necessitadas. O mesmo pode ser verificado por meio da criação, dentro da sua estrutura organizacional, de Núcleos Especializados de atuação em diversas áreas temáticas – infância e juventude, idoso, regularização fundiária, habitação e urbanismo, entre outras[61] –, visando especialmente à atuação em sede coletiva, tanto na esfera extrajudicial quanto judicial, muito embora a priorização que deva ser dada à resolução extrajudicial de conflitos, conforme assinalamos anteriormente.

5.2. A caracterização dos direitos fundamentais sociais como direitos difusos e a pertinência da atuação coletiva da Defensoria Pública em tal matéria

Há plena identidade entre os usuários dos serviços públicos prestados pelo Estado, por exemplo, na área da saúde e da educação, e as pessoas necessitadas assistidas pela Defensoria Pública. Por isso, a omissão ou atuação insuficiente do Estado (Estado-Legislador ou Estado-Administrador) na promoção de políticas públicas em tais áreas sociais reflete diretamente na violação a direitos fundamentais de indivíduos e grupos sociais necessitados. Muito embora a atuação individual da Defensoria Pública represente parte expressiva das medidas extrajudiciais e judiciais adotadas na matéria (como, por exemplo, pedidos individuais de vaga em creche e fornecimento de medicamentos), em outras situações poderá ocorrer a necessidade de uma atuação de índole coletiva. Muitas vezes, os direitos sociais também podem assumir a forma de direitos difusos,[62] revelando o interesse de um grupo indeterminado de pessoas, como na questão dos serviços públicos essenciais (por exemplo, no campo da saúde e do ensino públicos).

Negar legitimidade à Defensoria Pública para tutela coletiva de direitos sociais é subverter a ordem constitucional estabelecida pela CF/88. A reivindicação judicial dos direitos sociais legitima-se justamente em decorrência da hipossuficiência econômica ou organizacional dos indivíduos e grupos sociais privados de tais direitos, o que conduz

---

[61] A título de exemplo, v. art. 52 da Lei Orgânica da Defensoria Pública do Estado de São Paulo (LCE 988/2006).

[62] De acordo com tal entendimento, reconhecendo que os direitos sociais podem apresentar tanto uma titularidade individual quanto coletiva (ou difusa), v. SARLET, *A eficácia dos direitos fundamentais...*", p. 214-218; bem como PURVIN DE FIGUEIREDO, Guilherme José. "Legitimidade ativa da Defensoria Pública em ações civis públicas". In: SOUSA, José Augusto Garcia de (Coord.). *A Defensoria Pública e os processos coletivos*: comemorando a Lei Federal 11.448, de 15 de janeiro de 2007. Rio de Janeiro: Lumen Juris, 2008, p. 165. A caracterização dos direitos sociais como direitos difusos também pode ser apreendida a partir da abertura do catálogo de direitos coletivos passíveis de serem tutelados pela ação civil pública, conforme dispõe, de forma expressa, o art. 1º, IV, da Lei 7.347/85. Por fim, com entendimento do qual discordamos, no sentido de reconhecer apenas a natureza de direitos difusos atribuída aos direitos sociais e, portanto, não admitindo a sua dimensão individual, v. CANELA JÚNIOR, Osvaldo. *Controle judicial de políticas públicas*. São Paulo: Saraiva, 2011, p. 173.

tais demandas diretamente à atuação institucional da Defensoria Pública. Imaginar que a Defensoria Pública não tenha legitimidade para tutelar a saúde pública na hipótese de omissão estatal face à flagrante falta de médicos, medicamentos e estrutura hospitalar suficiente em determinado Município, Estado ou mesmo no plano federal, é contrariar a sua finalidade institucional consagrada pela Lei Fundamental (arts. 5º, LXXIV, e 134 da CF/88). Isso porque o principal atingido pela omissão estatal no trato com a saúde pública é o cidadão necessitado, que não pode valer-se da rede privada de serviços de saúde por falta de recursos econômicos.[63]

Assim, não obstante a importância fundamental da atuação da Defensoria Pública no âmbito da defesa criminal, tida como a atuação mais relevante na sua concepção institucional clássica, hoje o seu papel constitucional com maior potencial de transformação social e construção de uma sociedade livre, justa e igualitária está relacionado à tutela e promoção dos direitos fundamentais sociais. Ao assegurar aos indivíduos e grupos sociais necessitados o desfrute dos bens sociais elementares, ou seja, de um nível de bem-estar individual e social compatível com uma vida digna (em termos de prestações sociais fornecidas pelo Estado), a Defensoria Pública estará tornando acessível a tais pessoas a sua inclusão no *pacto social* firmado pela nossa Lei Fundamental de 1988, assegurando a eles nada menos do que uma *vida digna*. Mas, para isso, a ação civil pública é um instrumento essencial.

5.3. A importância da autonomia (funcional e administrativa) da Defensoria Pública (art. 134, §§ 2º e 3º, da CF/88) e a legitimidade da sua atuação coletiva em face dos poderes públicos na seara dos direitos sociais (art. 4º, § 2º, da LC 80/94)

A autonomia (funcional e administrativa) conferida à Defensoria Pública por intermédio da EC 45/2004 (Reforma do Judiciário), a partir da nova redação conferida ao art. 134,[64] reflete de forma bastante significativa na tutela dos direitos sociais, pois confere maior liberdade à atuação institucional nas demandas contra o Estado, como é a praxe das

---

[63] Suscitando os benefícios do manuseio de instrumentos processuais coletivos (em detrimento das ações individuais) para a hipótese de judicialização do direito à saúde, v. BARCELLOS, Ana Paula de. "O direito a prestações de saúde: complexidades, mínimo existencial e o valor das abordagens coletiva e abstrata". In: *Revista da Defensoria Pública do Estado de São Paulo*, N. 1 (Edição Especial Temática sobre Direito à Saúde), Vol. 1, jul./Dez., 2008, especialmente p. 147 e ss.

[64] "Art. 134 (...) § 2º Às Defensorias Públicas Estaduais são asseguradas autonomia funcional e administrativa e a iniciativa de sua proposta orçamentária dentro dos limites estabelecidos na lei de diretrizes orçamentárias e subordinação ao disposto no art. 99, § 2º'". E, de acordo com o § 3º do mesmo dispositivo inserido recentemente por meio da EC n. 74/2013: "§ 3º Aplica-se o disposto no § 2º às Defensorias Públicas da União e do Distrito Federal".

demandas que reivindicam prestações sociais (medicamento e tratamento médico, moradia – quando envolve ocupação de áreas públicas ou mesmo construção de moradias populares pelo Estado –, vaga em creches e escolas, transporte público gratuito, saneamento básico, etc.). O mesmo ideário normativo delineado no art. 134 da CF/88 foi reproduzido no art. 4º, § 2º, da LC 80/94, com redação conferida pela LC 132/09, ao determinar que "as funções institucionais da Defensoria Pública serão exercidas *inclusive contra as Pessoas Jurídicas de Direito Público*". O reconhecimento da legitimidade da Defensoria Pública para a propositura da ação civil pública força ainda mais a abertura das portas do Poder Judiciário às demandas coletivas das *pessoas necessitadas* (no que tange aos seus interesses individuais homogêneos, coletivos em sentido estrito e difusos), ampliando e garantindo o seu acesso à justiça. Dado o impacto orçamentário e a dimensão política dos conflitos postos nas ações coletivas em face dos entes públicos, especialmente no caso dos entes federativos (Município, Estados, Distrito Federal e União), a autonomia consagrada constitucionalmente é fundamental para o adequado desempenho das suas funções e objetivos institucionais.

Para exemplificar a situação e caracterizar a importância da autonomia institucional, pode-se fazer referência aos Estados onde a Defensoria Pública esteve vinculada à estrutura do Poder Executivo. Essa realidade, como ocorria no Estado de São Paulo antes da criação da Defensoria Pública (por meio da LC 988/2006), fazia com que o serviço público de assistência jurídica fosse prestado pela Procuradoria de Assistência Judiciária, ou seja, órgão integrante da Procuradoria do Estado, subordinada, portanto, diretamente ao Poder Executivo. Assim, em uma hipotética ação civil pública movida contra o Estado de São Paulo para a ampliação de leitos hospitalares, haveria, de um lado da relação processual, um Procurador do Estado subscritor da referida ação civil pública e, do outro, um também Procurador do Estado na defesa do ente estatal, sendo ambos subordinados ao mesmo "chefe" institucional. A situação descrita, como se pode concluir facilmente, é incompatível com o regime constitucional delineado para a Defensoria Pública e a prestação do serviço público de assistência jurídica, comprometendo sobremaneira o livre desempenho do Defensor Público, de forma autônoma e independente, no exercício das suas funções institucionais. Em outras áreas da atuação da Defensoria Pública, talvez a importância da autonomia institucional seja menos visível ou mesmo menos relevante, mas, com toda certeza, em se tratado da tutela e promoção de direitos sociais, ela é peça chave para o bom desempenho das suas atribuições institucionais, tendo em vista o enfrentamento das mazelas sociais que afligem a população necessitada e a recorrente *omissão* ou *atuação insuficiente* dos poderes públicos.

6. A legitimidade da Defensoria Pública para a atuação coletiva em defesa do direito fundamental ao ambiente (art. 4, X, da LC 80/94)

> Existem problemas novos convivendo com antigos – a persistência da pobreza e de necessidades essenciais não satisfeitas, fomes coletivas (...) e ameaças cada vez mais graves ao nosso meio ambiente e à sustentabilidade de nossa vida econômica e social.
> (Amartya Sen)[65]

> Art. 4º São funções institucionais da Defensoria Pública, dentre outras: (...) promover a mais ampla defesa dos *direitos fundamentais dos necessitados*, abrangendo seus direitos individuais, coletivos, sociais, econômicos, culturais e *ambientais*, sendo admissíveis todas as espécies de ações capazes de propiciar sua adequada e efetiva tutela (grifos nossos).
> (art. 4º, X, da LC 80/94, com redação dada pela LC 132/2009)

6.1. O direito de titularidade dos indivíduos e grupos sociais necessitados a viver em um ambiente sadio, equilibrado e seguro à luz do marco jurídico-constitucional socioambiental

O direito a viver em um ambiente sadio, equilibrado e seguro – elevado ao status de direito fundamental pela CF/88 (art. 5, § 2º, e 225)[66] – é, por assim dizer, o exemplo "clássico" de direito e interesse difuso, tendo em vista que se trata de bem jurídico catalisador de interesses de toda a coletividade (inclusive em âmbito internacional). E, por esse prisma, é a matéria que enseja maior polêmica e resistência por parte de alguns autores[67] para reconhecer a legitimidade da Defensoria Pública para promover ação civil pública, já que os titulares do direito são indeterminados.[68] Não há dúvida que a discussão suscitada é potencializada pelo fato

---

[65] SEN, Amartya. *Desenvolvimento como liberdade*. São Paulo: Companhia das Letras, 2000, p. 9.

[66] V. FENSTERSEIFER, Tiago. *Direitos fundamentais e proteção do ambiente*. Porto Alegre: Livraria do Advogado, 2008; e, mais recentemente, SARLET; Ingo W.; FENSTRSEIFER, Tiago. *Direito constitucional ambiental*: Constituição, direitos fundamentais e proteção do ambiente. 3.ed. São Paulo: 2013.

[67] Para Édis Milaré, a legitimidade da Defensoria Pública para a tutela ambiental estaria circunscrita à tutela dos danos ambientais individuais sofridos por terceiros em decorrência da atividade poluidora, mas não autorizaria a defesa do ambiente em si mesmo, como bem de todos (dano ambiental coletivo). MILARÉ, Édis. *Direito do ambiente*. 5.ed. São Paulo: Revista dos Tribunais, 2007, p. 1014. Com posicionamento intermediário, Alvaro Valery Mirra assinala que a legitimação da Defensoria Pública para a proteção do ambiente somente estaria contemplada "nas hipóteses em que interesses e direitos dos necessitados estiverem entrelaçados com a preservação da qualidade ambiental, sem possibilidade de dissociação". MIRRA, Álvaro Luiz Valery. *Participação, processo civil e defesa do meio ambiente*. São Paulo: Letras Jurídicas, 2011, p. 140.

[68] Para maiores desenvolvimentos, v. FENSTERSEIFER, Tiago. "A legitimidade da Defensoria Pública para a propositura da ação civil pública ambiental e a caracterização de pessoas necessitadas em termos (socio)ambientais: uma questão de acesso à justiça (socio)ambiental". In: *Revista de Processo*, v. 193. São Paulo: Revista dos Tribunais, Mar/2011, p. 53 e ss.

de a proteção do ambiente ser uma das áreas de maior destaque da atuação coletiva do Ministério Público brasileiro, o que, sem dúvida, motivou a CONAMP a mover a ADI 3.943 junto ao STF contra a legitimidade da Defensoria Pública.

No entanto, como tentaremos demonstrar ao leitor, também em matéria ecológica não se justifica a impossibilidade de atuação coletiva da Defensoria Pública, desde que permeada pela proteção de interesses e direitos de necessitados. Para dar um exemplo de atuação da Defensoria Pública que fugiria da sua pertinência temática em matéria ambiental, poderíamos imaginar uma ação civil pública com o propósito de proteger determinada espécie da fauna ameaçada de extinção (por exemplo, o mico-leão-dourado ou a ararinha-azul).[69] Não há dúvida que o Ministério Público teria plena legitimidade para ajuizar a referida ação, mas, a nosso ver, não a Defensoria Pública, sob pena de evadir-se do seu escopo constitucional.

No plano normativo, o art. 4º, X, da LC 80/94, a partir da alteração levada a cargo pela LC 132/09, passou a regrar como atribuição da Defensoria Pública "promover a mais ampla defesa dos direitos fundamentais dos necessitados, abrangendo seus direitos individuais, coletivos, sociais, econômicos, culturais e *ambientais*, sendo admissíveis todas as espécies de ações capazes de propiciar sua adequada e efetiva tutela".[70] Portanto, há previsão normativa expressa autorizando a atuação da Defensoria Pública na defesa ambiental, inclusive, conforme enunciado no mesmo dispositivo de lei, "sendo admissíveis todas as espécies de ações capazes de propiciar sua adequada e efetiva tutela". E, como já referimos em passagem anterior, conferir interpretação restritiva à proteção de direitos fundamentais – contra dispositivo expresso de lei –, viola de forma cabal o princípio da máxima eficácia possível a ser conferida aos direitos fundamentais (art. 5º, § 1º, da CF/88), não encontrando, portanto, qualquer amparo para tal entendimento no nosso ordenamento jurídico. Além do mais, em se tratando do direito fundamental ao ambiente, e o mesmo se verifica sempre que estiverem em causa os demais direitos fundamentais, independentemente da sua dimensão ou geração, é imperativo que os canais de acesso ao Poder Judiciário sejam amplos, com o propósito de conferir-lhe uma tutela efetiva.

---

[69] O exemplo de uma ação civil pública com o propósito de proteger determinada espécie da fauna ameaçada de extinção para caracterizar hipótese de ausência de legitimidade da Defensoria Pública foi dado pelo Prof. Antonio Gidi em correspondência eletrônica trocada com o mesmo.

[70] No âmbito estadual, registra-se dispositivo (art. 5º, VI, "e") da Lei Orgânica da Defensoria Pública do Estado de São Paulo (LCE 988/2006) que também consagra a atuação da Defensoria Pública na seara ecológica: "Art. 5º São atribuições institucionais da Defensoria Pública do Estado, dentre outras: (...) VI – promover: (...) e) a tutela do meio ambiente, no âmbito de suas finalidades institucionais".

A corroborar esse entendimento, o Ministro Antônio H. Benjamin refere que, como benefício substantivo da "constitucionalização" da proteção do ambiente, deve-se "ampliar os canais de participação pública, sejam os administrativos, sejam os judiciais, nesse último caso, com o afrouxamento do formalismo individualista, que é a marca da legitimação para agir tradicional", de tal sorte que, "em alguns casos, conforme a dicção utilizada pelo legislador constitucional, essa legitimação ampliada pode vir a ser automaticamente aceita pelo Poder Judiciário, sem necessidade de intervenção legislativa".[71] Se ao indivíduo, por meio da ação popular e das ações que tutelas direitos de vizinhança, é possibilitada a defesa em juízo do ambiente – e é salutar à democracia e à cidadania que assim o seja –, com idêntica razão tal legitimidade deve ser conferida à Defensoria Pública, em virtude, inclusive, da sua maior aptidão técnica e institucional para o ajuizamento e acompanhamento processual das ações coletivas, além, é claro, da sua legitimidade jurídico-constitucional para a tutela do direito fundamental ao ambiente de indivíduos e grupos sociais necessitados.

Ao comentar a ação proposta pela CONAMP, especificamente em relação à matéria ambiental, Marcelo B. Dantas destaca que a legitimidade da Defensoria Pública deve ser compreendida pelo prisma do preceito constitucional do acesso à justiça (art. 5º, XXXV, da CF/88), o qual, conforme afirma, será facilitado com a ampliação da legitimidade ativa nas ações civis públicas, de modo que não lhe parece razoável negar a legitimidade da Defensoria Pública para a propositura de ação coletiva para a tutela do ambiente.[72] É certo que, conforme pontuamos anteriormente, a legitimidade da Defensoria Pública para a propositura de ação civil pública em matéria ambiental deverá ter como lastro a conexão com a proteção de direitos e interesses de pessoas necessitadas, até mesmo para a atuação institucional não fugir do seu escopo constitucional. No entanto, a existência de dúvida sobre a verificação ou não de interesses de pessoas necessitadas por intermédio de ação civil pública proposta pela Defensoria Pública deve privilegiar o reconhecimento da legitimidade. A título de exemplo, a existência de dúvida científica (como sói acontecer em questões ambientais) sobre se a poluição de um rio provocada por determinada indústria local afeta negativamente ou não a população ribeirinha, composta majoritariamente por pessoas necessitadas, não nos parece razão suficiente para afastar a legitimidade da Defenso-

---

[71] BENJAMIN, Antônio Herman. "Constitucionalização do ambiente e ecologização da Constituição Brasileira". In: CANOTILHO, José Joaquim Gomes; LEITE, José Rubens Morato (Org.). *Direito constitucional ambiental brasileiro*. São Paulo: Saraiva, 2007, p. 76.

[72] DANTAS, Marcelo Buzaglo. *Ação civil pública e meio ambiente*. São Paulo: Saraiva, 2009, p. 101. Defendendo a legitimidade de todos os entes arrolados no art. 5º da Lei 7.347/85 para a propositura de ação civil pública ambiental, v. RODRIGUES, Marcelo Abelha. *Processo civil ambiental*. São Paulo: Revista dos Tribunais, 2008, p. 85.

ria Pública. Havendo fundamento legítimo de que determinada fonte de poluição ambiental acarreta dano (mesmo que potencial) a indivíduos e grupos sociais necessitados, a legitimidade da Defensoria Pública deve ser assegurada, mesmo que a questão afete um espectro muito mais amplo de interesses.

Ademais, parece-nos que qualquer tentativa de classificação rigorosa dos direitos coletivos (em sentido amplo) contradiz com a complexidade das relações sociais que marcam a nossa época. Nesse particular, Aluisio G. de Castro Mendes afirma, com propriedade, que nas questões relacionadas à proteção do ambiente vislumbram-se exemplos incontroversos da "existência de uma faixa cinzenta entre o público e o individual, que deve merecer uma proteção ampla e não restrita, sob pena de serem maculados valores juridicamente amparados".[73] Compartimentar a classificação entre interesses difusos e individuais homogêneos para os casos de lesão ao ambiente e, a partir de tal raciocínio, identificar a legitimidade do Ministério Público, para o primeiro caso, e da Defensoria Pública, na segunda hipótese,[74] é fechar os olhos para a complexidade dos problemas sociais, de modo a enfraquecer, sob o pretexto de um "purismo conceitual", os mecanismos dispostos no sistema jurídico-processual para a sua tutela, em frontal violação ao comando constitucional de proteção e máxima eficácia possível dos direitos fundamentais (e mesmo dos deveres estatais de proteção ambiental dispostos no art. 225, *caput* e § 1º, da CF/88).

A indeterminabilidade dos beneficiários da proteção jurídica do ambiente, dada a natureza difusa do direito fundamental ao ambiente, também não se presta para justificar a recusa à legitimidade da Defensoria Pública para a propositura de ação civil pública ambiental, reiterando o entendimento que já sinalizamos quando tratamos dos direitos sociais. Não há qualquer fundamento jurídico plausível para que eventual medida judicial coletiva adotada pela Defensoria Pública em matéria ambiental, amarrada à proteção de interesses e direitos de pessoas necessitadas, não possa produzir efeitos em favor de toda a coletividade. De acordo com esse entendimento, Marcelo B. Dantas assinala que "é praticamente impossível separar os beneficiados por uma prestação jurisdicional de procedência de uma ação civil pública ambiental promovida pela Defensoria Pública (como de resto, por qualquer legitimado), de modo que somente os necessitados pudessem ser atingidos pelos efeitos da senten-

---

[73] CASTRO MENDES, Aluisio Gonçalves de. "O Anteprojeto de Código Brasileiro de Processos Coletivos: visão geral e pontos sensíveis". In: GRINOVER, Ada Pellegrini; CASTRO MENDES, Aluisio Gonçalves de; WATANABE, Kazuo (Coords.). Direito processual coletivo e o Anteprojeto de Código Brasileiro de Processos Coletivos. São Paulo: Revista dos Tribunais, 2007, p. 24.

[74] Como defensor de tal entendimento, v. MILARÉ, Édis. *Direito do ambiente*. 5.ed. São Paulo: Revista dos Tribunais, 2007, p. 1014.

ça. Basta pensar em hipótese como a proibição de emitir poluentes na atmosfera ou dejetos no leito de um rio ou no mar territorial. Em todos esses casos, ganha a coletividade como um todo – repita-se, necessitados e não necessitados".[75] Apenas quando não puder ser vislumbrada a presença de direitos e interesses de indivíduos e grupos sociais necessitados é que a legitimidade estaria afastada. Isso ocorreria, a nosso ver, no exemplo citado anteriormente de ação civil pública proposta para a proteção de espécie da fauna ou da flora ameaçada de extinção, bem como na hipótese de ação proposta para proibir o uso de animais em experimentos científicos.

Cabe ressaltar, por fim, que não se trata de uma legitimidade subsidiária diante da omissão do Ministério Público e dos demais órgãos legitimados, como poderiam sustentar alguns, mas sim de legitimidade autônoma e própria da Defensoria Pública, consubstanciada no seu dever constitucional (e objetivo institucional) de tutelar os direitos fundamentais e a dignidade de indivíduos e grupos sociais necessitados, o que conduz necessariamente à tutela do ambiente e da qualidade de vida.[76] Num contexto socioeconômico como o brasileiro, de profunda exclusão social, a agressão ao ambiente, de modo recorrente, trará consequências (ao menos indiretas) para o âmbito de proteção do direito fundamental ao ambiente de pessoas necessitadas, legitimando, de tal sorte, a atuação da Defensoria Pública. Em última instância, trata-se de reconhecer, como o fez o art. 225, caput, da CF/88, o direito – de todos, ricos e pobres – a viver em um ambiente sadio, equilibrado e seguro.

6.2. Os indivíduos e grupos sociais necessitados em termos (socio)ambientais (e os refugiados ou deslocados ambientais): uma questão de justiça (socio)ambiental

O *Relatório sobre o Desenvolvimento Humano 2007/2008* do PNUD revela um quadro preocupante e injusto no horizonte humano, com um mundo cada vez mais dividido entre nações ricas altamente poluidoras e países pobres. Segundo o Relatório, não obstante os países pobres contri-

---

[75] DANTAS, *"Ação civil pública e meio ambiente..."*, p. 100.

[76] No tocante ao reconhecimento da legitimidade da Defensoria Pública para a propositura de ação civil pública em matéria ambiental, em questão envolvendo a exigência prévia de estudo de impacto ambiental (e, inclusive, de audiência pública) para o plantio comercial de eucalipto, v. decisões do Tribunal de Justiça do Estado de São Paulo: TJSP, AI 759.170-5/3-00 , Seção de Direito Público, Câmara Especial de Meio Ambiente, rel. Des. Samuel Júnior, j. 28.08.2008; e TJSP, AI 0086748-55, Seção de Direito Público, Câmara Especial de Meio Ambiente, rel. Des. Renato Nalini, j. 02.06.2011. Mais recentemente, registra-se decisão do Superio Tribunal de Justiça que, ao reconhecer a legitimidade da Defensoria Pública para o ajuizamento de ação civil pública em matéria ambiental, reformou acórdão do TJMG em sentido contrário: STJ, REsp 1.372.253/MG, Rel. Min. Sérgio Kukina, j. 10.09.2013.

buírem de forma pouco significativa para o aquecimento global, são eles que mais sofrerão os resultados imediatos das mudanças climáticas.[77] O mesmo raciocínio, trazido para o âmbito interno dos Estados nacionais, permite concluir que esse quadro de desigualdade e injustiça – de cunho *social* e *ambiental* ou mesmo, conjugando tais dimensões de proteção do ser humano, *socioambiental* – também se registra entre pessoas pobres e ricas que integram determinada comunidade estatal. No caso do Brasil, que registra um dos maiores índices de concentração de renda do mundo, de modo a reproduzir um quadro de profunda desigualdade e miséria social, o fato de algumas pessoas disporem de alto padrão de consumo – e, portanto, serem grandes poluidoras –, ao passo que outras tantas muito pouco ou nada consomem, também deve ser considerado para aferir sobre quem deve recair o ônus social e ambiental dos danos ocasionados pela degradação ambiental.

A sujeição de indivíduos e grupos sociais aos efeitos negativos da degradação ambiental irá agravar ainda mais a vulnerabilidade das suas condições existenciais, submetendo-as a um quadro ainda mais grave de indignidade, inclusive de modo a enquadrá-las na situação jurídica de *necessitados ambientais* ou mesmo *refugiados ambientais*. As pessoas mais vulneráveis aos efeitos negativos da degradação ambiental são aquelas mais pobres, as quais possuem uma condição de vida precária em termos de bem-estar, desprovidas do acesso aos seus direitos sociais básicos (moradia adequada e segura, saúde básica, saneamento básico e água potável, educação, alimentação adequada, etc.).

A utilização da expressão *pessoas necessitadas em termos ambientais* ou *socioambientais* tem por objetivo guardar sintonia com o nosso texto constitucional (art. 134, *caput)*, bem como com o art. 1º da LC 80/94, com redação trazida pela LC 132/2009. A condição de *necessitado*, inclusive na perspectiva da assistência jurídica integral e gratuita prestada pela Defensoria Pública, não se restringe apenas à perspectiva econômica, consagrada no art. 2º, parágrafo único, da Lei 1.060/50, mas abarca também outras hipóteses em que indivíduos ou mesmo grupos sociais encontram-se em situação de vulnerabilidade existencial no tocante aos seus direitos fundamentais e dignidade, conforme já tivemos oportunidade de assinalar anteriormente em tópico específico.

---

[77] Alicerçado em tal premissa socioambiental, o *Relatório sobre o Desenvolvimento Humano 2007/2008* do PNUD, intitulado *Combatendo a mudança climática: solidariedade humana num mundo dividido*, refere que "vivendo em habitações improvisadas situadas em encostas vulneráveis a inundações e deslizamentos de terra, os habitantes das zonas degradadas estão altamente expostos e vulneráveis aos impactos das alterações climáticas" (p. 102). E, no que toca à atuação estatal, enuncia o documento que "as políticas públicas podem melhorar a resiliência em muitas zonas, desde o controlo de inundações à protecção infraestrutural contra os deslizamentos de terra e à provisão de direitos formais de habitação aos habitantes de áreas urbanas degradadas" (p. 102). *Relatório sobre o Desenvolvimento Humano 2007/2008 do PNUD.* Disponível em: http://www.pnud.org.br/rdh/.

Essa compreensão está de acordo com o entendimento de Ada Pellegrini Grinover, ao defender que "existem os que são *necessitados no plano econômico*, mas também existem os *necessitados do ponto de vista organizacional*. Ou seja, todos aqueles que são socialmente vulneráveis: os consumidores, os usuários de serviços públicos, os usuários de planos de saúde, os que queiram implementar ou contestar políticas públicas, como as atinentes à saúde, à moradia, ao saneamento básico, *ao meio ambiente,* etc.".[78] A ausência de condições ambientais favoráveis – com qualidade, higidez e segurança –, coloca o indivíduo e mesmo grupos sociais inteiros na condição de pessoa necessitada ou vulnerável, uma vez que certamente tais pessoas encontrar-se-ão em especial dificuldade de exercitar com plenitude perante o Sistema de Justiça os direitos reconhecidos pelo ordenamento jurídico.

Outro aspecto importante, relacionado especialmente às mudanças climáticas, diz respeito ao surgimento da figura dos *refugiados ambientais.*[79] Os episódios climáticos extremos (chuvas intensas, enchentes, secas extremas, etc.), muitas vezes, em decorrência da sua intensidade e dos danos pessoais e materiais gerados, alteram o cotidiano de vida de inúmeras pessoas e grupos sociais, ocasionando, muitas vezes, o seu deslocamento para outras regiões, de modo a "fugirem" de tais desastres ecológicos e resguardarem as suas vidas. Assim, nos parece inquestionável que a figura dos refugiados ambientais guarda relação direta com a questão climática e, por consequência, o cenário socioambiental que lhe está subjacente, uma vez que o deslocamento de tais pessoas dos seus locais originários será motivado, na maioria das vezes, pela busca de condições de vida que atendam a um padrão de bem-estar mínimo, tanto em termos sociais quanto ambientais. Ignorar a feição socioambiental que se incorpora hoje aos problemas ecológicos potencializa ainda mais a exclusão e marginalização social (tão alarmantes no nosso contexto social), já que o desfrute de uma vida saudável e ecolo-

---

[78] GRINOVER, Ada Pellegrini. "Parecer a respeito da constitucionalidade da Lei 11.448/07, que conferiu legitimidade ampla à Defensoria Pública para a ação civil pública". In: SOUSA, José Augusto Garcia de (Coord.). *Uma nova Defensoria Pública pede passagem*: reflexões sobre a Lei Complementar 132/09. Rio de Janeiro: Lumen Juris, 2011, p. 483.

[79] No ano de 2008, foi publicado o *Esboço para uma Convenção sobre o Status Internacional dos Refugiados Ambientais* (Draft Convention on the International Status of Environmentally-Displaced Persons), o que resultou do trabalho desenvolvido pelo CRIDEAU (Interdisciplinary Canter of Research on Environmental, Planning and Urban Law), pelo CRDP (Center of Research on Persons Rights), por grupos temáticos do OMIJ (Institutional and Judicial Mutations Observatory) e pela Faculdade de Direito e Ciência Econômica da Universidade de Limoges, com o apoio do CIDCE (International Center of Comparative Environmental Law). O Esboço da Convenção foi publicado na *Revue Européenne de Droit de l'Environnement (Francophone European Environmental Law Review)*, n. 4-2008, p. 381. Disponível em: http://www.cidce.org. Sobre o tema dos refugiados ambientais, v. também LEÃO, Márcia Brandão Carneiro. *Direitos humanos e meio ambiente: mudanças climáticas, "refugiados" ambientais e direito internacional.* Disponível em: http://www.nima.puc-rio.br/aprodab/artigos/clima_e_refugiados_ambientais_marcia_brandao_carneiro_leao.pdf.

gicamente equilibrada constitui-se de premissa ao exercício dos demais direitos fundamentais, sejam eles de matriz liberal sejam eles de natureza social. Isso tudo, a nosso ver, reforça sobremaneira a legitimidade da Defensoria Pública para a propositura de ação civil pública em matéria ambiental (inclusive para firmar termo de ajustamento de conduta nessa seara), sem nunca perder de vista, é claro, a sua função constitucional de proteger os necessitados.[80]

Considerações finais: Defensoria Pública, ação civil pública e controle judicial de políticas públicas voltadas à defesa e promoção de direitos fundamentais (liberais, sociais e ecológicos) dos indivíduos e grupos sociais necessitados

> (...) Parece-nos cada vez mais necessária a revisão do vetusto dogma da separação dos poderes em relação ao controle dos gastos públicos e da prestação dos serviços básicos no Estado Social, visto que os Poderes Legislativo e Executivo no Brasil se mostraram incapazes de garantir um cumprimento racional dos respectivos preceitos constitucionais (...)
> (Ministro Celso de Mello, no julgamento da ADPF 45).[81]

Não há qualquer dúvida que o que está em jogo, quando tratamos da atuação da Defensoria Pública em conflitos coletivos, é a transição de um modelo institucional clássico, centrado quase que exclusivamente na atuação criminal e na seara individual (basicamente, em questões atinentes ao direito de família), para um modelo contemporâneo estabelecido para a Instituição, sobretudo a partir do novo marco normativo e regime jurídico traçado pela EC 45/2004 (Reforma do Judiciário), pela alteração da Lei da Ação Civil Pública (levada a efeito pela Lei 11.448/2007) e atribuição de legitimidade para a propositura de ação civil pública, bem como pela reforma na Lei Orgânica Nacional da Defensoria Pública (LC 80/94), por intermédio da LC 132/2009. O novo leque de atribuições institucionais – entre elas, a defesa dos direitos fundamentais liberais, sociais e ecológicos dos necessitados, inclusive com o manuseio de ação civil pública – estabelecido no novo art. 4º da LC 80/94, por força das alterações trazidas pela LC 132/2009, é contundente nesse sentido. De um modo geral, esse novo mapa normativo institucional, tanto no plano constitucional quanto infraconstitucional, foi apropriado pelas inúmeras

---

[80] Na doutrina, reconhecendo a legitimidade de todas as entidades públicas listadas (entre elas, a Defensoria Pública) no rol do art. 5º da Lei 7.347/85 para a celebração de termo de ajustamento de conduta em matéria ambiental, v. AKAOUI, Fernando Reverendo Vidal. *Compromisso de ajustamento de conduta ambiental*. 3.ed. São Paulo: Revista dos Tribunais, 2010, p. 69 e ss.

[81] STF, ADPF 45, Rel. Min. Celso de Mello, j. 29.04.2004, Informativo 345.

leis orgânicas estaduais (e até pelas Constituições de alguns Estados), estabelecendo um novo regime jurídico-institucional para a Defensoria Pública brasileira.

Os diplomas legislativos referidos, somados a inúmeros outros que tivemos a oportunidade de analisar ao longo deste estudo, além, é claro, de todo o desenvolvimento doutrinário e jurisprudencial que acompanhou a evolução da matéria, são os pilares centrais do novo regime jurídico consagrado para a Defensoria Pública no ordenamento jurídico brasileiro. Isso, por óbvio, não implica a Defensoria Pública deixar de atuar em demandas individuais, o que sempre estará no espectro central da sua atuação institucional. Mas se trata apenas um novo estágio ou etapa de evolução institucional, considerando que o nosso Sistema de Justiça, de um modo geral, se depara cada vez mais com relações jurídicas massificadas e questões sociais com maior amplitude e complexidade (basta mirar para o aspecto global da degradação ambiental). Nesse cenário, os instrumentos de tutela coletiva, como é o caso da ação civil pública, apenas se somam à atuação individual da Defensoria Pública, proporcionando uma intervenção mais abrangente e efetiva em questões que alcancem o interesse coletivo e afetem negativamente direitos de indivíduos e grupos sociais necessitados. A nosso ver, a *privação de direitos* em termos de bem-estar social é um bom exemplo de questão que extrapola o espectro individual, alcançando expressão coletiva.

A falta de acesso da população pobre aos seus direitos fundamentais sociais, infelizmente, tem sido recorrente na nossa história política e realidade socioeconômica, caracterizando, na grande maioria das vezes, a omissão dos entes federativos em atenderem de modo minimamente satisfatório a tais demandas sociais, como ocorre, por exemplo, no caso da saúde, da educação, do saneamento básico, da assistência social e da moradia. Diante dessa realidade, está posta a possibilidade do controle judicial de políticas públicas a ser efetuado pela Defensoria Pública, nas hipóteses em que o Estado se *omitir* ou *atuar de forma insuficiente* (à luz do princípio da proporcionalidade) na implementação de políticas públicas sociais. O enfrentamento de tal situação de violação de direitos é uma das missões constitucionais mais importantes conferidas à "instituição cidadã", valendo-se, para cumprir com tal objetivo e dever constitucional, tanto de uma atuação jurídico-processual individual quanto coletiva (judicial ou extrajudicial). Para além das ações individuais de obrigação de fazer ou mandados de segurança, a Defensoria Pública dispõe hoje da ação civil pública para tutelar os direitos sociais da população carente de forma coletiva, potencializando a defesa dos seus direitos e a ampliação do seu acesso à justiça, em sintonia com o caminhar da melhor e mais arejada doutrina processual e constitucional.

A nosso ver, sem desmerecer a importância também fundamental da atuação no âmbito da defesa criminal (inclusive em sede de execução penal) e também da atuação individual na seara cível (por exemplo, no campo do Direito de Família), a atuação coletiva da Defensoria Pública, em especial no tocante à tutela e promoção dos direitos sociais, é uma das atribuições institucionais com maior impacto e condições de transformação social, notadamente no sentido de assegurar aos indivíduos e grupos sociais necessitados o acesso aos bens sociais indispensáveis ao desfrute de uma vida digna, além de proporcionar a sua inclusão política, social e cultural, de modo a trazer reflexos positivos para toda a esfera de proteção dos seus direitos fundamentais. No entanto, é oportuno reiterar novamente que o controle judicial de políticas públicas, em especial por intermédio de ações coletivas, como verificado no manuseio de ação civil pública, deve ser utilizado com absoluta cautela, seguindo sempre o postulado da priorização da resolução extrajudicial de conflitos (art. 4º, II, LC 80/94), ou seja, somente após o insucesso e o esgotamento da tentativa de resolução administrativa dos conflitos, é que deve ser buscada a via judicial. De igual maneira, dado que se trata de questão com forte repercussão comunitária, deve o Defensor Público buscar o maior amparo possível em termos de legitimidade para o controle judicial de políticas públicas, mantendo canal de diálogo permanente com a sociedade civil organizada e os movimentos populares que atuam em tais temáticas, inclusive, se conveniente e relevante para tal desiderato, convocando audiências públicas. Na grande maioria das vezes, as informação e *expertise* das organizações sociais, além da devida compreensão das suas reivindicações, serão fundamentais para a adequada preparação e direcionamento de tais ações coletivas.

Com base em tais premissas, inclusive por força da indivisibilidade e interdependência que caracteriza o regime jurídico-constitucional dos direitos fundamentais (liberais, sociais e ecológicos), deve ser assegurada à Defensoria Pública ampla legitimidade para atuar em sede de tutela coletiva, inclusive no tocante ao controle judicial de políticas públicas, de modo a criar condições favoráveis à inserção político-comunitária de indivíduos e grupos sociais necessitados, além de tornar acessível a eles o desfrute dos seus direitos fundamentais de todas as dimensões. A legitimidade da Defensoria Pública para a propositura da ação civil pública, inclusive na tutela e promoção de direitos difusos, está ajustada à manutenção das bases democrático-participativas que alicerçam axiologicamente os instrumentos processuais de tutela coletiva e o sistema processual coletivo como um todo, sob o primado do acesso à justiça e da efetividade dos direitos (em especial, dos direitos fundamentais). Ao assegurar aos indivíduos e grupos sociais necessitados o desfrute dos bens sociais elementares (saúde, educação, moradia, saneamento básico, alimentação, etc.), ou seja, de um nível de bem-estar individual e social compatível com uma vida digna (em termos de prestações sociais fornecidas pelo Estado), a Defensoria Pública estará tornando acessível a tais pessoas a sua inclusão no *pacto social* firmado pela nossa Lei Fundamental de 1988, assegurando a eles nada menos do que uma *vida digna*. Em última instância, é sobre isso que se trata este livro.

— V —

Legitimidade da Defensoria Pública na tutela coletiva de direitos: um falso problema de representação adequada

TAÍS SCHILLING FERRAZ[1]

Sumário: Introdução; 1. A defesa de direitos difusos, coletivos e individuais homogêneos; 1.1. O microssistema das ações coletivas no Brasil; 1.2. A legitimidade para a proposição de ações coletivas no Brasil; 1.3. As atribuições constitucionais e legais do Ministério Público e da Defensoria Pública em matéria de defesa de direitos difusos, coletivos e individuais homogêneos; 1.3.1. A disciplina constitucional; 1.3.2. A disciplina no plano legislativo; 1.4. A polêmica estabelecida; 1.5. A representação adequada e sua origem nas *class actions* do direito norte--americano; 2. Representação adequada no Brasil; 2.1. Representação adequada e legitimidade ativa; 2.2. A representação adequada como critério de controle de constitucionalidade; 2.3. Representação adequada em concreto; 2.4. A reserva de legitimidade entre Defensoria Pública e Ministério Público: um pseudoproblema de representação adequada; 3. Articular e planejar. Instrumentos de potencialização e racionalização dos recursos; Conclusão.

Introdução

A recente atribuição de legitimidade ativa à Defensoria Pública para o ajuizamento de ações coletivas na defesa de direitos difusos, coletivos e individuais homogêneos vem sendo pauta de acirradas discussões, em especial entre os integrantes da instituição e os membros do Ministério Público. Os primeiros, defendendo a necessidade e a pertinência desse novo instrumental de atuação, e os últimos a apresentar os riscos e inconveniências da legitimação concorrente.

Em favor da legitimidade coletiva da Defensoria Pública, são trazidos argumentos relacionados à importância de dotar a instituição de competências capazes de ampliar o acesso à justiça pela população mais carente, que faz jus à assistência jurídica *integral*, de forma que uma vez

---

[1] Juíza Federal, mestre em Direito pela PUCRS, foi juíza auxiliar da Presidência do STF de 2008 a 2010 e Conselheira do Conselho Nacional do Ministério Público por dois mandatos.

caracterizada a necessidade, terá o defensor a atribuição de prestar assistência integral, do modo que se revelar mais adequado.

No polo inverso, as justificativas que com mais frequência são trazidas contra a legitimidade coletiva da Defensoria Pública estão relacionadas às dificuldades operacionais que decorrem da colegitimação, a permitir atuações contraditórias, paralelas, com desperdício de esforços, por vezes a fomentar espécie de animosidade institucional. Sustenta-se, também, que a atribuição de mais esta função à Defensoria Pública viria em prejuízo de sua capacidade de bem atender aos necessitados, individualmente, já que é ainda inadequada a estrutura de funcionamento da instituição em todo o país para que se possa cogitar de tamanha ampliação de suas atribuições.

O tema foi levado a julgamento por ação direta de inconstitucionalidade ao Supremo Tribunal Federal, em que se questiona a validade, frente às normas constitucionais que estabelecem a função institucional da Defensoria Pública, das disposições legais que lhe conferem legitimidade para a tutela coletiva de direitos.

Dentre os vários fundamentos trazidos na inicial da ADI e no parecer do Procurador-Geral da República, que opinou pela inconstitucionalidade, especial relevância vem sendo dada à alegação de que a atribuição desta nova função à Defensoria Pública não seria compatível com a garantia da representação adequada, típica do sistema das *class actions* do direito norte-americano, que inspirou a construção do processo coletivo no Brasil.

Este artigo dispõe-se a examinar a influência dessa garantia na avaliação sobre a possibilidade da propositura de ações coletivas pela Defensoria Pública, questionando sua aplicabilidade frente às normas que aqui predefinem os autorizados ao manejo da tutela transindividual.

Após uma rápida revisão das normas referentes à legitimidade coletiva e espécies de direitos de grupo, o trabalho apresenta os aspectos polêmicos da atribuição à Defensoria Pública de legitimidade coletiva. Examina a garantia da representação adequada no âmbito das *class actions*, comparando o contexto do sistema norte-americano com as circunstâncias que cercam a avaliação de legitimidade ativa no Brasil. Ao final, avalia se há, efetivamente, um problema de representação adequada em meio à polêmica que se estabeleceu.

O objetivo deste estudo é oferecer contribuições para a superação das divergências ainda pendentes. Pretende-se trazer à luz a importância e a necessidade de agirem as duas instituições de forma conjunta, articulada e planejada, com vistas à superação dos reais problemas de acesso à Justiça que afetam a sociedade brasileira e, em especial, a parcela da população mais carente.

Para os efeitos desta pesquisa não houve preocupação em tratar diferentemente os conceitos de ação civil pública e de ação coletiva, seja porque a legislação examinada previu legitimidade à Defensoria Pública para o manejo de ambas, seja porque não há, na perspectiva da autora, diferenças justificáveis no que pertine ao respectivo regime jurídico.

1. A defesa de direitos difusos, coletivos e individuais homogêneos

1.1. O microssistema das ações coletivas no Brasil

A história mais recente da normatização processual coletiva no Brasil remonta à promulgação da Lei 7.347/85, que disciplinou a ação civil pública para a defesa de direitos coletivos e difusos.

A Constituição Federal de 1988 trouxe normas sobre a defesa coletiva de direitos ao atribuir ao Ministério Público a titularidade para o inquérito civil e a ação correspondente na proteção do patrimônio público e social, do meio ambiente e de outros interesses difusos e coletivos. Também atribuiu ao *Parquet* zelar pelo efetivo respeito dos Poderes Públicos e dos serviços de relevância pública aos direitos assegurados, promovendo as medidas necessárias a sua garantia. Ganharam legitimidade, pela Carta de 1988, os partidos políticos, para o mandado de segurança coletivo, bem como os sindicatos e as associações de classe, para a defesa dos interesses dos filiados.

Outras leis sobrevieram, dispondo sobre a tutela de direitos coletivos e difusos, como a Lei 7.853, de 24.10.89 (pessoas portadoras de deficiências e sua integração social), Lei 7.913/89 (investidores do mercado de valores mobiliários) e a Lei 8.069/90 (crianças e adolescentes).

Em 1990, com o Código de Defesa do Consumidor (Lei 8.078/90) e a sistematização da possibilidade de defesa coletiva de direitos individuais homogêneos, além da disciplina de diversas questões de ordem instrumental, consolidou-se o conjunto de normas que, reunidas, formaram o que se pode chamar até hoje de ordenamento processual civil coletivo de caráter geral.[2]

---

[2] Eduardo Cândia, na obra *Legitimidade ativa na Ação Civil Pública*, defende que não há um microssistema único das ações coletivas, formado pela Lei da Ação Civil Pública e pelo Código de Defesa do Consumidor, mas diversos microssistemas normativos ou sistemas parciais do processo coletivo, decorrentes da definição de normas nem sempre coincidentes sobre a tutela coletiva em cada uma das leis que disciplinam o regime jurídico do idoso, das crianças e adolescentes, do meio ambiente, dos investidores, etc. (CÂNDIA, Eduardo. *Legitimidade ativa na Ação Civil Pública*. Salvador: JusPodivm, 2013, p. 139).

Mais leis agregaram-se ao conjunto, como a Lei da probidade administrativa (Lei 8.429/92) e o Estatuto do Idoso (Lei 10.741/2003), trazendo normas sobre a tutela de direitos difusos, coletivos e individuais homogêneos. Em 2007, com a modificação da Lei da Ação Civil Pública através da Lei 11.448/2007, a Defensoria Pública passou a ser arrolada dentre os legitimados coletivos, atribuição que foi também prevista e ampliada na Lei Complementar 132/2009, que alterou a correspondente lei orgânica.

Deste conjunto de normas extraem-se disposições sobre competência, legitimidade *ad causam*, direitos e interesses tuteláveis, coisa julgada, efeitos da sentença, as quais, embora tenham buscado inspiração em sistemas estrangeiros, como o norte-americano, foram profundamente adaptadas e interpretadas segundo os princípios da *civil law*, nos quais se assenta todo o ordenamento jurídico brasileiro.

Discorrendo sobre a fonte das ações coletivas brasileiras, Antônio Gidi[3] inicia por afirmar que as *class actions* do direito americano tiveram influência apenas indireta nas normas internas de processo civil coletivo, já que os debates acadêmicos antes e depois da Lei da Ação Civil Pública e do Código de Defesa do Consumidor estiveram baseados na doutrina italiana.

Daí decorreram algumas inconsistências que, segundo o autor, poderiam ser solucionadas através da consolidação dessas normas em um Código de Processo Civil Coletivo. Conclui que mesmo que não houvesse inovação, a simples sistematização das normas teria profunda importância.

1.2. A legitimidade para a proposição de ações coletivas no Brasil

Através de ações coletivas defendem-se direitos coletivos, difusos e individuais homogêneos.[4]

---

[3] GIDI, Antônio. *Rumo a um Código de Processo Civil Coletivo. A codificação as ações coletivas no Brasil.* Rio de Janeiro: GZ, 2008, p. 30-35. Segundo o autor, embora esta doutrina tenha buscado inspiração direta nas *class action* norte-americanas, nenhuma fonte original daquela doutrina foi consultada. Narra que a LACP teve por base a doutrina italiana, publicada nos anos 70, de Michele Taruffo, Mauro Cappelleti, Vincenzo Vigoriti, Proto Pisani, Nicolo Trocker e outros. Estes autores utilizaram-se da experiência então vigente nos Estados Unidos. A prática, porém, já havia evoluído quando editada a LACP, em 1985. Além disso, a doutrina italiana não conhecia com profundidade a norte-americana nem tinha tradição em ações coletivas. O quadro se repetiu nos debates que antecederam o CDC, até porque a doutrina italiana perdera o interesse em publicar artigos sobre as *class action*, desde a década de 70, enquanto nos Estados Unidos as ações coletivas evoluíam sob todos os aspectos.

[4] Ensina Teori Zavascki que "direito coletivo é designação genérica para as duas modalidades de direitos transindividuais: o difuso e o coletivo *stricto sensu*". Defender direitos coletivos, segundo o autor, é tutelar direitos transindividuais, sem titulares determinados e materialmente indivisíveis. (ZAVASCKI, Teori Albino. *Tutela de Direitos Coletivos e Tutela Coletiva de Direitos.* 3ª ed., São Paulo: Revista dos Tribunais, 2008. p. 37-40).

Falar em defesa coletiva de direitos é falar sobre o modo pelo qual tais direitos poderão ser tutelados. Coletivo, aqui, é o instrumento para a defesa do direito individual.[5]

Ainda é grande a controvérsia sobre o universo de interesses passíveis de tutela nessa via, especialmente no que respeita aos direitos individuais homogêneos, cuja defesa foi sendo delimitada na jurisprudência do Supremo Tribunal Federal[6] e do Superior Tribunal de Justiça,[7] que, com distinções de fundamentação, concluíram que tais direitos serão passíveis de defesa em ações civis públicas apenas se estiverem impregnados de relevância social.

Para o que se pretende aqui aquilatar, porém, observadas as normas internas, as distinções entre as três espécies de interesses tuteláveis pela via coletiva, salvo melhor juízo, não serão determinantes.

Igual ou maior controvérsia estabelece-se sobre quais instituições estão autorizadas à propositura das ações coletivas.[8]

No Brasil, os entes autorizados ao ajuizamento de uma ação coletiva estão expressamente definidos no ordenamento jurídico-processual. A Constituição e as normas legais que disciplinam a matéria legitimam para tanto o Ministério Público, a Defensoria Pública, as pessoas jurídicas de direito público, as entidades da administração indireta, os órgãos de defesa do consumidor, as associações civis constituídas há pelo menos

---

[5] ZAVASCKI, Teori. *Op.cit.*, p. 24

[6] RE 472.489: (...) Esse entendimento – que reconhece legitimidade ativa ao Ministério Público para a defesa, em juízo, dos direitos e interesses individuais homogêneos impregnados de relevante natureza social – reflete-se na jurisprudência firmada por esta Suprema Corte (RTJ 185/302, Rel. Min. CARLOS VELLOSO – AI 491.195-AgR/SC, Rel. Min. SEPÚLVEDA PERTENCE – RE 213.015/DF, Rel. Min. NÉRI DA SILVEIRA – RE 255.207/MA, Rel. Min. CEZAR PELUSO – RE 394.180-AgR/CE, Rel. Min. ELLEN GRACIE – RE 424.048-AgR/SC, Rel. Min. SEPÚLVEDA PERTENCE – RE 441.318/DF, Rel. Min. MARCO AURÉLIO – RE 470.135-AgR-ED/MT, Rel. Min. CEZAR PELUSO): "RECURSO EXTRAORDINÁRIO. CONSTITUCIONAL. LEGITIMIDADE DO MINISTÉRIO PÚBLICO PARA PROMOVER AÇÃO CIVIL PÚBLICA EM DEFESA DOS INTERESSES DIFUSOS, COLETIVOS E HOMOGÊNEOS. (...). 1. A Constituição Federal confere relevo ao Ministério Público como instituição permanente, essencial à função jurisdicional do Estado, incumbindo-lhe a defesa da ordem jurídica, do regime democrático e dos interesses sociais e individuais indisponíveis (CF, art. 127)..... (STF, RE 472.489, Rel. Min. Celso de Mello, Informativo 488).

[7] AgRg no AgRg no REsp 229226/RS: (...) Esta Corte entende que o Ministério Público possui legitimidade ad causam para propor ação civil pública objetivando defender interesses individuais homogêneos, como no presente caso, em que o *parquet* alega abusivas cláusulas de contratos de financiamento para aquisição da casa própria firmados com instituição financeira vinculada ao Sistema Financeiro de Habitação – SFH, demonstrado o interesse social relevante. Agravo regimental improvido. (STJ, AgRg no AgRg no REsp 229226/RS, Rel. Ministro CASTRO MEIRA, SEGUNDA TURMA, julgado em 04/03/2004, DJ 07/06/2004, p. 178).

[8] A própria legislação infraconstitucional veio estabelecer algumas limitações. É o caso do disposto no parágrafo único do art. 1º da Lei 7.347, introduzido pela MP 2.180-35/2001, segundo o qual não será cabível ação civil pública para veicular pretensões que envolvam tributos, contribuições previdenciárias, o Fundo de Garantia do Tempo de Serviço – FGTS ou outros fundos de natureza institucional cujos beneficiários possam ser individualmente determinados.

um ano, para a tutela dos interesses identificados às suas finalidades institucionais e os sindicatos, na defesa dos interesses ligados à categoria.

Nas *class actions* do direito americano o sistema é distinto. Exige-se que o autor da ação, ao representar um grupo de pessoas, seja um dos seus membros. Não somente as questões devem ser comuns entre os integrantes do conjunto, mas também entre eles o seu representante. É o requisito da tipicidade, segundo o qual, o pedido de tutela de direito individual do autor e representante do grupo deve ser voltado a resolver também as questões comuns que afetam o grupo.[9]

Para que uma pessoa possa representar um grupo em juízo, deve ela ter legitimidade e interesse para propor a correspondente ação individual em nome próprio. Não se adotou nas *class actions* do direito norte-americano a hipótese de substituição de uma coletividade de pessoas, por um órgão ou entidade, embora se possa falar em substituição do grupo pelo autor da ação, que atua em nome próprio e na defesa de direito próprio e do grupo.

Interessa, para os propósitos deste estudo, um maior aprofundamento sobre a fonte e a extensão da legitimação ativa atribuída ao Ministério Público e à Defensoria Pública.

1.3. As atribuições constitucionais e legais do Ministério Público e da Defensoria Pública em matéria de defesa de direitos difusos, coletivos e individuais homogêneos

1.3.1. A disciplina constitucional

É da Constituição Federal que o Ministério Público retira sua legitimidade para a propositura de ação civil pública na defesa de interesses sociais, difusos, coletivos e de interesses individuais indisponíveis.

As funções institucionais do Ministério Público, arroladas no art. 129 da Carta, incluem promover o inquérito civil e a ação civil pública, para a proteção do patrimônio público e social, do meio ambiente e de outros interesses difusos e coletivos. Incluem, também, zelar pelo efetivo respeito dos Poderes Públicos e dos serviços de relevância pública aos direitos assegurados na Constituição, defender judicialmente os direitos

---

[9] Ao discorrer sobre o requisito da tipicidade, Antonio Gidi afirma que "além de comprovar a existência de uma questão comum entre os membros do grupo, é necessáro que o representante tenha os mesmos interesses e tenha sofrido o mesmo ilícito que os demais, sendo ele próprio um dos membros desse grupo". Para o autor a pretensão do representante deve ter origem no mesmo evento que deu lugar à pretensão dos demais membros do grupo e ser baseada no mesmo fundamento jurídico. (GIDI, Antonio. *A Class Action como instrumento de tutela coletiva dos direitos*. São Paulo: Revista dos Tribunais, 2007, p. 88)

e interesses das populações indígenas e exercer outras funções que lhe sejam conferidas, desde que compatíveis com sua finalidade.

O conjunto de disposições constitucionais culmina com uma norma que deixa claro que em matéria de ação civil pública, as atribuições do Ministério Público não são privativas. Estabelece o § 1º do art. 129 que "*a legitimação do Ministério Público para as ações civis previstas neste artigo não impede a de terceiros, nas mesmas hipóteses, segundo o disposto nesta Constituição e na lei*".

Quanto à Defensoria Pública, a Constituição lhe define, como função institucional, no art. 134, a orientação jurídica e a defesa, em todos os graus, dos necessitados, na forma do art. 5º, LXXIV, que, por sua vez, estabelece que o Estado prestará assistência jurídica integral e gratuita aos que comprovarem insuficiência de recursos.

1.3.2. A disciplina no plano legislativo

Diversas e abrangentes são as normas, no plano infraconstitucional, que consagram ao Ministério Público e à Defensoria a missão de defesa de direitos pela via coletiva.

A lei orgânica que rege as unidades estaduais do Ministério Público (Lei 8.625/93) dispõe, em seu art. 25, IV, que cabe à instituição promover o inquérito civil e a ação civil pública, para as finalidades que relaciona.

A Lei Complementar 75, lei orgânica do Ministério Público da União, cujas normas são aplicadas subsidiariamente nas lacunas da Lei 8.625/93, traz disposições ainda mais detalhadas, no art, 6º, VII, quanto às possibilidades de tutela coletiva de direitos, prevendo, ao final, inclusive, em uma disposição genérica, a defesa de "outros interesses individuais indisponíveis, homogêneos, sociais, difusos e coletivos.

Já a Defensoria Pública tem suas atribuições para a proposição de ação civil pública amplamente definidas na Lei Complementar 80/94 (Lei Orgânica), com a redação da Lei Complementar 132/2009, prevendo a possibilidade do respectivo manejo sempre que o resultado da demanda puder beneficiar grupo de pessoas hipossuficientes.

No plano da legislação ordinária, a Lei 7.347/85, que disciplina a ação civil pública, já na redação dada pela Lei 11.448/2007, traz ambas as instituições como legitimadas para propor a ação principal e a ação cautelar.

O Código de Defesa do Consumidor (Lei 8.078/90) e o Estatuto da Criança e do Adolescente (Lei 8.069/90) trazem como legitimado o Ministério Público para a defesa dos direitos coletivos, difusos e individuais homogêneos dos consumidores e das crianças e adolescentes, respectivamente, sendo que quanto aos últimos, a autorização alcança direitos heterogêneos, dada a indisponibilidade de que se revestem.

PROCESSOS COLETIVOS

Mesma previsão trazem o Estatuto do Idoso (Lei 10.741/2003), a Lei 7.853, de 24.10.89 (pessoas portadoras de deficiências), Lei 7.913/89 (investidores do mercado de valores mobiliários), entre outras.

Dessas disposições decorre, *ex vi legis* a atribuição do Ministério Público e da Defensoria Pública para a proposição de ações coletivas. O legislador brasileiro, no plano constitucional e infraconstitucional partiu do pressuposto de que tais instituições possuem as melhores condições de representar os interesses da coletividade.

O que vem sendo questionado, inclusive perante o Supremo Tribunal Federal em controle concentrado de constitucionalidade é a validade das normas que hoje atribuem à Defensoria Pública a tutela, sob a forma coletiva, de interesses coletivos e individuais homogêneos, especialmente (mas não apenas) quando por absoluta ou relativa indeterminação dos possíveis beneficiários, as ações coletivas não abarcam, exclusivamente, pessoas hipossuficientes.

1.4. A polêmica estabelecida

Aprovadas a Lei 11.448/2007, que introduziu na Lei 7.347/85 a Defensoria Pública como uma das legitimadas ao manejo da ação civil pública, e a Lei Complementar nº 132/2009, que inseriu substanciais alterações na Lei Orgânica da instituição (LC 80/94), diversas manifestações sobrevieram, favoráveis e contrárias à respectiva atuação através de ações coletivas.

Logo que editadas as leis autorizadoras, a Defensoria Pública passou a valer-se, de forma plena, dos instrumentos de tutela coletiva de direitos. Partindo do entendimento de que nada obstaria a sua atuação concorrente nas questões até então direcionadas à tutela coletiva pelo Ministério Público, defensores públicos partiram definitivamente para o ajuizamento de ações coletivas.[10]

---

[10] A possibilidade do ajuizamento de ações coletivas pela Defensoria Pública vem sendo alvo da atenção da doutrina e da jurisprudência. Luiz Guilherme Marinoni e Sérgio Cruz Ahrenhart sempre a defenderam (*Curso de Processo Civil, Manual do Processo de Conhecimento*. 6. ed. São Paulo: Revista dos Tribunais, p. 731-732), assim como Fredie Didier Junior e Hermes Zanetti Júnior (*Curso de Direito Processual Civil – Processo coletivo*. Salvador: Jus Podium, 2007, p. 219). Examinando o tema, o Superior Tribunal de Justiça, no julgamento do REsp 912.849, relator Ministro José Delgado, votação unânime, assentou entendimento pela possibilidade da propositura da ação coletiva, com delimitação do universo de pessoas substituíveis, dada a vocação da Defensoria Pública à defesa dos necessitados. Também o STF já havia se pronunciado sobre a legitimação extraordinária da Defensoria Pública. Na medida cautelar na ADI 558-8/RJ, ajuizada em face de norma da Constituição fluminense, que prevê atribuição à Defensoria Pública de defesa em juízo de direitos individuais e coletivos, bem como o patrocínio da ação civil pública em favor de associações, o STF assentou o entendimento de que haverá possibilidade de defesa se estiver presente o requisito da necessidade dos titulares do direito ou interesse coletivo patrocinado.

Como seria de se esperar, em algumas situações houve atuação concorrente, seja mediante ajuizamento disjuntivo de demandas coletivas em favor do mesmo grupo de substituídos, às vezes apontando para soluções diferentes, seja mediante movimentos em tese contraditórios, uma instituição a buscar solução na via extrajudicial, a outra a judicializar desde logo a questão.

Na área do direito da criança e do adolescente, por exemplo, atuações isoladas da Defensoria Pública e do Ministério Público, baseadas em entendimentos divergentes sobre a possibilidade de internação compulsória de crianças e adolescentes dependentes de substâncias entorpecentes, geraram impasses; alguns membros do Ministério Público entendendo e orientando as autoridades de saúde e assistência no sentido de ser a internação involuntária, excepcionalmente, possível para a defesa da vida e da saúde da própria criança ou adolescente, enquanto a Defensoria Pública assumia posição absolutamente contrária. Sem entrar no mérito da discussão, o fato é que a divergência de atuação gerou perplexidade entre as autoridades e a própria comunidade.

Paralelamente a este contexto inicial, estudiosos e doutrinadores originados de ambas as instituições essenciais à Justiça passaram a defender posições opostas sobre a possibilidade do manejo de ações coletivas pela Defensoria Pública.

Os defensores públicos a sustentar que pela via das ações coletivas, as possibilidades de defesa dos necessitados se ampliam, inclusive mediante a racionalização do uso da força de trabalho ainda tímida frente ao papel que a Constituição lhes reservou. A legitimidade ativa para as ações civis públicas, segundo argumentam, estende-se aos interesses coletivos, difusos e individuais homogêneos, como forma de garantir plenamente aos necessitados os direitos fundamentais de primeira, segunda e terceira dimensões. Este alcance em nada contrariaria o texto constitucional, tratando-se da instrumentalização legal para tornar mais efetiva a atuação da Defensoria Pública.[11]

---

[11] Felipe Pereira e Tiago Fensterseifer, discorrendo sobre o tema, sustentam que a Defensoria Pública exerce um papel constitucional essencial na tutela e promoção dos direitos fundamentais de todas as dimensões (ou gerações) das pessoas necessitadas, pautando-se, inclusive, pela perspectiva da integralidade, indivisibilidade e interdependência de todas elas. Assim, da mesma forma que a Defensoria Pública atua na tutela dos direitos liberais (ou de primeira dimensão), conforme se verifica especialmente no âmbito da defesa criminal, movimenta-se também, e de forma exemplar, no sentido de tornar efetivos os direitos sociais (ou de segunda dimensão), o que se registra nas ações de medicamentos e de vaga em creche ou escola movidas contra o Estado – nas esferas municipal, estadual e federal. Nessa linha, com o surgimento dos direitos fundamentais de solidariedade (ou de terceira dimensão), como é o caso da proteção do ambiente, automaticamente a tarefa constitucional de zelar por eles é atribuída à Defensoria Pública, em razão de que à população pobre também deve ser garantido o desfrute de suas vidas em um ambiente saudável, equilibrado e seguro, e, portanto, digno. (*in* PEREIRA, Felipe Pires; FENSTERSEIFER, Tiago. *A legitimidade da Defensoria Pública para a*

As razões não diferem substancialmente das que constaram da exposição de motivos do projeto de lei que resultou na Lei Complementar 132/2009. Em grande medida defende-se que a repetição de demandas da mesma natureza ou os fenômenos que atingem direitos ou interesses de um universo de sujeitos orientam para as medidas coletivas e para a tutela dos direitos metaindividuais pela Defensoria Pública.[12]

Os membros do Ministério Público a propugnar, em sua maioria, pela restrição ao uso dos instrumentos de defesa coletiva de direitos pela Defensoria Pública, buscando fundamento nas disposições constitucionais, que outorgam a essa instituição, apenas, a tutela extrajudicial e judicial dos necessitados.[13] Muitos sustentam a impossibilidade do ajuizamento da ação civil pública até mesmo para a defesa de direitos individuais homogêneos, o que teria que se produzir, segundo alegam, pela via das demandas individuais para tutela de direitos subjetivos.

A estes argumentos somam-se outros, e, muito especialmente, uma justificativa de ordem pragmática: a Defensoria Pública ainda demanda estruturação, sendo seus quadros altamente deficitários. Se não consegue sequer atender individualmente os principais destinatários de sua missão, não poderia pretender ampliar ainda mais as atribuições, o que prejudicaria a tutela dos mais necessitados.

A insurgência de grande parte dos membros do Ministério Público com o uso desses instrumentos pela Defensoria Pública resultou na propositura de uma Ação Direta de Inconstitucionalidade pela Associação Nacional dos Membros do Ministério Público – CONAMP (ADI 3.943, sob a relatoria da Ministra Cármen Lúcia) em face dos dispositivos da

---

propositura de ação civil pública em defesa de direitos difusos: algumas reflexões ante o advento da Lei Complementar 132/09. Processos Coletivos, Porto Alegre, vol. 1, n. 4, 01 jul. 2010).

[12] "(...) Ao mesmo tempo em que se amplia a possibilidade de acesso ao Judiciário, há que assegurar o princípio da duração razoável do processo. É necessário desenvolver mecanismos extrajudiciais de solução de conflitos, de forma a evitar demandas desnecessárias, onde a Defensoria Pública tem papel privilegiado, porque seus órgãos atuam com liberdade, sem vínculos de qualquer natureza com as partes envolvidas, o que lhes permite compor o litígio. De outro lado, os instrumentos processuais direcionados apenas para a solução dos litígios individuais perderam funcionalidade. A repetição de demandas da mesma natureza ou os fenômenos que atingem direitos ou interesses de um universo de sujeitos orientam para as medidas coletivas e para a tutela dos direitos metaindividuais" (Exposição de Motivos do PLP 28/2007 transformado na Lei 132/2009. Disponível em *http://www. camara.gov.br/proposicoesWeb/prop_mostrarintegra;jsessionid=0F82EC1CD931DFD7EB7746DD2DD8F D26.node1?codteor=444786&filename=PLP+28/2007.* Acesso em 12/03/2014.

[13] Os promotores de justiça do Pará, Nadilson Gomes e Priscilla Costa, defendendo que é universal a legitimidade para a propositura de ação civil pública pelo Ministério Público, quando tratam da legitimidade da Defensoria Pública sustentam que "(...) a atuação da Defensoria Pública nas ações civis públicas orienta-se pelo fundamento de sua missão, ou seja, apenas na defesa dos necessitados. Portanto, não possui a Defensoria Pública legitimação ativa universal para todas as ações civis públicas, mas apenas para aquelas em que esteja evidente a proteção e defesa de direitos dos necessitados". (*in* GOMES, Nadilson Portilho e Costa, Priscilla T. de Araújo. *Ação Civil Pública: Legitimidade da propositura pelo Ministério Público e Defensoria Pública, singularidades.* Revista do CAO CÍVEL, Belém: M.M.M Santos, v.10, n.14, p. 61-69, jan./jun. 2008).

Lei 11.448/2007, que, acrescentando inciso ao art. 5º da Lei 7.347/85, atribuiu à Defensoria Pública legitimidade ativa para a ação civil pública.

Naquela ação alegou a CONAMP que a possibilidade de a Defensoria Pública propor ação civil pública, sem qualquer restrição, violaria os arts. 5º, LXXIV, e 134, *caput*, da CF/88, que versam sobre as funções da Defensoria Pública de prestar assistência jurídica integral e gratuita apenas aos hipossuficientes, além de afetar diretamente as atribuições constitucionais do Ministério Público. Segundo a inicial da Associação autora, "aqueles que são atendidos pela Defensoria Pública devem ser, pelo menos, individualizáveis, identificáveis", com o que não haveria possibilidade de a Defensoria Pública atuar coletivamente na defesa de interesses difusos, coletivos ou individuais homogêneos.

Requereram ingresso nessa ADI, como *amici curiae*, a Associação Nacional dos Procuradores da República – ANPR –, a Associação Nacional dos Defensores Públicos – ANADEP – e a Associação Nacional dos Defensores Púbicos da União – ANDPU.

Em parecer lançado na referida ação de inconstitucionalidade,[14] o então Procurador-Geral da República, Antônio Fernando Barros e Silva de Souza, opinou pela procedência, concluindo *"que a Lei n. 11.448/2007 viola o artigo 134 da Constituição da República, no que compõe também sistema com os seus arts. 1º, II e III; 5º, LXXIV; e 3, I e III"*.

Segundo se extrai das razões de S. Exa., se ao Estado cumpre a prestação de assistência jurídica aos que comprovem insuficiência econômica, e se este papel deve ser desempenhado pelas defensorias públicas, a expansão da legitimidade para causas de controle difuso, coletivo ou de defesa de interesses transindividuais desvirtuaria o estatuído na Carta Magna. A macroconflituosidade não está inserida nos quadros normativos da orientação jurídica e defesa dos necessitados na forma do art. 5º, LXXIV.

A solução a ser dada passaria pela aplicação ao caso da *teoria da representação adequada*, oriunda do sistema das *class actions* norte-americanas, que "implica uma aferição da razoabilidade da presença de uma parte que se põe a postular direitos de uma categoria de pessoas". A *representação adequada* obrigaria aferir, entre outros fatores, se a previsão legal de um novo legitimado ao processo coletivo estaria ou não amparada no princípio de adequação instrumental do órgão ou entidade para a desincumbência das funções que lhe foram constitucionalmente assinaladas.

Conclui, ao final, que as dificuldades estruturais da Defensoria Pública, associadas a espaços para conflitos interorgânicos, comprometem a

---

[14] Disponível em *http://www.conamp.org.br/Lists/Proposies%20Legislativas/Attachments/73/adin%20394 3%20parecer%20PGR.pdf.* Acesso em 27 out. 2013.

PROCESSOS COLETIVOS

validade da Lei nº 11.448/2007, defendendo que os elementos empíricos e antecipadores das condições de eficácia da norma devem ser considerados na avaliação da sua validade.

A manifestação da ANADEP[15] vem centrada na interpretação do disposto no art. 5º, inciso XXLIV, que estabelece ao Estado o dever de prestar assistência jurídica integral aos necessitados. Integral, segundo sustenta a associação nacional de defensores, significa "total, inteiro, global, sem diminuições nem restrições". A aplicação das normas relativas a direitos fundamentais (dentre os quais a assistência jurídica) deve seguir o princípio da maior eficácia possível a seu conteúdo, de forma que a Lei 11.448/2007, ao incluir a Defensoria Pública dentre os autorizados a propor ação civil pública apenas a instrumentaliza para o adequado desempenho de sua missão.[16]

Dentre as questões suscitadas pelos intervenientes na referida ADI, reclama particular atenção a discussão sobre a chamada "representação adequada". Trata-se de tema que aporta, ao menos aparentemente, fundamentos jurídicos e não apenas pragmáticos e consequenciais, ao debate sobre a legitimidade coletiva da Defensoria Pública.

Para avaliar se estas alegações conduzem, de fato, ao reconhecimento da presença de um problema insuperável, necessário que se questione se a teoria da representação adequada pode ser aqui invocada, e, em caso positivo, quais os efeitos da sua aplicação, considerado, como sistema, o atual ordenamento processual-coletivo brasileiro.

1.5. A representação adequada e sua origem nas "class actions" do direito norte-americano

No sistema norte-americano, os objetivos das ações coletivas são a economia processual, o acesso à justiça e a aplicação voluntária e impositiva do direito material, com redução dos riscos de prolação de decisões contraditórias.[17]

---

[15] Disponível em *http://www.anadep.org.br/wtk/pagina/materia?id=2675*. Acesso em 27 out. 2013.

[16] Extrai-se da manifestação da ANADEP: "(...) Uma vez caracterizada a necessidade de assistência, terá o defensor a obrigação de prestá-la, na qualidade de representante ou de substituto processual, do modo mais adequado. A Lei 11.448/2007, que modificou a Lei 7.347/1985, ao incluir a Defensoria Pública no rol dos legitimados à propositura da Ação Civil Pública, apenas concretiza o programa constitucional de ampla assistência jurídica, dotando-o de maior abrangência ao direcionar instrumento processual da mais alta relevância para a proteção de direitos da população carente. Se a Lei aumenta as atribuições da Defensoria Pública para que exerça com maior efetividade suas funções, é evidente que está em conformidade e faz realizar o princípio aventado da maior eficácia possível das garantias constitucionais".

[17] GIDI, Antônio. *A Class Action como Instrumento de Tutela Coletiva de Direitos*. São Paulo: Revista dos Tribunais, 2007, p. 25

Na perspectiva da aplicação do direito material, as *class actions* são indutoras de políticas públicas, seja de forma repressiva e pedagógica, mediante a correção e a reparação do ilícito, seja de forma profilática, para estimular o respeito voluntário aos direitos substantivos.

Segundo o contido na *Rule 23*, constante das *Federal Rules of Civil Procedure* de 1938,[18] para o ajuizamento de uma ação coletiva nos EUA são exigidos, como requisitos cumulativos, a) a impraticabilidade do litisconsórcio; b) que a ação se funde em questões de fato ou de direito comuns; c) que os pedidos ou as defesas daquele que representa o grupo sejam comuns (típicos) aos demais membros do grupo; e d) que os interesses do grupo possam ser adequadamente representados em juízo.

Presentes tais requisitos, o juiz certificará a possibilidade do manejo da ação coletiva.

O ordenamento norte-americano optou por não permitir a tutela coletiva nas situações em que a tutela individual se mostre mais adequada, ainda que sob a forma de litisconsórcio. Esta opção muito se deve ao fato de que, diferentemente do que aqui ocorre, nos EUA a sentença na ação coletiva fará sempre coisa julgada, impedindo, como regra, o ajuizamento de ações individuais, ficando a salvo apenas as hipóteses em que os titulares do direito tenham optado por não serem representados (o chamado *opt out*) e os casos em que demonstrado que a representação na ação coletiva não foi adequada.

A legitimação do autor da ação coletiva norte-americana não é como no Brasil. Aqui a situação é de um terceiro (instituição) defendendo direitos de um grupo de pessoas. Nos EUA o autor da ação coletiva defende *em nome próprio direito próprio e também defende direito alheio.* Há dois pedidos a serem julgados: um é o do autor, na busca de fazer efetivo direito individual; o outro é o pedido coletivo.

O requisito da representação adequada tem fundamento no devido processo legal. Se uma *class action* pode ser proposta por uma pessoa que, além de postular direito próprio estará representando terceiros que se enquadram na mesma situação de fato ou de direito determinante da necessidade da tutela jurisdicional, fundamental será garantir que aqueles que terão seus direitos patrocinados sejam devidamente representados.

É que, presente na Constituição americana, como na brasileira, a garantia de que ninguém poderá ser privado de seus bens sem o devido processo legal, a possibilidade de alguém vir a ser representado em uma ação coletiva, abrindo mão do direito de ser ouvido em juízo, e tendo ao

---

[18] As *Federal Rules of Civil Procedure* de 1938 são um conjunto de normas emitidas pela Corte Suprema dos EUA que trazem o regramento básico processual civil em âmbito federal. Dentre as suas disposições, a Rule 23 traz normas sobre as ações coletivas. Tais regras sofreram reformas em 1966, para atribuir maior efetividade às ações enquanto instrumentos de acesso à Justiça.

final sua situação jurídica regulada pelos efeitos da decisão e alcançada pela sua indiscutibilidade, reclama especiais salvaguardas.

Cabe ao juiz, verificando que esta representação não é adequada, negar certificação à *class action*.[19] Deve-se assegurar de que os resultados que venham a ser obtidos pela via da tutela coletiva não sejam diversos dos que seriam obtidos se os direitos fossem perseguidos em juízo individualmente por seus respectivos titulares.

Este pressuposto à certificação de uma *class action* é de tal forma relevante que se permite que eventual certificação anteriormente formalizada venha a ser revogada no curso do processo e até mesmo depois dele e que, em ações individuais futuras, pessoas que foram representadas na ação coletiva possam invocar a não incidência da coisa julgada, para que a questão de fato ou de direito seja novamente e individualmente apreciada.[20]

Para ser considerado um representante adequado (*fair and adequate representative*), necessário que o autor da ação coletiva norte-americana atue na vigorosa tutela dos direitos dos membros ausentes, que inexista antagonismo ou conflito de interesses frente ao grupo, que demonstre que tem efetivo interesse jurídico na promoção da demanda coletiva e que não está agindo movido por intenções espúrias, como desejo de vingança ou de prejudicar terceiros. Fundamental, ainda, é que o representante e seu advogado tenham condições, inclusive econômicas, de lidar com a complexidade da causa, que o advogado tenha capacidade técnica. A representação pode ser adequada para parte do grupo e inadequada para outra parte. Neste caso, a coisa julgada deverá alcançar os membros do grupo que forem adequadamente representados em juízo.

Observando-se as características das *class actions* e confrontando-as com os atributos das ações coletivas no Brasil identificam-se importantes distinções nos respectivos regimes, especialmente quanto à legitimidade e à coisa julgada.

São diferenças que não podem ser desconsideradas quando se pretende transpor o requisito da representação adequada, forjado nas bases do direito coletivo norte-americano, para avaliar-se legitimidade ativa, para as ações coletivas brasileiras. Embora possível e útil a inspiração, não se pode desconhecer que esta condição para agir em juízo no siste-

---

[19] "Logo após a propositura da ação, o juiz deverá avaliar a presença dos requisitos e a satisfação de uma das hipóteses de cabimento e confirmar a possibilidade de sua manutenção na forma coletiva. Essa Decisão, que autoriza e dá estrutura coletiva á ação proposta, é a certificação (*certification*)" (GIDI, Antônio, *op. cit.*, p. 192).

[20] "Nos casos em que o grupo ou alguns membros não foram representados adequadamente na ação coletiva, os tribunais, em processo posterior (individual ou coletivo) não reconhecem o efeito vinculante da coisa julgada coletiva e podem decidir novamente a questão (*collateral attack*)" (GIDI, Antônio, *op. cit.*, p. 280).

ma norte-americano relaciona-se a outras condições, aqui não exigidas, assim como a efeitos que aqui, ao menos por enquanto e por completo, não se produzem.

2. Representação adequada no Brasil

2.1. Representação adequada e legitimidade ativa

No Brasil, na medida em que os legitimados para o ajuizamento de ações coletivas são definidos diretamente pela lei (em se tratando do Ministério Público, pela própria Constituição), não há um controle prévio pelo juiz da representação adequada, tal como é feito no direito norte-americano. Ainda que se possa falar no Brasil da existência de mecanismos de controle judicial da adequada representação, *não será por ocasião do ajuizamento da ação, para aferição de legitimidade ativa*, que tais mecanismos serão invocados.

Aqui, como já assentado, quem ajuíza uma ação coletiva não é o titular do direito material que busca tornar efetivo. Determinadas entidades e órgãos são autorizados a buscar em juízo em nome próprio direitos de toda a coletividade ou de grupos. Não há o requisito da tipicidade, nem se exige, *como condição de procedibilidade*, a prévia notificação dos possíveis titulares dos direitos, para que possam exercer a opção de não serem representados.

Sendo o autor da ação uma dessas entidades ou órgãos arrolados no art. 5º da Lei 7.347/85 ou no art. 82 da Lei 8.078/90, dentre outras leis autorizadoras, há uma pressuposição, por lei, de adequação dessa representação, uma presunção de que podem legitimamente defender coletivamente interesses difusos, coletivos ou individuais homogêneos em juízo.

Forte debate estabeleceu-se no Brasil sobre a existência ou não de controle judicial de representação adequada nas ações coletivas.

A doutrina dividiu-se, Nelson Nery Junior, Gregório Assagra de Almeida e Arruda Alvim,[21] *v.g.*, a sustentar que não há no regime brasileiro o controle pelo juiz da adequação do representante, enquanto Antônio Gidi, Clarissa Guedes,[22] entre outros, defendem, com diferentes intensidades, o cabimento deste controle judicial.

---

[21] NERY JUNIOR, Nelson. *Codificação ou não do Processo Coletivo?* Revista Jurídica do Ministério Público de Minas Gerais, vol. 7, 2006, p. 155-156; ALMEIDA, Gregório Assagra de. *Codificação do Direito Processual Coletivo Brasileiro*. Belo Horizonte: Del Rey, 2007, p. 93-94; e ALVIM, Arruda. ALVIM, Thereza; ALVIM, Eduardo Arruda e MARINS, James. *Código do Consumidor Comentado*. São Paulo: Revista dos Tribunais, 1995, p. 381-382.

[22] GIDI, Antonio. *A Representação Adequada nas Ações Coletivas Brasileiras: Uma Proposta*, in REPRO, vol. 108, 2020, p. 61-70 e GEDES, Clarissa Diniz. *Legitimidade Ativa e representatividade na Ação Civil Pública*. Rio de Janeiro: GZ Editora, 2012, p. 132-134.

Nelson Nery Júnior e Gregório Assagra de Almeida distinguem o controle da adequação do representante entre *ope judicis* e *ope legis* e sustentam que no direito brasileiro o controle é apenas *ope legis*, já que ao definir os legitimados às ações coletivas o legislador brasileiro teria escolhido de antemão os entes que considera adequados enquanto representantes de grupos.[23]

Antonio Gidi, que sempre sustentou a possibilidade do controle judicial, defende a impropriedade do critério distintivo proposto por Nelson Nery Júnior, cujas expressões considera desprovidas de significado normativo. Esclarece o autor que no sistema norte-americano a lei também define quem pode promover a ação coletiva. A *Rule 23* (a) das *Federal Rules of Civil Procedure* "determina, por escrito, que o legitimado deve ser um membro típico do grupo (typically ou tipicidade) e que deverá representar adequadamente os interesses do grupo (adequacy of representation ou representação adequada)". Ao juiz, segundo afirma, cabe aplicar os ditames da lei, aferindo, no caso concreto, se o autor é membro típico e se está tutelando adequadamente os interesses do grupo.[24]

A questão que se estabelece, entretanto, não é quanto à existência ou não de mecanismos de controle judicial da representação adequada no direito processual coletivo brasileiro, *mas quanto à existência deste controle judicial para fins de aferir a possibilidade do ajuizamento de uma ação civil pública por um dos legitimados por lei*. O problema é pretender transpor para o sistema brasileiro tal requisito, desconectando-o do sistema de origem e dos demais requisitos para a certificação de uma *class action*, especialmente o da tipicidade.

Não se pode confundir aquilo que no sistema norte-americano é determinante para que se negue a certificação de uma ação coletiva por falta de representação adequada – leia-se: a ausência de capacidade de uma vigorosa e adequada representação dos interesses daqueles que são os titulares dos direitos defendidos em juízo –, com o que aqui no Brasil se considera legitimidade ativa para propositura de ações coletivas.

A legitimidade decorre da lei. Aquele que ela autoriza ao ajuizamento de uma ação civil pública é presumido – pela própria lei – como capaz de exercer a defesa dos direitos coletivos *lato sensu*, não cabendo ao juiz um controle prévio dessa capacidade.

Nos EUA esta presunção não é estabelecida pela lei. O pretenso *adequate representative* terá que demonstrar, concretamente, que está prepa-

---

[23] ALMEIDA, Gregório Assagra de. Codificação do Direito Processual Coletivo Brasileiro. Belo Horizonte: Del Rey, 2007, p. 93-94 e NERY JUNIOR, Nelson. *Codificação ou não do Processo Coletivo?* Revista Jurídica do Ministério Público de Minas Gerais, vol. 7, 2006, p. 155-156.

[24] GIDI, Antonio. *Rumo a um Código de Processo Civil Coletivo*. Rio de Janeiro:Forense, 2008, p. 87-89.

rado para representar os demais titulares do mesmo direito, ao ingressar com uma *class action.*

O exame judicial, aqui, concentra-se na interpretação sistemática das normas que arrolam os legitimados e do seu alcance, o que, por si só, já é tarefa altamente desafiadora. Uma vez identificado ou confirmado o ente legitimado, presume-se, *para fins de legitimidade e como condição de procedibilidade,* que estará aparelhado para a adequada representação da coletividade.

Entender-se o contrário significaria poder concluir, já por ocasião da admissibilidade do processamento de uma ação civil pública, que uma dessas instituições, que estão legitimadas ativamente *ex vi legis,* não teria capacidade para bem conduzir uma ação coletiva. Significaria, em última análise, negar vigência às disposições normativas que definem os legitimados.

Escrevendo sobre as *citizen actions* do direito norte-americano, Antônio Herman Benjamin afirma que, em seu pragmatismo, a doutrina americana não enveredou pelo exame da espécie de legitimação do autor da ação. A discussão, existente no direito brasileiro, acerca do caráter de substituição processual ou de simples legitimação ordinária na ação popular, é de todo desconhecida no sistema do *common law.*[25] A observação, ainda que dirigida a outra espécie de ação, bem serve à demonstração de que a transposição de elementos processuais de um sistema jurídico para o outro, mesmo que seja útil, não prescinde da devida contextualização, na origem e no destino.

Como visto alhures, o *fair and adequate representative,* no sistema alienígena, é aquele que detém capacidade técnica e econômica para lidar com a complexidade da causa, que demonstra que não age movido por intenções espúrias, que não promove ação diante de um conflito de interesses entre si e aqueles que representará em juízo nem entre estes.

Se assim é, como negar, no Brasil, *a priori,* que os pré-legitimados pela lei detenham tais condições, retirando-lhes, de antemão, a prerrogativa da titularidade da tutela coletiva?

2.2. A representação adequada como critério de controle de constitucionalidade

Propôs o Procurador-Geral da República, no parecer antes referido, que a análise sobre a representação adequada, no caso da Defensoria Pública, fosse trazida ao âmbito constitucional dos discursos de justifica-

---

[25] BENJAMIN, Antônio Herman. A *citizen action* norte-americana e a tutela ambiental. *In* Revista de Processo, vol. 62, São Paulo, Revista dos Tribunais, p. 71.

ção legislativos. Sustentou que a matéria não estaria imune ao controle judicial a pretexto de tratar-se de política legislativa. Segundo afirmou, a autoridade do STF seria legítima *"para fiscalizar a constitucionalidade das opções normativas em vista dos parâmetros constitucionais, notadamente daqueles que travejam o núcleo essencial dos institutos criados pelo constituinte"*. Aduziu que se a viabilidade e a eficácia da norma instituidora estiverem comprometidas, cabível será o *judicial review*, já que tais elementos se situam na dimensão da validade da norma.[26]

Sem pretender ingressar na discussão sobre a possibilidade *em tese* do controle proposto, o fato é que o caso em exame não envolve o núcleo essencial de qualquer instituto criado pelo constituinte, nem se pode falar, aqui, de violação à proporcionalidade, razoabilidade ou princípios estruturantes do sistema constitucional, muito menos com fundamento na doutrina da representação adequada.

O que ocorreu foi a deliberação de conferir a uma instituição de *status* constitucional um novo instrumento, e mesmo que a esta instituição ainda faltem meios suficientes ao pleno desempenho de suas nobres missões, não será pela invocação do instituto da representação adequada, forjado nas bases do sistema alienígena e lá exercido em concreto, que se poderá questionar a constitucionalidade dessa deliberação no plano abstrato da formulação de uma norma.

Carece de substância a ideia de que, por não estar a Defensoria Pública suficientemente estruturada para o exercício da tutela coletiva de direitos, haveria inconstitucionalidade na atribuição a ela de novos mecanismos de atuação em defesa dos necessitados. Trata-se de um juízo cujo valor não pode ser reconhecido como maior ou menor que aquele que norteou a decisão do legislador. Nem se pode presumir que este desconhecesse a carência estrutural de que ainda padece a Defensoria Pública, carência, aliás, em nada diferente da que vivenciou por muitos anos o Ministério Público e que ainda se faz presente em muitas das suas unidades.

Pode-se imaginar, ademais, que ao prever novas possibilidades de atuação à Defensoria, criando maior demanda por estrutura, o legislador buscasse provocar a vontade política dos Governos ainda resistentes ao cumprimento da Constituição nessa seara.

2.3. Representação adequada em concreto

Não se pode afirmar que o instituto da representação adequada seja inaplicável no âmbito do direito brasileiro ou mesmo nas ações coletivas.

---

[26] Parecer exarado na ADI 3.943. Disponível em *http://www.conamp.org.br/Lists/Proposies% 20Legislativas/Attachments/73/adin%203943%20parecer%20PGR.pdf*. Acesso em 27 out. 2013.

Pode ele, sim, ser invocado como forma de garantir o devido processo legal e o próprio acesso à Justiça, evitando prejuízos que possam decorrer de uma negligente ou incapaz defesa coletiva de direitos pelos legitimados.

A possibilidade de haver a má condução dessa tutela coletiva por qualquer das entidades legitimadas é real e não deve ser desconsiderada. O titular da ação pode vir a revelar-se negligente e até incompetente no exercício do seu mister. As instituições formam-se de homens e mulheres, os quais, por natureza, são falíveis e não se deve desprezar de forma alguma a ideia de um controle da adequada condução em concreto da tutela coletiva de direitos, inclusive com olhos nos efeitos pretendidos no instituto inspirador.

Isso, porém, não se confunde com o controle prévio de aptidão que se faz no direito norte-americano, nem com exame de legitimidade ativa, condição para o ajuizamento de uma ação coletiva no Brasil, cuja aferição é dada por critérios objetivamente definidos na lei e na Constituição. Trata-se da impossibilidade de presumir-se, no sistema brasileiro, relativamente, v.g., à Defensoria e ao Ministério Público, a carência da condição de representante adequado, negando-se com base nisso, a possibilidade de ajuizamento de uma ação coletiva a uma dessas instituições a que a lei atribuiu função institucional de defesa de direitos difusos, coletivos e individuais homogêneos.

Se na prática houver má gestão do processo por um dos legitimados, este fato deverá inspirar, em momento ulterior e diante de circunstâncias concretas, a intervenção do magistrado, de forma a estabelecer salvaguardas aos interesses dos titulares dos direitos mal defendidos, como forma de garantir-lhes o devido processo legal.

Não se deve desprezar, neste contexto, que o legislador brasileiro procurou estabelecer garantias para situações em que a condução da defesa dos direitos de terceiros não tenha sido a melhor. Exemplo disso encontra-se na regra constante do art. 55 CPC, que permite ao terceiro juridicamente interessado numa causa invocar a chamada *exceptio male gesti processus* como forma de reabrir a discussão sobre questões decididas em processo anterior, no qual ele interveio como assistente, mas não pôde influenciar na decisão em razão da atuação do assistido.

Nas ações coletivas para tutela de direitos difusos e coletivos a coisa julgada se estabelece *secundum eventum probationis,* ou seja, conforme o sucesso da prova. Ao estabelecer a possibilidade de que a mesma demanda, antes julgada improcedente por carência de provas, seja proposta em surgindo novos elementos,[27] reconhece a lei brasileira que o legitimado

---

[27] Lei 8.078/90, arts. 103, I e II.

ativo para o processo *pode não ter sido capaz de fazer surgir cognição exauriente, e que essa deficiente participação não pode prejudicar a comunidade ou a coletividade.*[28]

Para os direitos individuais homogêneos defendidos sob forma coletiva fala-se em coisa julgada *erga omnes secundum eventum litis.* Opera-se quando a sentença for de procedência.[29] Como observam Marinoni e Arenhart, isso não significa dizer que, quando julgada improcedente a ação para tutela de direitos individuais homogêneos, não fará ela coisa julgada material. *Em verdade, no caso de improcedência, o que não existirá é a coisa julgada "erga omnes", expandida para beneficiar as vítimas e seus sucessores.*[30] Aqueles que tenham participado da ação, como os legitimados ativos ou que hajam intervindo na condição de litisconsortes, serão alcançados pela imutabilidade da decisão.

Embora tais salvaguardas não estejam exclusivamente relacionadas à representação adequada, por serem mais genéricas, podem elas ser invocadas como forma de abstrair-se o particular dos efeitos de uma decisão em anterior processo coletivo no qual seus interesse não tenham sido bem representados.

É verdade que sobre o tema o ordenamento jurídico-processual coletivo pátrio ainda anda a tímidos passos. Esta garantia, assim como a intervenção do Ministério Público como *custos legis* nas ações coletivas, poderá ser insuficiente para compensar eventuais negligências ou insuficiências na atuação dos entes legitimados. Exemplo disso é que nem sempre uma má condução acarreta a improcedência por falta de provas, podendo conduzir, por exemplo, a uma condenação desproporcional ao dano a reparar, com evidentes prejuízos à coletividade substituída.

O juiz brasileiro não somente pode como tem o dever de avaliar a adequada representação dos interesses do grupo em juízo. Segundo Gidi,[31] cabe a ele, propiciar, inclusive, a substituição do representante e, caso não obtenha êxito, deve extinguir o processo sem julgamento do mérito.[32]

Mas não poderá presumir, *ab initio*, a inaptidão do substituto processual previsto na lei.

---

[28] MARINONI, Luiz Guilherme; ARENHART, Sérgio Cruz. Manual do Processo de Conhecimento. 4. ed. São Paulo: Revista dos Tribunais, 2005, p. 730.

[29] Lei 8.078, art. 103, III.

[30] MARINONI, Luiz Guilherme; ARENHART, Sérgio Cruz. *Op. cit.* p. 731-732.

[31] GIDI, Antonio. *A Representação Adequada nas Ações Coletivas Brasileiras*: Uma Proposta, *in* REPRO, vol. 108, 2020, p. 61-70

[32] A hipótese não é nova no direito brasileiro. A Lei da Ação Popular sempre trouxe a possibilidade da substituição do autor que desistisse da ação ou desse motivo à chamada absolvição de instância, o que hoje corresponde à extinção sem julgamento do mérito por falta de providências a cargo do autor. (Lei 4.717/65, art. 9º).

Não se pode afirmar, portanto, que o instituto da representação adequada seja inaplicável no âmbito do direito brasileiro ou mesmo nas ações coletivas. Deve, sim, ser invocado como forma de garantir o devido processo legal e o próprio acesso à Justiça, evitando prejuízos que possam decorrer de uma negligente ou incapaz defesa coletiva de direitos. Mas nada disso configura controle prévio de aptidão para propor uma ação coletiva.

O controle da pertinência temática, relativamente aos demais legitimados ativos à tutela coletiva, e a avaliação dos pressupostos de constituição das associações são aquilo que, no Brasil, mais se assemelha a um controle prévio de representação adequada.[33] Ainda assim, o objetivo, em casos tais, é aferir se os pressupostos à legitimidade, definidos pela própria lei, estão presentes. São condições objetivas de procedibilidade, que não deixam espaço à certificação nos moldes das *class actions*.

2.4. A reserva de legitimidade entre Defensoria Pública e Ministério Público: um pseudoproblema de representação adequada

Estabelecidas as premissas acima, impõe-se indagar: há, de fato, um problema de representação adequada, quando se controverte, inclusive em sede de ação direta de inconstitucionalidade, sobre a possibilidade do manejo de ação civil pública pela Defensoria Pública, em concorrência com o Ministério Público?

A resposta à indagação é negativa. Trata-se de um pseudoproblema.

Ainda que se possa questionar a conveniência da atribuição desses novos instrumentos de defesa dos direitos dos necessitados a uma instituição ainda pouco estruturada, e mesmo que se possa reconhecer que a legitimação concorrente traz a possibilidade de trilharem as instituições caminhos diferentes e até mesmo contraditórios na tutela dos interesses da coletividade, estes são argumentos de natureza pragmática e consequencial, não jurídicos, não pertencentes ao âmbito do controle de constitucionalidade, cujo acolhimento ou rejeição é reservado ao legislador.

O mesmo deve ser dito quanto à maior ou menor estrutura já estabelecida, para que se decida sobre agregar ou não novas atribuições à Defensoria Pública. O fato é que a opção é do legislador, que, no caso, pressupôs a condição da instituição bem desempenhar tais funções em

---

[33] Luiz Guilherme Marinoni e Sérgio Cruz Arenhart afirmam que ao autorizar a propositura das ações coletivas às associações legalmente constituídas há pelo menos um ano e que incluam entre seus fins institucionais a defesa dos interesses específicos, o direito brasileiro seguiu, com inúmeras adaptações, critério semelhante ao da representatividade adequada. "Estabelecidos os critérios da 'representatividade adequada' em lei, cumpre ao magistrado avaliar, no caso concreto, o preenchimento de tais condições, outorgando então à associação a legitimidade para a postulação do interesse". (MARINONI, Luiz Guilherme; ARENHART, Sérgio Cruz. *Op. cit.*, p. 714)

favor dos hipossuficientes, ainda que necessário dotá-la de melhores meios.

A representação adequada, como visto, não pode ser confundida com a legitimidade ativa; esta é estabelecida e delimitada pela lei e, em boa medida, pela Constituição; aquela é presumida em relação aos que detêm a legitimidade no regime brasileiro. Pretender transpor este instituto, para aquilatar legitimidade, exigiria um contexto diferente, em que, como nos EUA, pudesse apresentar-se como autor de uma *class action* qualquer pessoa que fosse detentor de um direito subjetivo titularizado também por um grupo de pessoas ligadas por uma mesma circunstância de fato ou de direito.

Lá, garantir que o autor tenha capacidade de bem desempenhar o seu mister é uma preocupação que se estabelece já por ocasião do ajuizamento. Aqui, os possíveis autores estão previamente arrolados em lei, e todos os órgãos e entidades que ali figuram detêm capacidade e instrumental para bem conduzir uma defesa coletiva de direitos.

Se a Defensoria Pública está autorizada pela lei ao uso dos instrumentos judiciais de tutela coletiva de direitos, é um falso problema perquirir, *a priori*, da sua capacidade de representação adequada. Esta avaliação, ainda que fosse feita empiricamente, não inviabilizaria o manejo da ação civil pública pela Defensoria Pública. Produziria, no máximo, elementos de convicção a serem apresentados ao legislador na tentativa de reverter sua presunção em sentido contrário e provocar eventual alteração legislativa.

E se não há, de fato, um problema de representação adequada, se a questão da legitimidade da tutela coletiva de direitos pela Defensoria Pública já vem sendo equacionada no âmbito da jurisprudência, que estabelece, pouco a pouco os contornos do seu alcance ao relacionar a defesa coletiva pela instituição à circunstância de serem alcançadas pessoas hipossuficientes pelos efeitos de uma sentença em ação coletiva, então qual é o real fator motivador da divergência estabelecida na doutrina, entre as duas instituições tão essenciais à Justiça, e que rendeu, inclusive, o ajuizamento de uma ação direta de inconstitucionalidade?

Esta é a pergunta que se deve fazer. Sua resposta, entretanto, não demanda um exame de constitucionalidade.

3. Articular e planejar. Instrumentos de potencialização e racionalização dos recursos

Superada a questão da representação adequada, os demais argumentos que vêm gerando divergência, em verdade, não são argumentos jurídicos. Dizem com as eventuais inconveniências da atribuição concorrente da legitimidade ativa para a propositura de ações coletivas ao Ministério Público e à Defensoria Pública, riscos da atuação paralela ou mesmo contraditória, desperdício de esforços e recursos, eventuais conflitos institucionais e insuficiência de estrutura para atendimento concomitante, em tutela individual, dos direitos dos hipossuficientes.

Mas tais dificuldades não são novas nem são exclusivas da Defensoria Pública. No âmbito da tutela coletiva de direitos, a hipótese de colegitimação, no modelo que até hoje existe, remonta à Lei da Ação Civil Pública (Lei 7.347/85). A diferença é que a Defensoria Pública, quando da edição da norma, ainda não estava constituída, portanto não constava do rol de possíveis autores. Lá já figuravam, por outro lado, juntamente com o Ministério Público, os entes políticos, as entidades da administração indireta e as associações. Sempre se falou em legitimidade ativa concorrente e disjuntiva.[34]

A preocupação de hoje talvez se deva ao maior alcance da legitimação atribuída à Defensoria Pública, frente aos demais, uma legitimidade que talvez mais se aproxime das funções que há pouco tempo eram desempenhadas com maior ênfase pelo *Parquet* em matéria de tutela judicial coletiva, mas que já não eram exclusivas.

Tais possíveis inconveniências, entretanto, não são intransponíveis nem comprometem a validade das normas legitimadoras. Além de serem plenamente administráveis, se houver disposição para o planejamento conjunto de ações, poderão, em verdade, constituir-se em fatores determinantes do aperfeiçoamento e da potencialização dos efeitos das ações de ambas as instituições, com definição de linhas comuns, não comuns e prioritárias de atuação, com economia de tempo e de recursos e com grandes ganhos para toda a coletividade.

Neste caminho, é fundamental que tais instituições disponham-se ao trabalho conjunto e colaborativo, que as dificuldades sejam compreendidas e superadas sob o influxo da corresponsabilidade, abandonando-se o tradicional discurso da culpa, que tanto desvia o foco de atenção para o passado, ao invés de direcioná-lo para o futuro.

Esta união de esforços contribuirá para que novas violações de direitos não ocorram, para que ações e políticas públicas sejam programadas e induzidas no sentido de dar concretude aos direitos fundamentais, racionalizando-se os recursos disponíveis.

Caberá aos agentes de ambas instituições a busca do entendimento e da superação dos discursos corporativistas, que defendem a reserva de

---

[34] A legitimação dos entes "para propor ação coletiva em defesa de quaisquer interesses difusos, coletivos e individuais homogêneos é concorrente e disjuntiva, vale dizer, independe da participação dos outros" (MARINONI, Luiz Guilherme; ARENHART, Sérgio Cruz. *Op. cit.*, p. 714).

atribuições, provocam perplexidades entre os destinatários das ações e que em nada contribuem para a efetiva defesa dos direitos da coletividade.

A definição de metas de caráter nacional, a capacidade de escuta ativa recíproca entre os membros do *Parquet e os defensores*, o aprendizado institucional a partir das experiências positivas e negativas já vivenciadas no âmbito da tutela coletiva de direitos, para que os esforços sejam direcionados a situações efetivamente carentes dessa via de atuação, são ferramentas essenciais neste caminho, que já começou a ser trilhado.[35]

Que não se olvide o imenso potencial de solução de conflitos pela via extrajudicial, onde os instrumentos colocados pela lei especialmente à disposição do Ministério Público devem ser sempre sopesados antes da judicialização das questões, seja pela Defensoria Pública, seja pelo próprio Ministério Público, seja pelos demais colegitimados.

E como no Brasil a fixação de responsabilidades e a definição de novos desafios às instituições, como regra, antecedem o seu adequado planejamento operacional e financeiro, é de se esperar que, criada a necessidade, pela atribuição de mais essa missão à Defensoria Pública, venha, ainda que a reboque, a sua tão esperada estruturação, dívida já histórica do Poder Executivo dos estados e da União.

Finalmente, é fundamental que se integre a este planejamento conjunto o próprio Poder Judiciário, de forma a que sejam priorizadas as soluções das ações coletivas, seja pelos seus potenciais efeitos, seja pela importância do constante *feedback* entre os agentes do sistema na definição dos lindes da judicialização da tutela coletiva de direitos. Assim como já foram estabelecidas pelo Poder Judiciário metas de julgamento para as ações civis por improbidade administrativa, é importante que novos desafios se somem, priorizando-se, também, o julgamento das ações coletivas em geral.

Em se tratando especialmente dos direitos fundamentais de segunda e terceira dimensões, é urgente um maior concerto de ações e metodologias entre as instituições do Sistema de Justiça. Tais espécies de garantias exigem uma gama de atitudes positivas do Estado e da própria sociedade, de natureza prestacional, necessárias à realização do direito à igualdade e dos direitos de solidariedade. É neste imenso espaço que se espera do Ministério Público e da Defensoria Pública a necessária

---

[35] Iniciativas de ação integrada entre Defensoria Pública e Ministério Público já despontam pelo país. Exemplo disso foi o recente ajuizamento, em litisconsórcio, de ação civil pública por ambos os órgãos no Espírito Santo, com o objetivo de compelir aquela unidade da federação a criar e manter programas e vagas de execução de medida socioeducativa de semiliberdade na Grande Vitória, entre outras medidas.

maturidade para o mais pleno e eficaz desempenho de suas nobres missões constitucionais.

Conclusão

Este trabalho procurou trazer à reflexão os motivos que vêm ensejando discussões sobre a ainda recente atribuição à Defensoria Pública da possibilidade do manejo de ações coletivas para a defesa de direitos difusos, coletivos e individuais homogêneos.

Buscou-se demonstrar que não é razoável a transposição do instituto da representação adequada, presente nas *class actions* do sistema norte-americano, seja para fins de exame de constitucionalidade, seja para avaliação, *a priori*, da possibilidade de ajuizamento de ações coletivas pela Defensoria Pública no Brasil.

O *controle judicial prévio* da representação adequada não é compatível com a opção feita pelo legislador nacional de predefinir os possíveis legitimados a operarem uma ação coletiva, presumindo-lhes a capacidade técnica, jurídica e operacional para o bom desempenho de suas funções.

Com raízes no devido processo legal, a representação adequada tem por objetivo garantir que aqueles que terão seus direitos patrocinados sejam devidamente representados. É que, presente no sistema norte-americano a possibilidade de um integrante de grupo de pessoas atuar em juízo para defender-lhes direito comum, perquirir previamente da sua condição efetiva para fazê-lo, sob vários aspectos, inclusive o do conflito de interesses, é a forma de salvaguarda encontrada em favor daqueles que serão representados, diante do risco de serem privados de seus bens sem terem sido autorizados ao exercício do chamado *right to be heard*.

Não se pretendeu, aqui, avaliar se o sistema brasileiro é melhor ou pior que o norte-americano. O fato é que neste ponto eles são bastante diferentes.

Mais que isso, ao lado da presunção de que instituições constitucionalmente delegatárias de funções institucionais de alta relevância, como o Ministério Público e a Defensoria Pública, são aptas a fazer a defesa coletiva de direitos em juízo, a legislação pátria trabalha com mecanismos próprios de compensação. A relativização da coisa julgada é autorizada, aqui, em termos mais abrangentes que os previstos para as *class actions*, quando se estabelece, por exemplo, a garantia de que nos direitos individuais homogêneos a sentença só fará coisa julgada *erga omnes* quando procedente e que nos direitos difusos e coletivos, haverá possibilidade de nova propositura da ação se a eventual improcedência houver decorrido da insuficiência de provas. É prevista, ainda, a atuação do Ministério Público como *custos legis*.

Viu-se, é bem verdade, que a flexibilização da coisa julgada e o próprio monitoramento do Ministério Público nem sempre serão aptos, isoladamente, para compensar os eventuais prejuízos de uma mácondução da defesa de direitos pela via coletiva. Mas isso pode ocorrer através da atividade de qualquer legitimado e reclama outro tipo de solução, inspirada, também, no instituto da representação adequada, mas que não é aplicável *a priori*, e sim no curso do processo, diante da constatação, *em concreto e não por presunção*, de eventual negligência ou incapacidade no exercício da tutela efetiva dos direitos coletivos, difusos ou individuais homogêneos pela entidade instauradora.

Daí decorre que a indagação sobre a legitimidade da Defensoria Pública ao promover uma ação coletiva é um falso problema de representação adequada. A adequação, aqui, é presumida nas hipóteses legais para todas aquelas situações de defesa sob forma coletiva de direitos difusos, coletivos e individuais homogêneos, quando pessoas hipossuficientes possam ser beneficiadas pelos efeitos da sentença.

Restam como argumentos contrários ao exercício dessa relevante função que lhe foi recentemente atribuída, questões de ordem pragmática, vinculadas ao juízo de conveniência do legislador, e que, embora relevantes no plano da efetividade da atuação das instituições colegitimadas, não se resolvem por discussões de ordem jurídica, senão por alternativas de planejamento e gestão conjunta de ações, a serem empreendidas com maturidade e responsabilidade.

Ministério Público e Defensoria Pública são instituições irmãs, essenciais à Justiça, com estatura constitucional e estrutura normativa que lhes permitem, mais que isso, lhes exigem um trabalho integrado em favor do mais amplo acesso à Justiça por todos os que da Justiça dependem, devendo direcionar seus esforços e recursos ao desempenho cada vez mais fluido e eficaz de suas nobres, complexas e desafiadoras missões.

Para tanto, fundamental que atuem seus agentes de forma proativa, desvinculados dos discursos corporativos, com foco em resultados e com plena convicção da sua corresponsabilidade enquanto veículos indutores que são do mais amplo acesso de todos à Justiça.

— VI —

A ação coletiva passiva
e os seus pontos controvertidos

GABRIEL WEDY[1]
GISELE MAZZONI WELSCH[2]

Sumário: Introdução; 1. Fundamentos da ação coletiva passiva; 2. Legitimidade extraordinária na ação coletiva passiva; 2.1. A questão da inafastabilidade do controle jurisdicional; 2.2. Os sindicatos; 2.3. As ações coletivas passivas incidentes ou derivadas e o Ministério Público; 2.4. A questão dos entes despersonificados (associações de fato); 2.5. A questão das associações legalmente constituídas; 3. Os limites subjetivos da coisa julgada na ação coletiva passiva; 3.1. Direitos difusos e coletivos em sentido estrito; 3.2. Direitos individuais homogêneos; 3.3. Ação duplamente coletiva; 4. A ação coletiva passiva segundo a doutrina de Antônio Gidi; Conclusão.

Introdução

O Projeto de Lei n° 5.139, de 2009, disciplina a ação civil pública cabível para a tutela dos interesses difusos, coletivos ou individuais homogêneos,[3] abrangendo todo seu procedimento. Todavia, tal projeto omitiu-se

---

[1] Juiz federal. Doutorando e Mestre em Direito pela PUC/RS. Visiting Scholar pela Columbia Law School. Professor de na ESMAFE/RS, AJURIS e na especialização de Direito Ambiental da Unisinos. Ex-Presidente da Associação dos Juízes Federais do Brasil - AJUFE e da Associação dos Juízes Federais do Rio Grande do Sul - AJUFERGS/ESMAFE.

[2] Advogada; Mestre e Doutoranda em Direito (Teoria Geral da Jurisdição e Processo) pela PUCRS; Especialista em Direito Público pela PUCRS; Professora dos cursos de graduação e pós-graduação *lato sensu* do Centro Universitário Metodista IPA; Professora Convidada de Cursos de pós-graduação *lato sensu* em Direito Processual Civil.

[3] Conforme o art. 2° do projeto, os direitos difusos são os "de natureza indivisível, de que sejam titulares pessoas indeterminadas, ligadas por circunstâncias de fato" (inciso I); os direitos coletivos em sentido estrito, por sua vez, são os "de natureza indivisível, de que seja titular grupo, categoria ou classe de pessoas ligadas entre si ou com a parte contrária por uma relação jurídica base" (inciso II); finalmente, os individuais homogêneos são "assim entendidos aqueles divisíveis, decorrentes de origem comum, de fato ou de direito, que recomendem tutela conjunta a ser aferida por critérios como facilitação do acesso à Justiça, economia processual, preservação da isonomia processual, segurança jurídica ou dificuldade na formação do litisconsórcio" (inciso III). (BRASIL. *Projeto de Lei*

quanto a uma forma de tutela altamente relevante na atualidade: a ação coletiva passiva. Trata-se de ação promovida contra grupo, categoria ou classe de pessoas.[4]

A ação coletiva passiva inspira-se no instituto da *defendant class action* do sistema norte-americano[5] e, apesar da jurisprudência brasileira[6] estar reconhecendo o cabimento da referida ação, não existem dispositivos que disciplinem sua admissibilidade, tampouco que tratem das problemáticas dela decorrentes, como a da legitimidade do representante para figurar no pólo passivo da demanda e a do regime da coisa julgada. Estes os principais pontos a serem abordados: a admissibilidade da ação coletiva passiva no ordenamento jurídico brasileiro; a representatividade adequada da coletividade para fins de figurar no pólo passivo da demanda; os limites subjetivos da coisa julgada.

Diante deste cenário, pretende-se no artigo, também analisar a doutrina professada por Antonio Gidi, autor do primeiro Anteprojeto de Processo Coletivo no Brasil, especificamente sobre a ação coletiva passiva e as vicissitudes e dificuldades enfrentadas pela doutrina e a jurisprudência pátria para fazer com que esta espécie de ação coletiva tenha viabilidade entre nós.

O estudo tem o escopo de traçar breves notas acerca do instituto da ação coletiva passiva e demonstrar a importância de ser ele inserido no ordenamento jurídico brasileiro como tutela expressamente prevista.

---

n.º 5.139, de 2009. Disciplina a ação civil pública para a tutela de interesses difusos, coletivos ou individuais homogêneos, e dá outras providências. Disponível em: www.câmara.gov.br. Acesso em 01 out. 2009).

[4] Fredie Didier Jr. assim conceitua ação coletiva passiva: "Há ação coletiva passiva quando um agrupamento humano é colocado como sujeito passivo de uma relação jurídica afirmada na petição inicial. Formula-se demanda *contra* uma dada coletividade". (DIDIER JR., Fredie. *Situações Jurídicas Coletivas Passivas*. In: www.processoscoletivos.net. Acesso em: 13 out. 2009).

[5] VIGLIAR, José Marcelo Menezes. Defendant Class Action Brasileira: Limites Propostos para o "Código de Processos Coletivos". In: GRINOVER, Ada Pellegrini, MENDES, Aluisio Gonçalves de Castro e WATANABE, Kazuo (coords.). *Direito Processual Coletivo e o anteprojeto de Código Brasileiro de Processos Coletivos*. São Paulo: Revista dos Tribunais, 2007, p. 310.

[6] Fredie Didier Jr. traz, em seu artigo, um caso concreto, para fins de exemplificação, ocorrido no Brasil, que aqui será transcrito: "Em 2008, alunos da Universidade de Brasília invadiram o prédio da Reitoria, reivindicando a renúncia do Reitor, que estava sendo acusado de irregularidades. A Universidade ingressou em juízo, pleiteando a proteção possessória do seu bem. Trata-se de ação coletiva passiva: propõe-se a demanda em face de uma coletividade de praticantes de ilícitos. A Universidade afirma possuir direitos individuais contra cada um dos invasores, que teriam, portanto, deveres individuais homogêneos. Em vez de propor uma ação possessória contra cada aluno, 'coletivizou' os conflitos, reunindo os diversos 'deveres' em uma ação coletiva passiva. A demanda foi proposta contra o órgão de representação estudantil (Diretório Central dos Estudantes), considerado, corretamente, como o 'representante adequado' do grupo. Neste caso, está diante de uma pretensão formulada contra deveres individuais homogêneos: o comportamento ilícito imputado a todos os envolvidos possui origem comum. Em vez de coletividade de vítimas, como se costuma referir aos titulares dos direitos individuais homogêneos, tem-se aqui uma coletividade de autores do ato ilícito". (DIDIER JR., Fredie. *Situações Jurídicas Coletivas Passivas*. op. cit.)

Procura-se, portanto, discutir os limites impostos pela falta de previsão legal do instituto e demonstrar a sua possível implantação em nosso ordenamento, a partir da análise de casos concretos e de suas peculiaridades.

1. Fundamentos da ação coletiva passiva

A falta de expressa previsão da ação coletiva passiva, em princípio, impediria a sua aplicabilidade no ordenamento jurídico brasileiro. Todavia, existem "aberturas" no ordenamento jurídico que permitem a sua utilização. O art. 6º do Código de Processo Civil (CPC) é o desencadeador desta possibilidade. Ele dispõe que: "Ninguém poderá pleitear, em nome próprio, direito alheio, salvo quando autorizado por lei".[7]

Deste dispositivo extrai-se sua regra geral, que é a da legitimidade ordinária, segundo a qual o titular do direito é que litigará em seu nome, defendendo direito próprio. Para esta regra há exceção, conforme bem prevê o artigo supracitado. Trata-se da legitimidade extraordinária (ou substituição processual) em que, excepcionalmente, quando autorizado por lei, o litigante não será o titular do direito, mas pessoa que o substituirá na relação processual.[8]

Surge desta legitimação extraordinária uma ponderação, ainda em sede de discussão, mas fundamental para a compreensão do tema. O legislador, ao dispor "salvo quando autorizados por lei", não esclareceu o real significado do vocábulo "lei". Em decorrência disto, duas correntes surgiram para tentar solucionar o questionamento existente, cada qual com sua argumentação e justificativa.[9]

A primeira, defendida por Hugo Nigro Mazzilli[10] e Pedro da Silva Dinamarco,[11] interpreta o vocábulo "lei" em sentido restrito. Para os defensores desta linha, "lei" deve ser interpretada como sinônimo de "texto legal". Somente aquilo que está expresso no ordenamento jurídico é

---

[7] BRASIL. *Lei n.º 5.869 de 11 de janeiro de 1973*. Institui o Código de Processo Civil. Disponível em: <http://www.planalto.gov.br/ccivil_03/leis/l5869.htm>. Acesso em: 07 nov. 2013.

[8] MAIA, Diogo Campos Medina. *Ação Coletiva Passiva*. Rio de Janeiro: Editora Lumen Juris, 2009, p. 49.

[9] MAIA, Diogo Campos Medina. *Ação Coletiva Passiva*. op cit., p. 69-70.

[10] MAZZILLI, Hugo Nigro. A defesa dos interesses difusos em juízo: meio ambiente, consumidor e outros interesses difusos e coletivos. 17. ed. São Paulo: Saraiva, 2004.

[11] DINAMARCO, Pedro da Silva. Las acciones colectivas pasivas en el código modelo de procesos colectivos para iberoamérica. In: GIDI, Antonio e MAC-GREGOR, Eduardo Ferrer (coord.), *La tutela de los derechos difusos, colectivos e individuales homogêneos:* hacia um código modelo para Ibero-América. México: Porrúa, 2003, p. 132, n.º 4 apud MAIA, Diogo Campos Medina. *Ação Coletiva Passiva*. op cit., p. 70.

passível de utilização pelos operadores do direito. O que não estiver ali constante não é uma como forma de tutela admissível.

Diante desta visão mais hermética e limitada, a inexistência de previsão expressa afastaria qualquer possibilidade de se fundamentar a ação coletiva passiva no nosso ordenamento jurídico. A falta de previsibilidade, somada à dura interpretação do vocábulo, impediria a sua utilização e, consequentemente, limitaria o acesso à justiça de muitos desabrigados juridicamente.[12]

Exemplo desta limitação é a tentativa judicial da restauração ao *status quo ante* nas invasões de propriedades por parte do Movimento dos Sem-Terra (MST). Seus integrantes estariam respaldados pela legislação omissa, ocupando indefinidamente as propriedades invadidas. O proprietário da terra não poderia entrar com ação própria devido à impossibilidade de individualização de cada integrante do grupo organizado e, por sua vez, à inadmissibilidade de existência de legitimados extraordinários no polo passivo da ação.[13]

Solução para isto é buscada na segunda corrente de interpretação do termo "lei". Seus seguidores, como José Carlos Barbosa Moreira[14] e Nelson Nery Junior,[15] asseveram que o vocábulo "lei" deve ser interpretado de forma mais ampla, dando-se uma conotação de "sistema legal". Não é apenas o que está escrito expressamente que é tido por regra. Todo o ordenamento sistêmico[16] deve ser posto em evidência e utilizado para a mais adequada aplicação do direito.

Sob este ponto de vista, a substituição processual (legitimidade extraordinária) é possível ainda que não prevista expressamente no texto legal. Ela decorre da estreita relação da legislação infraconstitucional com a Constituição Federal.[17] É na Carta Magna, inclusive, que está o maior fundamento da ação coletiva passiva: o *princípio da inafastabilidade*

---

[12] MAIA, Diogo Campos Medina. *Ação Coletiva Passiva*. op cit., p. 73.

[13] Idem.

[14] BARBOSA MOREIRA, José Carlos. A ação popular no direito brasileiro como instrumento de tutela jurisdicional dos chamados "interesses difusos". In: *Temas de direito processual*. São Paulo: Saraiva, 1977, p. 111 apud MAIA, Diogo Campos Medina. *Ação Coletiva Passiva*. op cit., p. 71.

[15] NERY JUNIOR, Nelson. *Princípios do processo civil na constituição federal*. 8. ed.rev.ampl.atual. São Paulo: Revista dos Tribunais, 2004, p. 155.

[16] Relativamente à questão, cita-se o conceito de sistema jurídico esposado por Juarez Freitas em sua obra *A Interpretação Sistemática do Direito*: "(...) entende-se apropriado conceituar o sistema jurídico como uma rede axiológica e hierarquizada topicamente de princípios fundamentais, de normas estritas (ou regras) e de valores jurídicos cuja função é a de, evitando ou superando antinomias em sentido lato, dar cumprimento aos objetivos justificadores do Estado Democrático, assim como se encontram consubstanciados, expressa ou implicitamente na Constituição". (FREITAS, Juarez. *A Interpretação Sistemática do Direito*. 4ª ed. São Paulo: Malheiros, 2004. p. 54).

[17] NERY JUNIOR, Nelson. *Princípios do processo civil na constituição federal*. op. cit., p. 25.

do controle jurisdicional (art. 5º, inciso XXXV, da CF).[18] Em não sendo aceita a ação coletiva passiva por interpretação restritiva do vocábulo "lei", violar-se-ia, conforme já dito, o núcleo essencial do princípio do livre acesso ao Poder Judiciário.[19]

A interpretação limitada da legislação, que exclui a ação coletiva passiva de nosso ordenamento, desconsidera as zonas limítrofes e incompletas destas. Como afirma Hart:

> É típico da condição humana [e também, portanto, da legislação] que labutemos com duas desvantagens interligadas sempre que procuramos regulamentar, antecipadamente e sem ambiguidade, alguma esfera de comportamento por meio de um padrão geral que possa ser usado sem orientação oficial posterior em ocasiões específicas. A primeira desvantagem é nossa relativa ignorância dos fatos; a segunda é a relativa imprecisão de nosso objetivo. Se o mundo no qual vivemos tivesse apenas um número finito de características, e estas, juntamente com todas as formas sob as quais podem se combinar, fossem conhecidas por nós, poderíamos então prever de antemão todas as possibilidades. Poderíamos criar normas cuja aplicação a casos particulares nunca exigiria uma escolha adicional. Poder-se-ia tudo saber e, como tudo seria conhecido, algo poderia ser feito em relação a todas as coisas e especificado antecipadamente por uma norma. Esse seria um mundo adequado a uma jurisprudência mecânica.[20]

No mesmo sentido, é a análise tópico-sistemática proposta por Canaris. A tópica, perante o pensamento sistemático, possui uma função complementadora e exprime a polaridade dos valores jurídicos mais elevados. Ela representa o processo adequado para um problema singular formulado o mais estritamente possível ou uma argumentação de equidade, orientada para o caso concreto. As lições de Canaris fazem cair por terra a doutrina defensora de um positivismo restrito. Nestes termos irrebatíveis:

> Já disse que os pensamentos tópico e sistemático não são opostos exclusivistas, mas antes se complementam mutuamente. Assim, eles não estão, como talvez possa ter resultado das considerações feitas até aqui, isolados um frente ao outro, antes se interpenetrando mutuamente. Assim, também quando à tópica seja conferida a primazia, não se torna a sistemática totalmente sem sentido. Isto fica bem patente no círculo problemático primeiro referido, portanto naqueles casos de lacunas nos quais o direito positivo não contenha valorações para a integração: a tópica nada mais é aqui do que um meio auxiliar tratando-se então de substituir o mais depressa possível os inseguros tópicos por claras valorações, isto é, de determinar sistematicamente a resolução.[21]

---

[18] Art. 5º, XXXV da CF: "a lei não excluirá da apreciação do Poder Judiciário lesão ou ameaça a direito". (BRASIL. *Constituição da República Federativa do Brasil de 1988*. Disponível em: <http://www.planalto.gov.br/ccivil_03/Constituicao/Constituicao.htm>. Acesso em: 08 nov. 2013).

[19] MAIA, Diogo Campos Medina. *Ação Coletiva Passiva*. op cit., p. 73.

[20] HART. H.L.A. *O conceito de direito*.Traduzido por Antônio de Oliveira Sette - Câmara. São Paulo: Editora Martins Fontes, 1999. 165-166.

[21] CANARIS. Claus-Wilhelm. *Pensamento Sistemático e Conceito de Sistema na Ciência do Direito*. Tradução: A. Menezes Cordeiro. 3ª. ed. Lisboa: Fundação Calouste Gulbenkian, 2002. p. 273.

Neste exato desiderato, Larenz, ao tratar da importância da jurisprudência, e do pensamento de Josef Esser, para além do positivismo, refere que:

> Um dos primeiros a acentuar, ao arrepio de um positivismo legalista estreito, a atividade criadora da jurisprudência, a sua participação, na permanente conformação e desenvolvimento do Direito que se vai por si continuamente realizando, a *law in action*, foi Josef Esser. Onde quer que a jurisprudência transcenda os quadros traçados pela lei apelará necessariamente a pensamentos jurídicos gerais ou princípios que retira ou pretende retirar da própria lei...Na verdade tais "pensamentos jurídicos gerais" seriam enquanto "princípios" eficazes independentemente da lei. Justificam-se a partir da natureza das coisas ou da instituição em causa e constituem uma peça funcionalmente necessária de cada solução particular que pertença ao mesmo círculo problemático relativamente ao qual revelam-se pertinentes.[22]

No âmbito do direito norte-americano, em sua polêmica obra *"A matter of interpretation"*, o *Justice* Scalia defende que o textualismo não deve ser confundido com o chamado construcionismo, uma forma degradada de textualismo que traz uma teoria inteira de hermenêutica constitucional em descrédito. Salienta que não é um construcionista estrito, e ninguém, segundo Scalia, deveria sê-lo, embora ainda fosse melhor do que um não textualista. Salienta, noutro sentido, que o texto não deve ser construído estritamente, mas razoavelmente, para conter tudo o que ele significa.[23] De modo que mesmo para Scalia, um originalista, a interpretação, ainda que literal, deve ser razoável. Não é razoável, portanto, nem mesmo dentro de uma visão originalista, tomada emprestada da hermenêutica constitucional, banir do ordenamento jurídico brasileiro a ação coletiva passiva por falta de disposição expressa no ordenamento processual civil.

Com efeito, a interpretação com base em um silogismo, de caráter positivista, embasada em uma premissa maior, uma premissa menor e um resultado, não corresponde a um sistema jurídico composto de princípios, valores e normas. No sentido da importância dos juízes, como garantidores dos direitos, afirma Zagrebelsky:

> Hoy, ciertamente, los jueces tienen una gran responsabilidad en la vida del derecho desconocida en los ordenamientos del Estado de derecho legislativo, Pero los jueces no son los señores del derecho en el mismo sentido en que lo era el legislador en el pasado siglo. Son más exactamente los garantes de la compejidad estructural del derecho en el Estado

---

[22] LARENZ, Karl. Metodologia da ciência do direito. Tradução de José Lamego. 4ª ed. Lisboa: Fundação Calouste Gulbenkian, 2005.p. 191.

[23] Para Scalia: Textualism should not be confused with so-called strict constructionism, a degraded form of textualism that brings the whole philosophy into disrepute. I am not a strict constructionist, and no one ought to be – though better that, I suppose, than a nontextualist. A text should not be construed strictly, and it should not be construed leniently; it should be construed reasonably, to contain all that it fairly means. [SCALIA, Antonin. *A matter of interpretation*. Federal Courts and the law. New Jersey: Princeton University Press, 1997.p. 23.]

constitucional, es decir, los garantes de la necesaria y dúctil coexistência entre ley, Estado constitucional y qualquier "señor del derecho" hay una radical incompatibilidad. El derecho no es un objeto propiedad de uno, sino que deve ser objeto del cuidado de todos.[24]

Neste diapasão, afirma Diogo Campos Medina Maia: "Em nenhuma hipótese, poderá ser integralmente excluída do ordenamento jurídico a possibilidade de controle jurisdicional, o que poderia ocorrer no caso de se atribuir ao vocábulo *lei* o restrito significado de *texto legal*".[25]

Neste sentido, cabe referir Fredie Didier Jr., que disserta:

> Sucede que a permissão da ação coletiva passiva é decorrência do princípio do acesso à justiça (nenhuma pretensão pode ser afastada da apreciação do Poder Judiciário). Não admitir a ação coletiva passiva é negar o direito fundamental de ação àquele que contra um grupo pretende exercer algum direito: ele teria garantido o direito constitucional de defesa, mas não poderia demandar.[26]

O princípio da inafastabilidade do controle jurisdicional não pode ser violado. Trata-se de princípio constitucional que, inclusive, está inserido dentro do título *direitos e garantias fundamentais* e que, por conseguinte, possui aplicabilidade imediata, conforme preconiza o § 1º do próprio art. 5º: "As normas definidoras dos direitos e garantias fundamentais têm aplicação imediata". As regras fundamentais vinculam, de imediato, as entidades públicas e privadas do Estado brasileiro,[27] devendo haver um respeito instantâneo por parte delas. Aplicam-se as normas aos casos concretos logo que passaram a viger[28] no ordenamento jurídico, sem necessidade de intervenção do legislador,[29] gerando, por conseguinte, os efeitos jurídicos que lhes são inerentes.[30]

A incidência direta do princípio garante que o Poder Judiciário não seja excluído da análise do caso concreto em havendo lesão ou ameaça a direito, ainda que não exista regra específica regulamentando o procedimento a ser seguido.[31] Assim:

> A disposição do § 1º, do art. 5º, da Constituição Federal não apenas confere obrigação de assegurar pela eficácia aos *direitos e garantias* constitucionais previstos, mas também

---

[24] ZAGREBELSKY. Gustavo. *El derecho dúctil. Leyes, derecho y justicia.* Traducción de Marina Gascón. Madrid:Editora Trotta, 1995.

[25] MAIA, Diogo Campos Medina. *Ação Coletiva Passiva.* op cit., p. 73.

[26] DIDIER JR., Fredie. *Situações Jurídicas Coletivas Passivas.* op. cit.

[27] SARLET, Ingo Wolfgang. *A eficácia dos direitos fundamentais.* 6. ed. rev. atual. ampl. Porto Alegre: Livraria do Advogado, 2006, p. 89 e 246.

[28] "[...] a vigência consiste na qualidade da norma que a faz existir juridicamente (após regular promulgação e publicação), tornando-a de observância obrigatória, de tal sorte que a vigência constitui verdadeiro pressuposto da eficácia, na medida em que apenas a norma vigente pode vir a ser eficaz". (SARLET, Ingo Wolfgang. *A eficácia dos direitos fundamentais.* op. cit., p. 244).

[29] Existem discussões quanto a isto, mas que não cabe serem analisadas no presente trabalho. Sobre o assunto, ver SARLET, Ingo Wolfgang. *A eficácia dos direitos fundamentais.* op. cit., p. 275 e ss.

[30] SARLET, Ingo Wolfgang. *A eficácia dos direitos fundamentais.* op. cit., p. 246 e 275.

[31] MAIA, Diogo Campos Medina. *Ação Coletiva Passiva.* op cit., p. 78.

PROCESSOS COLETIVOS

autoriza o Poder Judiciário a remover eventual lacuna decorrente de falta de concretização dos valores por eles estabelecidos.[32]

Levando-se em conta todas essas questões, melhor exegese da norma contida no art. 5º, § 1º, da Constituição é a que parte da premissa de que se trata de norma de cunho inequivocamente principiológico, considerando-a, portanto, uma espécie de mandado de otimização (ou maximização), isto é, estabelecendo aos órgãos estatais a tarefa de reconhecerem a maior eficácia possível aos direitos fundamentais. Portanto, o princípio da inafastabilidade do controle jurisdicional há de ser, obrigatoriamente, respeitado e aplicado, independente da existência expressa de norma legal que permita, *in casu*, a utilização da ação coletiva passiva.

E, para Hamilton, no clássico *The Federalist Papers*, este controle deve ser realizado por juízes independentes. Em clássico ensinamento, refere que "não existe liberdade se o poder de julgar não estiver separado dos Poderes Legislativo e Executivo".[33] Prossegue o escólio, no sentido de que "a independência dos juízes é igualmente um requisito para a guarda da Constituição e dos direitos individuais dos efeitos daqueles maus humores que caracterizam os homens ou de influências de conjunturas particulares".[34]

Oportuno mencionar que o princípio da inafastabilidade do controle jurisdicional, por ocasião da CF/88, foi inserido dentro do capítulo dos direitos e deveres individuais e *coletivos*, o que ressalta sua importância no contexto da defesa dos direitos supraindividuais.[35]

Outro fundamento para a admissível aplicação da ação coletiva passiva, mesmo que não prevista no nosso ordenamento, está calcado em outro princípio constitucional: o *princípio do devido processo legal*. Através dele é que se dará o processamento da ação coletiva passiva respeitando-se, pois, os corolários daí decorrentes: o princípio do contraditório e o da ampla defesa. Serão eles que permitirão ao réu-coletividade ser ouvido no processo e, por conseguinte, defender-se. Então, o devido processo legal e seus corolários devem agir para garantir que os atos processuais sejam efetivados.[36]

---

[32] MAIA, Diogo Campos Medina. *Ação Coletiva Passiva*. op cit., p. 78.

[33] Em memorável passagem no histórico The Federalist Papers, Hamilton refere que "...there is no liberty, if the Power of judging be not separated from the legislative and executive powers". [HAMILTON, Alexander; JAY, John; MADISON, James. *The federalist papers*. 85 Essays in defense of the new Constitution. China: Sweetwater Press, 2010. p. 593]

[34] Hamilton refere que "This independence of the judges is equally requisite to guard the Constitution and the rights of individuals from the effects os those ill humors, wich the arts of designing men, or the influence of particulars conjunctures". [HAMILTON, Alexander; JAY, John; MADISON, James. *The federalist papers*. 85 Essays in defense of the new Constitution. China: Sweetwater Press, 2010. p. 597]

[35] MAIA, Diogo Campos Medina. *Ação Coletiva Passiva*. op cit., p. 85.

[36] Idem, p. 98-99.

Por fim, cumpre referir a existência de outro fundamento que permite a aplicação da ação coletiva passiva no nosso sistema processual. Trata-se do art. 83 do Código de Defesa do Consumidor, o qual é repisado no art. 23 do Projeto Lei 5.139/09.[37] Segundo ele, são cabíveis todas as espécies de ações capazes de propiciar a adequada e efetiva tutela dos direitos e interesses coletivos, não se podendo, consequentemente, olvidar a admissibilidade da ação coletiva passiva nos casos que dela depender. Inclusive, o próprio CDC já regulamentava esta regra, como referido por Ada Pellegrini Grinover:

> Não é outra a conseqüência que se extrai, também, do art. 83 do Código de Defesa do Consumidor, quando assegura que: "para a defesa dos direitos e interesses protegidos por este Código, são admissíveis todas as espécies de ações capazes de propiciar sua adequada e efetiva tutela. Por essas razões, parece incontestável que o sistema brasileiro atinente às demandas coletivas permite que a classe figure no pólo passivo da ação.[38]

A jurisprudência do STJ, neste sentido, criou regra, sem previsão legal expressa, para além do limitado positivismo, no sentido de suspender as ações individuais quando existe o ajuizamento de ação coletiva tratando da mesma matéria.[39] Importa grifar que o STJ assumiu esta posição jurisprudencial fazendo referência ao art. 543-C do CPC, que apesar

---

[37] Art. 23 do PL 5.139/09: "Para a defesa dos direitos e interesses protegidos por esta Lei, são admissíveis todas as espécies de ações e provimentos capazes de propiciar sua adequada e efetiva tutela".

[38] GRINOVER, Ada Pellegrini. Ações Coletivas ibero-americanas: novas questões sobre a legitimação e a coisa julgada. In: *Revista Forense*, v. 98. n° 361, pp. 3-12, maio-junho/02, p. 8.

[39] AGRAVO REGIMENTAL. EMBARGOS DE DECLARAÇÃO. AGRAVO EM RECURSO ESPECIAL. SERVIDOR PÚBLICO. Piso salarial profissional nacional para os profissionais do magistério público da educação básica. *AÇÃO* INDIVIDUAL. Ajuizamento concomitante com *AÇÃO CIVIL PÚBLICA* proposta PELO MINISTÉRIO PÚBLICO estadual. *SUSPENSÃO* DO PROCESSO singular CONCERNENTE À *AÇÃO* INDIVIDUAL no aguardo do julgamento da demanda coletiva. Possibilidade. ENTENDIMENTO REFERENDADO PELA PRIMEIRA SEÇÃO DO STJ, SOB O RITO DOS RECURSOS REPETITIVOS (ART. 543-C DO CPC). 1. A Segunda Seção deste Superior Tribunal consolidou orientação segundo a qual "ajuizada *ação* coletiva atinente a macro-lide geradora de processos multitudinários, suspendem-se as *ações individuais*, no aguardo do julgamento da *ação* coletiva". (REsp 1.110.549/RS, representativo da controvérsia, Relator Ministro SIDNEI BENETI, DJe 14.12.2009). 2. Tal entendimento foi referendado quando do julgamento do REsp 1.353.801/RS, de minha relatoria, apreciado pela Primeira Seção, em 14.8.2013, também julgado sob o rito do artigo 543-C do Código de Processo *Civil* e da Resolução STJ 8/2008 e publicado no DJe de 23/08/2013. 3. Agravo regimental não provido.[STJ. 2ª Turma. Rel. Ministro Mauro Campbel. AEARESP – 201379 DJE. 25.09.2013]
RECURSO REPETITIVO. PROCESSUAL *CIVIL*. RECURSO ESPECIAL. *AÇÃO* COLETIVA. MACRO-LIDE. CORREÇÃO DE SALDOS DE CADERNETAS DE POUPANÇA. SUSTAÇÃO DE ANDAMENTO DE *AÇÕES INDIVIDUAIS*. POSSIBILIDADE. 1.- Ajuizada *ação* coletiva atinente a macro-lide geradora de processos multitudinários, suspendem-se as *ações individuais*, no aguardo do julgamento da *ação* coletiva. 2.- Entendimento que não nega vigência aos aos arts. 51, IV e § 1°, 103 e 104 do Código de Defesa do Consumidor; 122 e 166 do Código *Civil*; e 2° e 6° do Código de Processo *Civil*, com os quais se harmoniza, atualizando-lhes a interpretação extraída da potencialidade desses dispositivos legais ante a diretriz legal resultante do disposto no art. 543-C do Código de Processo *Civil*, com a redação dada pela Lei dos Recursos Repetitivos (Lei n. 11.672, de 8.5.2008). 3.- Recurso Especial improvido. [STJ. 2ª Turma. Rel. Ministro Sidnei Benetti. AEARESP – 201379. RESp. 1110549. DJE. 14.12.2009]

PROCESSOS COLETIVOS

de regular o rito dos recursos repetitivos, não trata especificamente da suspensão das ações individuais em virtude de processo coletivo. Trata-se de autêntica criação da jurisprudência. De fato, violaria os princípios da celeridade e economia processual permitir que ações individuais tramitassem individualmente enquanto a matéria está sendo debatida em ação coletiva. A posição do STJ, dentro de uma visão pragmática, descongestiona a justiça e evita gastos de recursos financeiros e humanos desnecessariamente além de preservar a segurança jurídica das partes.

Dessa forma, conjugando todos os argumentos e ideias acima expostos, é possível admitir a possibilidade de propositura de ação em face de classe no ordenamento jurídico brasileiro, mesmo que não regulamentado expressamente pelo legislador.

2. Legitimidade extraordinária na ação coletiva passiva

A legitimidade extraordinária é outro entrave existente na temática da ação coletiva passiva. No caso de ser admitida, adentra-se no questionamento sobre quem será legítimo para figurar no polo passivo da demanda como representante da coletividade. Quem, afinal, terá legitimidade adequada para defender interesses alheios?

Segundo José Marcelo Menezes Vigliar, "representante adequado é aquele que tem um compromisso com a causa daqueles que representa".[40] Representante será aquele que substituirá a coletividade para defender seus interesses da forma mais adequada possível. Porém, esta adequação pode ser vista sob duas óticas diferentes: uma presumida e outra real.[41]

A primeira, utilizada pelo sistema jurídico brasileiro, refere-se aos aspectos objetivos da legitimidade. Em se tratando de ente personificado, isto é, que tem personalidade jurídica, como é o caso das associações,[42] analisam-se, preliminarmente, o seu tempo de constituição e a sua

---

[40] VIGLIAR, José Marcelo Menezes. *Defendant Class Action Brasileira*: Limites Propostos para o "Código de Processos Coletivos". op. cit., p. 318.

[41] MAIA, Diogo Campos Medina. *Ação Coletiva Passiva*. op cit., p. 109-116.

[42] Seguindo o raciocínio trazido pelo já arquivado anteprojeto de Código Brasileiro de Processos Coletivos, o Ministério Público e os órgãos públicos legitimados à ação coletiva ativa (Defensoria Pública; pessoas jurídicas de direito público interno; entidades e órgãos da Administração pública direta e indireta, bem como órgãos do Poder Legislativo; entidades de fiscalização do exercício das profissões) não poderão ser considerados representantes adequados para a defesa da coletividade no polo passivo da ação (art. 38, parágrafo único do anteprojeto). Desta forma, resta às associações ser a principal legitimada para figurar como ré da ação coletiva passiva. Por esta razão, cita-se-se ela como exemplo para explicar a representatividade adequada presumida.

Ainda referente a isso, cabe dizer que Arruda Alvim, perquirindo a possibilidade de os legitimados do art. 82 do CDC (que possui parte do rol trazido pelo anteprojeto) serem réus em ações autônomas, ou em reconvenção, conclui que os entes legitimados no art. 82 não podem ser réus em ação, coletiva ou individual. Em sentido aparentemente contrário, Rodolfo de Camargo Mancuso admite

finalidade institucional (art. 6º, inciso VII do PL 5.139/09).[43] Em não preenchendo nenhum destes requisitos, a instituição não terá legitimidade para figurar no polo passivo da demanda. Exceção a isso ocorre apenas quando houver manifesto interesse social evidenciado pelas características do dano ou pela relevância do bem jurídico a ser protegido, fator que permite ao juiz a dispensa do requisito da pré-constituição (§ 1º do art. 6º do PL 5.139/09).[44]

É neste contexto, portanto, que Hugo Nigro Mazzili defende:

> Para ajuizar ações civis públicas ou coletivas, ou intervirem na qualidade de litisconsortes ou assistentes litisconsorciais no pólo ativo, as associações civis precisam deter representatividade adequada do grupo que pretendam defender em juízo. Essa representatividade é aferida à vista do preenchimento de dois requisitos:
> a) pertinência temática – requisito indispensável, que corresponde à finalidade institucional compatível com a defesa judicial do interesse;
> b) pré-constituição há mais de um ano – requisito que o juiz pode dispensar por interesse social, conforme a dimensão ou as características do dano, ou conforme a relevância do bem jurídico a ser defendido.[45]

Em posição diametralmente oposta, Pedro da Silva Dinamarco pontua que:

> [...] entre nós não existe um verdadeiro requisito da representatividade adequada para que os legitimados possam ajuizar uma ação civil pública, ao contrário do que sustentam alguns doutrinadores. Dizem eles que as associações teriam de demonstrar essa qualidade mediante tempo mínimo de constituição e autorização expressa em seus estatutos ou por deliberação em assembléia. [...] Entretanto, esse requisito nada tem que ver com a representatividade adequada, que exprime um conjunto de fatores que demonstrariam concretamente ao juiz, durante todo o curso do processo, ser o autor pessoa idônea, que irá despender eficazmente todos os esforços necessários para a defesa dos interesses das pessoas ausentes do processo. Por outro lado, aquela autorização interna da associação é apenas requisito abstrato para que esteja plenamente satisfeita a legitimidade extraordinária em cada caso, não significando que a entidade irá realmente defender de forma adequada os interesses dos substituídos. É condição da ação, portanto, e não pressuposto processual.[46]

---

a legitimidade *ad causam* passiva de determinadas associações que representam os direitos da comunidade. (ARRUDA ALVIM, José Manoel de et al. *Código do Consumidor comentado*. 2 ed, São Paulo, RT, 1995, p. 346-347; MANCUSO, Rodolfo de Camargo. *Interesses difusos, conceito e legitimação para agir*. 2 ed. São Paulo: RT, 1991, p. 134-136).

[43] Art. 6º, VII do PL 5.139/09: "as associações civis e as fundações de direito privado legalmente constituídas e em funcionamento há pelo menos 1 (um) ano, para a defesa de interesses ou direitos relacionados com seus fins institucionais, dispensadas a autorização assemblear ou pessoal e a apresentação do rol nominal dos associados ou membros".

[44] Art. 6º, § 1º do PL 5.139/09: O juiz poderá dispensar o requisito da pré-constituição de 1 (um) ano das associações civis e das fundações de direito privado quando haja manifesto interesse social evidenciado pelas características do dano ou pela relevância do bem jurídico a ser protegido.

[45] MAZZILLI, Hugo Nigro. *A defesa dos interesses difusos em Juízo: meio ambiente, consumidor e outros interesses difusos e coletivos*. São Paulo: Saraiva, 1998, p. 267.

[46] DINAMARCO, Pedro da Silva. *Ação Civil Pública*. São Paulo: Saraiva, 2001, p. 201-202.

Esta visão exposta por Dinamarco, bem verdade, relaciona-se à outra categoria de representatividade adequada, a "representatividade adequada real". Por ela, apenas terá legitimidade para defender interesses e direitos coletivos aqueles que tiverem potencial para defendê-los como se fossem os próprios titulares destes interesses e direitos.[47] O representante deve, portanto, despender todos os esforços para defender a coletividade ré. Em não acontecendo isso, caberá ao juiz negar a legitimação.[48]

Diante disto, nota-se que a representação adequada, seja ela presumida, seja ela real, está totalmente atrelada ao controle judicial. O juiz é que avaliará se o ente representativo está adequadamente exercendo a sua função, se ele está efetivamente comprometido com a guarda da causa, bem como se está com todos os pré-requisitos objetivos preenchidos. Em detectando eventual inadequação do representante, deverá ele propiciar prazo e oportunidade para que haja a substituição deste por outro, adequado.[49]

Nesse particular, merece destaque a lição de Pedro Lenza:

> Valendo-se da experiência norte-americana, falar-se em ações coletivas a serem promovidas em face da classe implica revitalizar o papel do juiz como o verdadeiro protagonista, que deverá assumir a imprescindível missão de identificação da classe (*defining function*) e de controle sobre a efetiva capacidade de representação (*adequacy of representation*).[50]

Ressalta-se, ainda, a importância desta análise da representação, pois, se o legitimado adequado puder ser verdadeiramente avaliado, serão altas as chances de se efetivarem, no caso concreto, as garantias do devido processo legal, da segurança jurídica, do contraditório e da ampla defesa, bem como de alcançar um provimento justo. Assim, deve haver a séria identificação da referida classe bem como a averiguação da efetiva capacidade de representação. Só assim, inclusive, é que se poderão vincular todos os componentes da classe à sentença, independentemente da participação individual no processo.[51]

É intuitivo, portanto, que a representatividade adequada, presumida e real, ocorra para que haja efetiva representação da coletividade. A tendência atual, verificada nos anteprojetos de Código Processual Coletivo brasileiro e na doutrina, é que o princípio da adequada representa-

---

[47] MAIA, Diogo Campos Medina. *Ação Coletiva Passiva*. op cit., p. 110.

[48] GRINOVER, Ada Pellegrini. Ações Coletivas ibero-americanas: ... op. cit., p. 6.

[49] GIDI, Antonio. A representação adequada nas ações coletivas brasileiras: uma proposta. In: *Revista de Processo*. São Paulo, n.º 108, pp. 61-70, outubro-dezembro, 2002, p. 68; VIGLIAR, José Marcelo Menezes. Defendant Class Action Brasileira: ... op. cit., p. 318.

[50] LENZA, Pedro. *Teoria Geral da Ação Civil Pública*. 2ª ed. São Paulo: Revista dos Tribunais, 2005. p. 199.

[51] MAIA, Diogo Campos Medina. *Ação Coletiva Passiva*. op cit., p. 111; LENZA, Pedro. *Teoria Geral da Ação Civil Pública*. op. cit., p. 199; GRINOVER, Ada Pellegrini. Ações Coletivas ibero-americanas: ... op. cit., p. 6.

ção ganhe cada vez mais espaço e importância nos processos coletivos, superada uma primeira fase em que a legitimação era tão somente ativa e fixada *ope legis* (fixada pelo legislador).[52]

É mister esclarecer, ainda, as hipóteses mais comuns de legitimação da ação coletiva passiva.

2.1. A questão da inafastabilidade do controle jurisdicional

Em não havendo previsão legal sobre a legitimidade das ações coletivas passivas, há que se mencionar a já conhecida questão da preservação da *inafastabilidade do controle jurisdicional*. Este princípio autoriza a concessão de legitimidade aos entes não previamente legitimados pela lei para que possam responder como réus, no lugar de seus membros, defendendo os interesses e direitos da coletividade, no processo coletivo.[53]

Quando a tutela do direito for completamente excluída do controle jurisdicional e a inclusão do grupo como ente autônomo for a única forma de acesso eficaz ao Poder Judiciário, concede-se a legitimidade a ele [grupo] a titularidade para o exercício de suas funções de defesa da coletividade.

2.2. Os sindicatos

Entre as hipóteses de grupos que figuram no polo passivo da demanda coletiva, a legitimidade dos sindicatos é a mais antiga. Ao se falar em demanda contra a classe representada por um legitimado, fala-se no dissídio coletivo, adstrito à matéria trabalhista. Porém, não se poderia tratar de tal demanda como se inserida na estrita sistemática do processo coletivo, nos termos e limites por esse delineado, pois o processo trabalhista, juntamente com o respectivo direito material, forma um conjunto normativo autônomo e com suas próprias peculiaridades.[54] Assim, não cabe aqui fazer maiores explanações a respeito do sindicato como legitimado passivo.

2.3. As ações coletivas passivas incidentes ou derivadas e o Ministério Público

A ação coletiva passiva incidente ou derivada diferencia-se da ação coletiva originária. A primeira ocorre quando uma coletividade lesiona

---

[52] DIDIER JR. Fredie e ZANETI JR., Hermes. Curso de Direito Processual Civil – Processo Coletivo. V.4. 7ª ed. Bahia: Editora Jus Podivm, 2012. p. 114.

[53] MAIA, Diogo Campos Medina. *Ação Coletiva Passiva*. op cit., p. 117.

[54] LEONEL, Ricardo de Barros. *Manual do processo coletivo*. São Paulo: Revista dos Tribunais, 2002, p. 207.

ou ameaça direito difuso, coletivo ou individual homogêneo e, decorrente disto, o autor propõe ação coletiva passiva (originária) para que seu direito lesado seja reconstituído.

A ação coletiva passiva derivada, por sua vez, advém de uma ação coletiva ativa já proposta, mas que, por ocasião de uma ação rescisória, de uma ação cautelar ou de uma ação declaratória incidental, bem como por ocasião de reconvenção, embargos do executado ou de terceiro, a coletividade, antes integrante do polo ativo da ação original, passa a figurar no polo passivo da demanda.[55] Assim, o antigo autor passa a ser o novo réu na ação coletiva passiva derivada, e o réu passa a ser o autor.

Neste diapasão, Fredie Didier Jr. leciona:

> A atribuição de legitimação extraordinária não precisa constar de texto expresso, bastando que se retire do sistema jurídico. A partir do momento em que se prevê processo de execução das sentenças coletivas e não se proíbe o ajuizamento de ação rescisória, cautelar incidental ou mandado de segurança contra ato judicial pelo réu de ação coletiva ativa, admite-se a ação coletiva passiva.[56]

Ante a admissibilidade da ação coletiva passiva derivada, surge a problemática do Ministério Público figurar como réu no processo. Este, por não possuir personalidade jurídica nem legitimidade passiva, ficaria impossibilitado de figurar no polo passivo da demanda. Solução para isso seria a substituição do *parquet* na figura da Fazenda Pública (União, Estados, Municípios e Distrito Federal).[57] É neste sentido, inclusive, que Ricardo de Barros Leonel assevera:

> O Ministério Público não poderá figurar no pólo passivo da demanda. Tratando-se de instituição estatal desprovida de personalidade jurídica, embora seja inimaginável a hipótese, supondo atos praticados por ela ou por seus membros que ocasionem qualquer espécie de lesão a interesses metaindividuais, a responsabilidade civil será carreada à Fazenda Pública (União ou Estado-membro, conforme o caso), contra quem a demanda em tese cabível pode ser proposta, com fundamento na responsabilidade objetiva do Estado. Ordinariamente, há a possibilidade de exercício do direito de regresso do estado em face do agente público, com fundamento na responsabilidade aquiliana. Entretanto, no caso do Ministério Público, a responsabilização pessoal de seus membros somente ocorrerá em razão de atuação revestida de dolo ou fraude.[58]

Entretanto, há quem entenda não ser empecilho o Ministério Público figurar no polo passivo da demanda em ação coletiva passiva derivada. Este é o caso de Fredie Didier Jr. que, dissertando sobre o tema, dispõe:

---

[55] MAIA, Diogo Campos Medina. *Ação Coletiva Passiva*. op cit., p. 122.

[56] DIDIER JR., Fredie. O Controle Jurisdicional da Legitimação Coletiva e as Ações Coletivas Passivas (o art. 82 do CDC). In: *Revista Dialética de Direito Processual*. n° 25, abril-2005, p. 53-54.

[57] MAIA, Diogo Campos Medina. *Ação Coletiva Passiva*. op cit., p. 124.

[58] LEONEL, Ricardo de Barros. *Manual do processo coletivo*. op. cit., p. 201-202.

> [...] nas ações coletivas passivas derivadas não haverá problema na identificação do "representante adequado", que será aquele legitimado que propôs a ação coletiva de onde ela se originou.
>
> [...]
>
> Em uma ação coletiva passiva derivada de uma ação coletiva proposta pelo Ministério Público, o réu será esse mesmo Ministério Público. A melhor solução é manter o rol dos legitimados em tese para a proteção das situações jurídicas coletivas e deixar ao órgão jurisdicional o controle *in concreto* da adequação da representação.[59]

Há quem entenda que o Ministério Público pode figurar no polo passivo da demanda, mesmo sem ter personalidade jurídica, haja vista dever-se respeito ao princípio da garantia do acesso ao Judiciário, e há quem não permita a legitimidade justamente pela ausência de personificação do órgão.[60]

É minoritário o entendimento na nossa doutrina que defende a possibilidade de participação do Ministério Público como representante da categoria ou grupo nas ações coletivas passivas. Prevalece a corrente que dispõe não ser possível atuar o Ministério Público como representante da categoria no pólo passivo da demanda. Antonio Gidi, sobre o tema, assume uma posição doutrinária mais apurada:

> Malabarismos teóricos à parte, não há como escapar da realidade que, se o MP pode representar um grupo em uma demanda coletiva ativa, também poderá representá-lo em uma passiva. Se a falta de personalidade jurídica da instituição não a impede de representar o grupo no lado ativo, não a impedirá de fazê-lo no lado passivo. Caso contrário, o MP poderia propor uma demanda coletiva contra um réu, mas o réu não poderia propor a rescisória coletiva contra o MP. É uma questão de coerência. E isso se justifica, porque não é o MP que está sendo pessoalmente acionado, mas o grupo contra o qual se exerce a pretensão material: o MP apenas o representa em juízo, sendo o seu porta-voz.[61]

Contudo, adverte Gidi que o Ministério Público não poderá ser um representante adequado dos interesses do grupo, sendo tomado de surpresa por uma demanda coletiva passiva. E, ainda, corre o risco de ser um representante desinformado.[62]

O art. 38 do Anteprojeto da USP prevê, de outra banda, que o "Ministério Público e órgãos públicos não poderão ser considerados representantes adequados da coletividade no caso de processos coletivos passivos". Gidi entende que, no caso em debate, o Anteprojeto elaborado por ele "andou melhor, pois ao invés de prever quem não pode ser representante no processo coletivo passivo, previu quem deve sê-lo".[63] De fato, está previsto no Anteprojeto elaborado por Gidi, nos arts. 28 e

---

[59] DIDIER JR., Fredie. *Situações Jurídicas Coletivas Passivas.* op. cit.

[60] MAIA, Diogo Campos Medina. *Ação Coletiva Passiva.* op cit., p. 125-126

[61] GIDI, Antonio. *Rumo a um Código de Processo Civil Coletivo.* Rio de Janeiro: Editora GZ, 2008. p. 367.

[62] Idem, p. 367-368.

[63] Idem, p. 368.

28.2, que o representante do grupo-réu deve ser uma associação que congregue os membros do grupo acionado ou, em sua ausência, membros individuais do grupo.

A doutrina majoritária defende que deve se dar a substituição do ente ministerial pelo Estado [*lato sensu*]. O conflito permanece quando algum ente público figura no polo passivo da demanda coletiva ativa. Haveria, pois, confusão entre autor e réu na ação passiva. A Fazenda Pública (*v.g.* União) acabaria por figurar tanto no polo passivo, por substituição do Ministério Público, quanto no polo ativo da ação.

E, diante deste conflito, a decisão a respeito da legitimidade do órgão ministerial, nestes casos específicos, caberá a cada julgador analisando o caso em concreto. O Poder Judiciário assume, mais uma vez, função importante de protagonismo ao decidir estes casos difíceis, caso a caso, visando à efetividade do processo e sem preocupar-se com debate retóricos estéreis.

2.4. A questão dos entes despersonificados (associações de fato)

Nos casos em que a coletividade não possui personalidade jurídica, como ocorre com as sociedades de fato, o sistema processual brasileiro permite que os entes despersonificados figurem no processo como partes juridicamente capazes através da concessão de capacitação processual (art. 12, inciso VII, do CPC[64] e art. 82, III, do CDC[65]).[66]

A previsão de capacitação processual dos entes não personificados configura uma forma de facilitação do acesso ao Judiciário. Assim, a viabilidade de se ter a coletividade atuando no polo passivo da demanda coletiva, apesar de não haver previsão expressa, é dada por aplicação analógica das hipóteses existentes no CPC: a sociedade de fato (art. 12, VII do CPC) e a sociedade comum (art. 986 do CC) possuem fins econômicos e servem para justificar a capacitação das chamadas associações de fato que não possuem fins econômicos.[67]

As associações de fato, para figurarem no polo passivo da ação coletiva, devem constituir-se como organizações suficientes para causar ameaça ou lesão homogênea a direito de outrem. Outrossim, elas ainda

---

[64] Art. 12 do CPC: "Serão representados em juízo, ativa e passivamente: VII – as sociedades sem personalidade jurídica, pela pessoa a quem couber a administração dos seus bens".

[65] Art. 82 do CDC: "Para os fins do art. 81, parágrafo único, são legitimados concorrentemente: III – as entidades e órgãos da Administração Pública, direta ou indireta, ainda que sem personalidade jurídica, especificamente destinados à defesa dos interesses e direitos protegidos por este código". (BRASIL. *Lei nº 8.078 de 11 de setembro de 1990*. Dispõe sobre a proteção do consumidor e dá outras providências. Disponível em: <http://www.planalto.gov.br> Acesso em: 08 out. 2009).

[66] MAIA, Diogo Campos Medina. *Ação Coletiva Passiva*. op cit., p. 130.

[67] Idem, p. 131.

devem ter dois aspectos intrínsecos a elas: um organizacional e outro finalístico.[68]

Referente ao primeiro, para que uma associação de fato possa ser caracterizada como tal, deve haver uma organização coletiva, isto é, uma união coesa de pessoas coordenadas. O grupo, portanto, deve ser específico e identificável (o grupo, e não cada indivíduo). O segundo aspecto, por sua vez, decai no aspecto finalístico. A organização não deve ser aleatória. A identificação da coletividade deve ser feita pela sua finalidade, pela homogeneidade dos objetivos propostos com a reunião de pessoas, e não pela soma dos objetivos individuais. É o caráter da homogeneidade, em que há a prevalência da dimensão coletiva sobre a individual, que dará ao objetivo buscado pelo grupo a possibilidade de identificar a associação legitimada a defender seus membros em juízo.[69]

Diante disto, os entes despersonificados também têm possibilidade de figurar no polo passivo da demanda coletiva passiva. A capacitação processual, advinda do art. 12, inciso VII, do CPC, dá esta abertura para fins de facilitação do acesso ao Judiciário. É preciso, contudo, que esta associação de fato seja formada por grupo específico e identificável, bem como a finalidade atrelada a ela seja homogênea, isto é: o objetivo a ser buscado pelo grupo deve ser verdadeiramente coletivo.

2.5. A questão das associações legalmente constituídas

Por fim, as associações legalmente constituídas também podem possuir legitimidade, desde que preservadas as mesmas condições de organização e finalidade de lesão homogênea aos direitos de outrem. Ademais, tem-se ainda o já mencionado requisito prévio de um ano de constituição da associação, que é excepcionado pelo § 1º do art. 82 do CDC ao dizer que poderá ser dispensado quando houver manifesto interesse social evidenciado pela dimensão ou característica do dano, ou pela relevância do bem jurídico a ser protegido.[70]

3. Os limites subjetivos da coisa julgada na ação coletiva passiva

Juntamente com a legitimação para agir, a coisa julgada[71] é um dos pontos sensíveis da regulamentação e desenvolvimento do processo co-

---

[68] MAIA, Diogo Campos Medina. *Ação Coletiva Passiva*. op cit., p. 136.

[69] Idem, p. 136-137.

[70] Idem, p. 139.

[71] A coisa julgada representa um conceito jurídico que qualifica uma decisão judicial, atribuindo-lhe autoridade e eficácia. Trata-se, em suma, daquilo que, para os alemães, é expresso por *rechtskraft*,

letivo. Da sua correta formulação e regulação depende o alcance dos objetivos que a tutela jurisdicional coletiva preconiza em essência.

A necessidade de reconhecimento de maior extensão aos efeitos da sentença coletiva é consequência da indivisibilidade dos interesses tutelados, não sendo possível cindir os efeitos da decisão judicial, pois a lesão a um interessado implica a lesão a todos e o proveito a um a todos beneficia.[72]

Nesse sentido, José Carlos Barbosa Moreira afirma:

> [...] se tivermos em mente o caráter indivisível do objeto do litígio e ao mesmo tempo a impossibilidade de exigir a presença de todos os legitimados no processo, desde logo chegaremos à conclusão de que os efeitos do julgamento necessariamente hão de estender-se a pessoas – em regra, a um grande número de pessoas – que não ocupam a posição de partes. Todas serão igualmente beneficiadas, ou todas igualmente prejudicadas, conforme a sentença conceda ou recuse a tutela pleiteada para o interesse que lhes é comum.[73]

A efetividade das ações coletivas passivas está intimamente relacionada com a extensão desse julgado a todos os integrantes da coletividade considerada, representada pelo representante adequado.[74]

Afirma-se que a extensão dos efeitos da coisa julgada a quem não foi parte implicaria, na prática, na violação das garantias constitucionais da ação, do princípio da inafastabilidade da jurisdição, do contraditório e da ampla defesa, ou, em síntese, do devido processo legal. Tal crítica representa a proteção da esfera jurídica individual dos titulares dos interesses envolvidos na ação coletiva.

Portanto, se a extensão do julgado, em qualquer das hipóteses (improcedência ou procedência), a todos os indivíduos significa provável negativa de acesso à Justiça às pessoas individualmente consideradas, a extensão do julgado só quando da procedência não configura negativa de acesso ao responsável pela lesão, mas encargo eventual de suportar nova demanda sobre o mesmo objeto. Se algum prejuízo deve ser imposto para que se alcance a economia processual e para que ocorra a pacificação rápida e uniforme dos conflitos coletivos, que seja o menor possível: onera menos o sistema a sujeição do responsável pela lesão a nova demanda, que a inviabilização do acesso à justiça por parte de indivíduo interessado.[75]

---

ou seja, direito e força, força legal, força dada pela lei. (PORTO, Sérgio Gilberto. *Coisa Julgada Civil.* 3ª ed. São Paulo: Revista dos Tribunais, 2006, p. 52.)

[72] LEONEL, Ricardo de Barros. *Manual do processo coletivo.* op. cit., p. 258-259.

[73] MOREIRA, José Carlos Barbosa. Tutela jurisdicional dos interesses coletivos ou difusos. In: *Temas de Direito Processual*: terceira série. São Paulo: Saraiva, 1984, p. 216.

[74] VIGLIAR, José Marcelo Menezes. Defendant Class Action Brasileira: ... op. cit., p. 319.

[75] LEONEL, Ricardo de Barros. *Manual do processo coletivo.* op. cit., p. 265.

Ricardo de Barros Leonel, ao tratar da delimitação dos efeitos do julgado coletivo ativo, argumenta:

A previsão é de extensão do comando da sentença no processo coletivo em caráter benéfico, em caso de procedência da ação, e na hipótese de improcedência quando demonstrado que a pretensão era infundada. Se a improcedência decorre de insuficiência de provas, o julgado produz efeitos somente entre as partes (processuais), sendo possível renovação da demanda com base em novas provas. A este sistema convencionou-se denominar coisa julgada *secundum eventum litis*, e extensão *in utilibus* aos efeitos do julgado.[76]

Logo, a extensão da coisa julgada, só em caráter benéfico, ainda é solução que melhor atende às peculiaridades do processo coletivo.

Na ação coletiva ativa, a sentença de improcedência só fará coisa julgada quando demonstrado que a pretensão era infundada ou quando a ação foi julgada com base em provas concretas trazidas aos autos. A sentença de procedência sempre fará coisa julgada, pois é benéfica à coletividade.

Conforme Antônio Gidi, a solução brasileira é equivocada, uma vez que privilegia o direito de menor importância (individual) em detrimento do direito de maior importância (o coletivo). Todavia, a adoção da solução americana no Brasil só seria possível se também fossem adotadas medidas tais como a exigência de notificação dos membros ausentes e o controle judicial da adequação da representação, como previsto no projeto de Código Coletivo, elaborado pelo referido autor (Art. 18 do Código de Processo Civil Coletivo, "Anteprojeto Original", na denominação proposta por Gidi).[77]

Para Gidi seria possível avançar em nosso sistema processual coletivo se fosse possível a *class certification*. A certificação corresponde à "decisão que reconhece a existência dos requisitos exigidos e a subsunção da situação fática em uma das hipóteses de cabimento previstas na lei para a ação coletiva"... e através dessa decisão "o juiz assegura a natureza coletiva à ação proposta".[78]

Este raciocínio para a ação coletiva passiva, todavia, não pode ser cegamente aplicável. Existem diferenças, inclusive, relativas aos diversos direitos coletivos a serem tutelados. Passa-se, então, a examinar cada uma delas.

3.1. Direitos difusos e coletivos em sentido estrito

A sentença de improcedência, aqui, sempre fará coisa julgada. A decisão de procedência, entretanto, só fará coisa julgada se baseada em

---

[76] LEONEL, Ricardo de Barros. *Manual do processo coletivo.* op. cit., p. 266.

[77] PRATES, Marília Zanella. *A coisa julgada no direito comparado: Brasil e Estados Unidos.* Salvador: Jus Podivm. Série Processo Coletivo, comparado e internacional. Coord.: Antonio Gidi. p. 124.

[78] GIDI, Antonio. *A Class Action como instrumento de tutela coletiva dos direitos: as ações coletivas em uma perspectiva comparada.* São Paulo: RT, 2007.p. 466.

provas que sejam suficientes para formar o convencimento do julgador. Ou seja, a procedência fundada em distribuição de ônus da prova não possui a autoridade da coisa julgada. O ônus estará sempre com o autor individual, que deverá se esmerar para provar todo o alegado a fim de que se obtenha sentença de procedência com fundamento na prova dos autos.[79]

Assim, a coisa julgada envolvendo direitos difusos e coletivos em sentido estrito não prejudicará interesses e direitos individuais dos integrantes da coletividade, nos exatos termos do art. 103, § 1º do CDC.[80] [81]

Para Ada Pellegrini Grinover,[82] todavia, em caso de procedência do pedido, a sentença contra a classe não fará coisa julgada se o juiz reconhecer a insuficiência de defesa coletiva. O posicionamento da processualista merece crítica, na medida em que torna extremamente subjetiva a avaliação da qualidade de defesa produzida pelo representante adequado da coletividade. Aliás, este argumento vem sendo reconhecido em sede de doutrina.[83]

No caso de direitos difusos e coletivos em sentido estrito inseridos em demanda passiva, a coisa julgada deve ser analisada sob a ótica inversa da ação coletiva ativa. Em sendo procedente a demanda, só fará coisa julgada se calcada em prova robusta presente nos autos; em sendo improcedente, a ação sempre fará coisa julgada. Há aqui, portanto, nítido caráter benéfico dos efeitos da coisa julgada para a coletividade passiva.

3.2. Direitos individuais homogêneos

Em regra, o nosso sistema não aceita a concretização da coisa julgada quando a sentença for contrária aos interesses da coletividade. Assim, Ada Pellegrini Grinover defende que apenas haveria coisa julgada em se tratando de sentença improcedente. Em sendo procedente, a formação da coisa julgada não ocorreria.[84] Novamente o entendimento da referida processualista merece ponderação.

Sob a ótica dos direitos individuais homogêneos, esta posição acaba por afrontar o princípio da inafastabilidade do controle jurisdicional. Não há diferenciação entre impedir o controle da jurisdição e permitir o andamento de uma ação que poderá ser rediscutida *ad eternum*. Assim,

---

[79] LEONEL, Ricardo de Barros. *Manual do processo coletivo.* op. cit., p. 142.

[80] Art. 103, § 1º CDC: "Os efeitos da coisa julgada previstos nos incisos I e II não prejudicarão interesses e direitos individuais dos integrantes da coletividade, do grupo, categoria ou classe".

[81] GRINOVER, Ada Pellegrini. Ações Coletivas ibero-americanas: ... op. cit., p. 8.

[82] Ibidem.

[83] LEONEL, Ricardo de Barros. *Manual do processo coletivo.* op. cit., p. 143.

[84] GRINOVER, Ada Pellegrini. Ações Coletivas ibero-americanas: ... op. cit., p. 8.

proibir a formação da coisa julgada contrária à coletividade nas ações coletivas passivas que versem sobre direitos individuais homogêneos significa afastar a própria tutela jurisdicional.[85]

Explica-se: a restrição judicial, nos direitos individuais homogêneos, já ocorre quando da avaliação da legitimidade da parte para poder figurar no pólo passivo da demanda. O representante adequado deve ser organizado e ter um fim homogêneo, o que já limita o ajuizamento da ação. Então, somando isto à necessidade de jurisdicionalização eficaz do conflito, a coisa julgada deve se formar, ainda que contra os interesses da coletividade.[86]

Porém, caberá ao autor individual todo o ônus da prova a fim de alcançar sentença procedente, formando a coisa julgada e, consequentemente, vinculando os membros da parte coletiva.[87]

Aparentemente violar-se-ia o princípio do contraditório e da ampla defesa sob a ótica individual dos membros da coletividade. Entretanto, quando se fala em direitos individuais homogêneos,[88] estes só poderão versar como objeto de ação coletiva passiva quando a lesão for verdadeiramente homogênea, ou seja, quando as questões coletivas prevalecerem sobre as individuais. Assim, a análise da situação de um membro do grupo corresponde à análise da situação dos demais. Haveria, pois, a aplicação da teoria da responsabilidade coletiva, em que a culpa não é verificada singularmente, mas coletivamente.[89]

No caso, não haveria violação dos princípios constitucionais, pois a lesão teria sido provocada pela coletividade como um todo, e não por indivíduos particularizados. Em sendo a lesão proveniente de uma homogeneidade, esta deverá sofrer os efeitos da coisa julgada como um todo, sem apuração de culpa pormenorizada. Ademais, se o grupo reuniu-se para agir sob fundamentos de uma coletividade, nada mais coerente do que também respondam sob a forma coletiva, solidariamente.[90]

3.3. Ação duplamente coletiva

A ação duplamente coletiva é aquela em que há uma coletividade em cada polo da demanda. Desta forma, em sendo os direitos tutelados

---

[85] LEONEL, Ricardo de Barros. *Manual do processo coletivo*. op. cit., p. 144.

[86] Idem, p. 144.

[87] Idem, p. 145.

[88] Nos direitos individuais homogeneamente lesionados ou homogeneamente ameaçados de lesão, não apenas a origem do direito deve ser comum, como deve haver homogeneidade dos vários atos, provenientes de vários agentes (coletividade) que podem lesionar apenas um direito individual. (LEONEL, Ricardo de Barros. *Manual do processo coletivo*. op. cit., p. 52).

[89] Idem, p. 145.

[90] Idem, p. 145-146.

de igual natureza, ou seja, os direitos oriundos do polo ativo são de mesma natureza dos oriundos do pólo passivo da ação, não há restrições à formação da coisa julgada *erga omnes*.[91] Como não há razão para privilegiar nenhuma das classes, pois ambas encontram-se em mesmas condições de defesa e têm os direitos tutelados em igual patamar (*v.g.* direitos difusos x direitos difusos), a coisa julgada será formada independente da sentença ser procedente para o autor ou para o réu.[92]

Entretanto, em se enfrentando direitos de naturezas distintas (*v.g.* direitos difusos *x* direitos individuais homogêneos), a regra da formação da coisa julgada dos direitos difusos precede à dos direitos coletivos em sentido estrito, que, por conseguinte, precede à dos direitos individuais homogêneos.[93]

4. A ação coletiva passiva segundo a doutrina de Antônio Gidi

Antônio Gidi foi o processualista pioneiro no país a propor um Código de Processo Civil Coletivo e a analisar o modo como a doutrina e a jurisprudência pátria tem tratado os processos coletivos. Segundo Gidi, a doutrina brasileira encampou em grande parte a doutrina italiana que pouco conhecia, de fato, do processo coletivo norte-americano. O autor trata com propriedade a contraprodutividade da diferenciação, em nossa legislação, entre os conceitos de interesse coletivo, individuais e difusos. Segundo o autor, o que caracteriza as demandas coletivas são "as comunhões de fatos ou de direitos".

Gidi inspirou-se, no que tange às demandas coletivas passivas, nas *defendant class actions* norte-americanas. De fato, o direito norte-americano classifica as demandas coletivas em *plaintiff class actions* [ação coletiva ativa] quando o grupo está representado no polo ativo; *defendant class actions* [ação coletiva passiva], quando o grupo está representado no pólo passivo e, por fim, *bilateral class action* [ação coletiva bilateral], quando há grupos em ambos os polos da relação processual.

Para Gidi:

O direito positivo brasileiro permite a propositura de uma demanda coletiva de um grupo contra um réu individual, mas não permite expressamente a demanda coletiva contra um

---

[91] LEONEL, Ricardo de Barros. *Manual do processo coletivo.* op. cit., p. 147.

[92] GRINOVER, Ada Pellegrini. Ações Coletivas ibero-americanas: ... op. cit., p. 11.

[93] LEONEL, Ricardo de Barros. *Manual do processo coletivo.* op. cit., p. 147.

grupo. Trata-se de uma lacuna do sistema brasileiro, que precisa ser remediada, ainda que não se trate de um processo coletivo muito relevante na prática norte-americana.[94]

Entende Antonio Gidi que o tema das demandas coletivas passivas é novo e poucas pessoas compreenderam bem o assunto. Afirma que os anteprojetos, derivados, [Código Modelo Ibero Americano e Anteprojetos USP e UERJ/Unesa] devem ser reconhecidos por terem seguido a proposta do seu Anteprojeto de Código, no sentido de prever as demandas coletivas passivas. Refere, contudo, que referidos anteprojetos de Códigos "derivados" o fizeram de modo tão inábil que tornaram o dispositivo incompreensível e inaplicável.[95]

Refere que Ada Pellegrini Grinover interpretou o art. 5, § 2º, da LACP, de modo "extremamente frágil e formalista, sem colmatar as lacunas do direito brasileiro" ao pretender extrair desta disposição permissão implícita para as demandas coletivas passivas. Para Gidi, quando a lei diz que os legitimados coletivos poderão intervir no processo coletivo tanto a favor como contra os interesses do grupo, não quer dizer nada além disso. Prosseguindo, o jurista refere que "muitas vezes, a demanda coletiva proposta não é do interesse do autor e ele poderá alinhar sua posição aos interesses do réu. A possibilidade de um legitimado coletivo intervir num processo contra os aparentes interesses do grupo é tema completamente diferente de o direito autorizar ou não uma demanda coletiva passiva".[96]

Refere, com acerto, que outros doutrinadores assumem posições frágeis e formalistas por afirmarem que não existem ações coletivas passivas por ausência de previsão legal, tema que, aliás, foi enfrentado a exaustão e com profundidade no presente artigo. Chega-se à conclusão bastante semelhante a de Gidi sobre este ponto.[97]

Gidi, de modo corajoso e acertado, atribui este equívoco aos reflexos da doutrina italiana no Brasil, especialmente, a doutrina italiana pontificada por Vincenzo Vigoriti, que permite a propositura de ação somente contra um grupo quando existirem normas explícitas que atribuam a sujeitos a responsabilidade de fazer-se portadores de tais interesses em juízo.[98]

---

[94] GIDI, Antonio. *Rumo a um Código de Processo Civil Coletivo*. Rio de Janeiro: Editora GZ, 2008. p. 339-340

[95] Ibidem.

[96] Idem, p. 339-341.

[97] Sobre o tema especificamente ver: ARRUDA ALVIM. *Código do Consumidor comentado*, 2ª ed., 1995, p. 245-246; GIDI, Antonio. *Coisa Julgada e listpendência em ações coletivas*, São Paulo: Saraiva, p. 51-52; MAZZILI, Hugo Nigro. *A defesa dos direitos difuso em juízo*, 20ª ed. São Paulo: Saraiva, 2007, p. 335-336, 341-344 e 540-541; DINAMARCO, Pedro da Silva. *Ação Civil Pública*, São Paulo: Saraiva, 2001, p. 268-273.

[98] Ver, VIGORITI, Vincenso. *Interessi colletivi e processo. La legittimazione ad agire*. Milão: Giuffrè, 1979. p. 100.

Alinha-se ao pensamento de Antonio Gidi no tocante à ideia da solução do problema de ausência de previsão legal estar nos "princípios como a inafastabilidade do controle jurisdicional, do acesso à justiça, da efetividade das normas processuais, da economia processual, e no art. 83 do CDC",[99] aos quais acrescentasse, sem redundância, mas para fortalecer o cunho científico da defesa de seu próprio posicionamento, "a hermenêutica constitucional"[100] e a interpretação "tópico-sistemática do direito".[101]

É irrebatível e pragmático o pensamento do autor, quando refere que "os autores que defendem que as demandas coletivas ativas poderiam nascer da construção jurisprudencial não podem se opor a que o mesmo fenômeno aconteça com as demandas coletivas passivas".[102]

Discorda-se da posição do autor quando afirma que "se o ordenamento jurídico brasileiro dispuser de uma disciplina processual adequada, a demanda coletiva passiva será possível; caso contrário não". Isto porque esta colocação vincula a posição de Gidi ao positivismo e formalismo por ele criticado com competência em boa parte de sua obra. Na realidade, é fundamental que seja criado, com urgência, uma regulamentação adequada para o processo coletivo, todavia, enquanto se aguarda por esta medida, a jurisprudência, como nos precedentes já citados e a hermenêutica, deve garantir o amplo acesso de todos ao processo e a sua efetividade, inclusive no caso de ação coletiva passiva.

É de se concordar com Gidi quanto este afirma que é inútil vincular o cabimento das demandas coletivas brasileiras à titularidade de um direito ou interesse [difuso, coletivo ou individual homogêneo], e não meramente à existência de uma questão comum de fato ou de direito.[103] O legislador, a doutrina e a jurisprudência não conseguiram deixar claro, embora positivado, o que seja um interesse genuinamente difuso, coletivo ou individual homogêneo. Na prática, a jurisprudência e a doutrina não conseguem chegar a um acordo em determinadas questões concretas. Não há dúvida que a adoção da questão comum [de fato ou de direito] é um método superior para o manejo das ações coletivas.

É importante referir que o surgimento de direitos de nova geração ou de terceiro gênero, tais como os coletivos e difusos, acentuaram a necessidade de atividade criativa do juízo.

---

[99] GIDI, Antonio. *Rumo a um Código de Processo Civil Coletivo*. Rio de Janeiro: Editora GZ, 2008. p. 342.

[100] Ver: TRIBE; Laurence; DORFF, Michael. *On reading the constitution*. Cambridge: Harvard University Press, 1993.

[101] Ver: FREITAS, Juarez. *Interpretação Sistemática do direito*. 3ª ed. São Paulo: Malheiros, 2004.

[102] GIDI, Antonio. op. cit., p. 343.

[103] Idem, p. 343.

Como exemplo, cita-se o usual caso da citação de ente coletivo informal, tal como o chamado Movimento dos Trabalhadores Sem Terra. Nas chamadas invasões ou ocupações de propriedades rurais, promovidas aqui ou ali, com ou sem direito material à conduta desenvolvida, é indiscutível que os futuros réus em demanda de reintegração contra si promovida têm direito à citação e, na forma do Código de Processo Civil, à citação pessoal. Evidentemente que não é o que ocorre na prática, pois o autor, na maioria dos casos, nem mesmo sabe identificar aqueles que tomaram posse de sua propriedade mediante o argumento de que é improdutiva. Portanto, pertine ao juízo, mediante pura criação judicial disciplinar a forma de citação, levando a efeito medida eficaz de divulgação da demanda e isto sem que haja previsão legal de como citar grupo de invasores/ocupantes não individualizados.[104] No nosso sistema a citação editalícia é a que alcança maior êxito e possui maior aceitação entre os juízes.

Outra questão que precisa ser amadurecida em sede de legislação, doutrina e, posteriormente, jurisprudência, é que a coisa julgada no processo coletivo passivo deve ser *pro et contra*. Para isso, como afirma Gidi, "é essencial que o juiz exerça ativamente o controle da adequação do representante e que proporcione uma adequada notificação aos membros do grupo-réu, práticas incipientes no Brasil".[105] Isto, aliás, ocorre a bom tempo no direito norte-americano com resultado práticos bastante positivos.

Refere Antonio Gidi que, ao contrário dos Estados Unidos e em outros países da *common law* em que as demandas passivas são raras, no Brasil a aplicação prática do instituto pode ser relevante em face de peculiaridades locais. São exemplos citados pelo autor a possibilidade de ações coletivas passivas serem ajuizadas contra "lojas, cartórios, hotéis, órgãos públicos, planos de seguro de saúde, prisões, fábricas, cidades e etc.".[106] De fato, a cultura de proteção ao consumidor, ao cidadão que clama por saúde, ao direito do preso e de proteção ao meio ambiente, está em um grau bastante diferente de realidades enfrentadas pelo Canadá, Noruega, Alemanha, Suécia e do próprio Estados Unidos em que referidos bens constitucionais são mais respeitados no âmbito estatal e no seio da própria sociedade. O campo para a utilização da ação coletiva passiva, na sociedade de risco brasileira, é bastante promissor.

A concordância parcial de Gidi com o Anteprojeto UERJ/Unesa é coerente quando afirma que este se insurgiu contra a coisa julgada

---

[104] PORTO, Sérgio Gilberto. *Ação rescisória atípica: instrumento de defesa da ordem jurídica*. São Paulo: Editora Revista dos Tribunais, 2009, p. 206/207.

[105] GIDI, Antonio. *Rumo a um Código de Processo Civil Coletivo*. Rio de Janeiro: Editora GZ, 2008. p. 345.

[106] Idem, p. 348.

secundum eventum litis nas demandas coletivas passivas tal qual prevista no Código Modelo Ibero-Americana e no Anteprojeto USP. De fato, está bem posta a Exposição de Motivos do Anteprojeto UERJ/Unesa de lavra do professor e Desembargador Federal, no Tribunal Regional Federal da 2ª Região, Aluisio Gonçalves de Castro Mendes:

> A redação prevista no Anteprojeto inicialmente formulado na USP estabelecia expressamente, em termo de direitos e interesses individuais homogêneos, que a coisa julgada atuará erga omnes no plano coletivo, mas a sentença de procedência não vinculará os membros do grupo, categoria ou classe, que poderão mover ações próprias ou defender-se no processo de execução para afastar a eficácia da decisão na sua esfera jurídica individual. Da simples leitura, pode-se constatar a inocuidade da norma, impondo-se indagar: quem iria propor uma demanda coletiva passiva, sabendo, de antemão, que o melhor resultado possível, ou seja, o julgamento de procedência do pedido, praticamente nenhum valor teria, pois a ninguém vincularia? Portanto, o demandante estaria fadado a perder ou a não ganhar nada, podendo-se antever, desde já, que a nova regulação estaria por soterrar a malfadada ação coletiva, tal qual nos moldes propostos. O texto proposto no Anteprojeto ora apresentado [Anteprojeto UERJ/Unesa] corrige o problema, estabelecendo simplesmente a vinculação dos membros do grupo, categoria ou classe.[107]

Efetivamente, o texto proposto pela USP leva o demandante ao inevitável fracasso no pedido, seja sendo este julgado improcedente, seja pela inocuidade e pela falta de eficácia do provimento jurisdicional decisório. Mesmo em caso de êxito da demanda, o anteprojeto proposto pela USP, em relação à ação coletiva passiva, não vincula as partes. Seria um provimento, quando muito, meramente com força moral.

Assiste razão também a Gidi, quando refere que exemplos de demandas coletivas passivas cogitados por juristas brasileiros estão equivocados. Um destes exemplos são as demandas movidas pelo Ministério Público para desconstituir torcidas organizadas nos Estádios de futebol. É de se concordar com a afirmação do processualista no sentido de que "esses são claros exemplos de demandas individuais propostas contra uma única pessoa, tanto quanto uma demanda coletiva proposta contra o Estado ou uma pessoa jurídica qualquer".[108]

É intuitivo que uma demanda proposta deste modo, sob as vestes equivocadas de ação coletiva passiva, não impede ex-membros de torcida organizada de frequentar jogos juntamente com ex-membros. De fato este exemplo, data venia, não serve para exemplificar uma ação coletiva passiva com um grau mínimo de efetividade.

Concorda-se com as críticas formuladas por Gidi às lições de Vigoriti no sentido de que este faz a defesa equivocada da possibilidade do juiz

---

[107] Ver: Aluisio Gonçalves de Castro Mendes, Exposição de Motivos. Anteprojeto UERG/Unesa, in GRINOVER, Mendes e Watanabe. *Direito Processual Coletivo e o anteprojeto de Código Brasileiro de Processos Coletivos*, São Paulo: RT, 2007, item 11,p. 436.

[108] GIDI, Antonio. *Rumo a um Código de Processo Civil Coletivo*. Rio de Janeiro: Editora GZ, 2008. p. 349.

transformar uma ação individual em coletiva[109] e, o que é mais grave, que boa parte da doutrina pátria incorporou este equívoco bem consubstanciado nas ações coletivas "por emboscada".[110] Realmente Vigoriti, neste ponto, equivoca-se ao visualizar o processo coletivo ativo como oposto ao processo coletivo passivo. Na realidade, o primeiro é proposto pleiteando direito coletivo, enquanto o processo coletivo passivo é proposto contra este mesmo direito. Não existem dúvidas, em que pese a rebeldia doutrinária em sentido contrário, quanto a este ponto.

A justificativa do professor baiano trilha caminho seguro e é aceitável no sentido de que "o livro de Vigoritti foi publicado em 1979, quando a *Rule 23* ainda não era muito bem conhecida e, segundo reconhecia Vigoriti [o próprio], os problemas desse tipo ainda não tinham sido postos com clareza na experiência prática".[111] Muito provavelmente as barreiras da língua inglesa, dos seus termos técnicos e a evidente incompreensão do sistema processual norte-americano, levaram os italianos a um equívoco de interpretação que acabou afetando de modo definitivo parte de nossa doutrina, calcada fundamentalmente em Vigoriti, a direcionando para um conceito inescapavelmente equivocado de ação coletiva passiva. Esta leitura equivocada de parte de nossa doutrina sobre o conceito norte-americano [segundo os italianos] de ação coletiva passiva atingiu e teve reflexos em nossa jurisprudência.

De fato, comentários doutrinários sobre regulamentos testados de modo incipiente são sempre arriscados e na maioria das vezes se mostram falhos. É preciso sopesar e avaliar de modo cauteloso um pronunciamento de doutrina sobre um regulamento novo que não se sabe quais serão os seus efeitos concretos. Parece crível que a doutrina brasileira como um todo não tenha procedido com esta cautela em um primeiro momento e gerado um equívoco em cascata em relação a este ponto do instituto ora debatido.

---

[109] Ver, VIGORITI, Vincenso. *Interessi colletivi e processo*. La legittimazione ad agire. Milão: Giuffrè, 1979. p. 99-100.

[110] Exemplos destas ações coletivas por emboscada são: a- demanda coletiva proposta por uma indústria contra seus consumidores, alegando que o seu produto não é defeituoso e não causou danos; b- demanda coletiva proposta por empresa antes da instalação da sua fábrica, com pedido de declaração judicial da regularidade do projeto; c- Demanda coletiva proposta por empresa visando a declaração judicial da validade de condição geral do contrato de adesão, para que sua validade seja declarada para todos os membros do grupo; d- Demanda coletiva proposta por companhia pesqueira contra entidades representativas, com o objetivo de promover os seus interesses relacionados à pesca de espécimes de fauna marítima; e- Demanda coletiva proposta pelo empregador visando a declaração de inexistência de insalubridade ou periculosidade no ambiente de trabalho. Ver: DINAMARCO, Pedro. *Ação civil pública*. São Paulo: 2001; LENZA, Pedro. *Teoria geral da ação civil pública*, 2ª. ed. São Paulo: RT, 2005; FAVA, Marcos Neves. Ação *civil pública trabalhista*. São Paulo: LTr, 2005 e MANCUSO, Rodolfo de Carvalho. *Interesses Difusos - conceito e legitimação para agir*. São Paulo: RT, 1991.

[111] GIDI, Antonio. *Rumo a um Código de Processo Civil Coletivo*. Rio de Janeiro: Editora GZ, 2008. p. 352.

Conclusão

Conclui-se que o sucesso das ações coletivas está relacionado à capacidade de se estabelecer um tratamento realmente "molecularizado" para a resolução dos conflitos de massa. Nessa medida, a existência de várias ações coletivas, ao lado de grande número de processos individuais, versando sobre a mesma questão de fundo, coloca em descrédito a perspectiva de um processo verdadeiramente coletivo, concebido para concentrar em um único feito as decisões, até mesmo no sentido de se evitar decisão conflitantes, colheita de provas, recursos e, eventualmente, à própria execução.

Nesse contexto, mostra-se indispensável a discussão a respeito da previsão legislativa da ação coletiva passiva originária que consiste em ação coletiva promovida contra um grupo de pessoas em casos em que a individualização seja impossível ou indesejada. A realidade e, também, a jurisprudência, evidenciam a necessidade de previsão de tal instituto para a viabilização da proteção de interesses e direitos fundamentais, tais como propriedade, liberdade e segurança. Além disso, conforme demonstrado ao longo do presente artigo, a negativa de tal forma de tutela redundaria em lesão ao direito fundamental de acesso à justiça, uma vez que impediria o ajuizamento de ação contra grupo de pessoas, obstando a defesa de interesses e direitos violados.

A previsão e disciplina de tal instituto enfrentam alguns entraves relativamente aos seus fundamentos, como, por exemplo, com referência à representatividade adequada e a extensão dos limites subjetivos da coisa julgada material. Assim, para que tais ações possam se estruturar no ordenamento, a legislação futura deve se focar em três tópicos essenciais: [1] o fortalecimento do controle de representatividade adequada, [2] a extensão dos limites subjetivos da coisa julgada objetivando a efetividade dessa tutela e a [3] admissibilidade da ação coletiva passiva no ordenamento jurídico brasileiro.

Neste sentido, podem-se agregar às lúcidas colocações de Antonio Gidi de que as [4] questões comuns de fato e de direito devem ser levadas em consideração por serem mais palpáveis e viáveis do que abstrações focadas nos conceitos complexos de direitos coletivos, difusos e individuais homogêneos; [5] o controle judicial rigoroso sobre a representação adequada dos grupos e [6] a notificação eficaz das partes afetadas no processo e membros ausentes e, ainda,[7] a positivação e regulamentação da ação coletiva passiva no ordenamento jurídico brasileiro. As propostas do Professor Gidi, com os adendos aqui propostos, podem tornar funcional a ação coletiva passiva e conferir ampla efetividade a este instituto no Brasil.

— VII —

Comentários ao modelo probatório previsto no Projeto do Código de Processo Civil Coletivo: um modelo para países de direito escrito

EDUARDO TONIN CITOLIN[1]

Sumário: 1. Introdução; 2. Os modelos de prova e sua relação com as fases do Processo Civil; 3. O modelo de prova superestático estabelecido no Código de Processo Civil de 1973; 4. Análise sobre o modelo probatório proposto no Projeto do Código de Processo Civil Coletivo. Um modelo para países de direito escrito (anteprojeto original); 4.1. As disposições sobre ônus da prova presentes no Projeto; 4.2. As disposições sobre inversão dos custos da prova presentes no Projeto; 4.3. As disposições sobre prova estatística previstas no Projeto; 5. Conclusão.

1. Introdução

Muito se discute no Brasil sobre a pertinência de ser aprovado um código de processo civil coletivo, que realmente supra as necessidades de tutela dos chamados *novos direitos*, superando as divergências e preenchendo as lacunas que invariavelmente surgem quando uma demanda judicial é submetida ao regramento processual de pelo menos três diplomas legais distintos, como acontece com as ações coletivas brasileira, que são regidas pela Lei da Ação Civil Pública, pelo Código de Defesa do Consumidor e pelo Código de Processo Civil.

Apesar dos bons projetos de lei que já foram desenvolvidos e estão em sendo analisados no parlamento, a discussão não avança no ritmo necessário.

Mesmo assim, academicamente o assunto continua sendo cada vez mais comentado, pois os debates sobre o tema não só servem para amadurecer e aprimorar os projetos, como ajudam na interpretação e resolu-

---

[1] Mestre em Direito pela Pontifícia Universidade Católica do Rio Grande do Sul (PUC-RS). Especialista em Direito Ambiental Nacional e Internacional pela Universidade Federal do Rio Grande do Sul (UFRGS) e em Direito Processual Civil pela Academia Brasileira de Direito Processual Civil (ABDPC). Advogado em Porto Alegre.

PROCESSOS COLETIVOS

ção de conflitos pelo Poder Judiciário, pois muitas das ideias existentes já começaram a ser utilizadas no dia a dia forense, mesmo sem previsão legal.

É justamente por esta pertinência prática que aqui se propõe a realização de uma análise específica sobre as disposições previstas no projeto de *Código de Processo Civil Coletivo: um Modelo para Países de Direito Escrito (Anteprojeto Original)*, publicado por Antonio Gidi,[2] quanto aos aspectos concernentes à produção de provas.

2. Os modelos de prova e sua relação com as fases do Processo Civil

O tratamento dado aos modelos probatórios evoluiu na mesma medida que as fases teóricas do processo foram sendo superadas. Enquanto na fase "pré-histórica" do processo prevalecia o modelo argumentativo de prova, característico do período do *praxismo*, com o surgimento do Estado liberal, surge o modelo demonstrativo.

Atualmente, vive-se o que se denomina de processo no Estado Constitucional e seu respectivo novo modelo de prova. Após o advento da Constituição Federal de 1988 e o surgimento de um novo marco teórico, por alguns denominado formalismo-valorativo,[3] há a descoberta de um novo modelo probatório para a contemporaneidade.

Mas antes de se discutir esse novo modelo probatório ditado pelo Estado Constitucional, vale lembrar que o instituto probatório tal como se conhece hoje, pregando um modelo de distribuição do ônus da prova que pode ser sintetizado na ideia de que *"aquele que alega deve provar"*,[4] foi iniciado ainda na época do direito romano. Foi nessa época que as primeiras orientações acerca do ônus da prova começaram a surgir no processo, ainda que de maneira bastante tímida. Mesmo não estando regulamentado, o instituto parecia surgir a partir de regras empíricas de bom senso e oportunidade.[5] Ao longo da evolução da *práxis* romana, especialmente

---

[2] O conteúdo do texto adiante comentado foi obtido na seguinte publicação – GIDI, Antônio. Código de processo civil coletivo. um modelo para países de direito escrito. *Revista de Processo.* São Paulo : Revista dos Tribunais, 2003, n.111, p.192-208.

[3] OLIVEIRA, Carlos Alberto Alvaro de. *Do formalismo no processo civil.* 3. ed. São Paulo: Saraiva, 2009.

[4] Ainda que se diga que foi a teoria de Rosemberg que influenciou grande parte dos ordenamentos jurídicos na formulação das disposições sobre o ônus da prova, importante referir que os próprios romanos já aplicavam regras idênticas sobre esse tema. Máximas como *actore non probante, réus absolvitur; probatio incumbit qui dicit, non qui negat; in excipiendo reus fit actor e negativa non sunt probanda;* já eram bastante comuns naquele tempo (BUZAID, Alfredo. Do ônus da prova. *Revista de Direito Processual Civil,* v. 4, jul/dez, 1961, p.8)

[5] DE SARLO *apud* PACÍFICO, Luiz Eduardo Boaventura. *Ônus da prova no direito processual civil.* São Paulo: Revista dos Tribunais, 2001, p. 46.

na segunda fase do direito romano (*per formulas*), os primeiros brocados sobre o ônus da prova, tal como *actore non probante absolvitur reus*, começaram a fazer parte do dia a dia dos árbitros da época.[6]

Estabelecer uma regra, segundo a ideia de que aquele que alega deve provar, sem permitir qualquer exceção, poderia ser coerente com o contexto cultural que viviam os romanos e, consequentemente, as nações que incorporaram esta teoria em seus ordenamentos jurídicos.

Época que havia um flagrante prestígio à segurança jurídica e à previsibilidade do procedimento.[7] No entanto, esse modelo não se sustenta mais da mesma forma. Diante dos anseios e do contexto que vive a sociedade atual, é perceptível que está acontecendo uma mudança de paradigma, onde o modelo *superestático*[8] de produção de provas está cedendo lugar a outro dinâmico, que consegue atender às necessidades da vida pós-moderna e, principalmente, aquelas discussões travadas nas lides coletivas de maneira mais efetiva e justa.

3. O modelo de prova superestático estabelecido no Código de Processo Civil de 1973

Há tempos é tarefa exclusiva do Estado realizar a pacificação dos conflitos sociais de seus cidadãos, por meio de sua estrutura, principalmente pela atuação do Poder Judiciário. Fora as hipóteses previstas no artigo 337 do Código de Processo Civil (CPC),[9] o direito é sempre de conhecimento do órgão judicial (*iura novit curia*), enquanto os fatos exigem provas para que o julgador se convença de sua existência, ressalvadas as *presunções legais* e *judiciais,* bem como outras hipóteses pontuais, como as previstas no artigo 334 do CPC.[10] [11]

Diferentemente do árbitro romano, ao magistrado moderno não é permitido esquivar-se de proferir uma decisão judicial, pronunciando o *non liquet.* O juiz, porém, a quem as afirmações se dirigem, nada sabe sobre os fatos, sendo necessário dar-lhe a possibilidade de formar opinião

---

[6] CASTRO, Francisco Augusto das Neves e. *Teoria das provas e suas aplicações aos atos civis.* Campinas: Servanda, 2000, p. 85.

[7] CARPES, Artur. *Ônus dinâmico da prova.* Porto Alegre: Livraria do Advogado, 2010, p.48.

[8] PEYRANO, Jorge; CHIAPPINI, Julio. *Lineamientos de las cargas probatórias "dinámicas".* In: Cargas probatorias dinâmicas / dirigido por Jorge Walter Peyrano. Santa Fe : Rubinzal-Culzoni, 2008, p. 16.

[9] *"Art. 337: a parte que alegar direito municipal, estadual, estrangeiro ou consuetudinário, provar-lhe-á o teor a vigência, se assim o determinar o juiz".*

[10] *"Art. 334: não dependem de prova os fatos: I- notórios; II- afirmados por uma parte e confessados pela parte contrária; III- admitidos, no processo, como incontroversos; IV- em cujo favor milita presunção legal de existência ou de veracidade".*

[11] PACÍFICO, *Ônus da prova...,* 15/16.

sobre a verdade ou falsidade do que for afirmado. Este é, precisamente, o objetivo das provas.[12]

O sistema ordinário de distribuição do ônus da prova, previsto no art. 333 do Código de Processo Civil, seguindo as disposições em matéria probatória do direito europeu, que, por sua vez, incorporou grande parte das reflexões romanas produzidas principalmente durante o período do *cognitio* romano, tratou de repetir a regra estática, ou melhor, *superestática*,[13] que aquele que alega deve provar. Da leitura do referido dispositivo, ao autor da ação foi estabelecido o ônus de provar os fatos *constitutivos* de seu direito e ao réu o papel de apresentar eventuais fatos *impeditivos*, *modificativos* ou *extintivos* deste suposto direito, ignorando-se completamente as condições concretas das partes de produzirem determinadas provas:

> Art. 333. O ônus da prova incumbe:
> I – ao autor, quanto ao fato constitutivo do seu direito;
> II – ao réu, quanto à existência de fato impeditivo, modificativo ou extintivo do direito do autor.
> Parágrafo único. É nula a convenção que distribui de maneira diversa o ônus da prova quando:
> I – recair sobre direito indisponível da parte;
> II – tornar excessivamente difícil a uma parte o exercício do direito.

Fica claro, portanto, que o comando normativo deste dispositivo legal, numa interpretação literal, determina que a responsabilidade pela produção da prova seja sempre daquele que pretende a aplicação da norma invocada, exigindo-se do réu apenas o ônus de fazer prova dos fatos eventualmente sustentados por meio de defesa indireta. Lembrando que na defesa indireta o réu apresenta circunstância impeditiva, modificativa e ou extintiva do direito do autor, enquanto na defesa direita – da qual estaria isento de trazer aos autos qualquer tipo de prova – o réu restringe-se a negar o fato constitutivo.[14]

Assim, o artigo 333 do Código de Processo Civil representa um perfeito exemplo da essência liberal deste código datado de 1973, que privilegia a *segurança jurídica,* a *igualdade formal das partes* e a *previsibilidade dos procedimentos judiciais.*[15]

Com a promulgação da Constituição Federal de 1988 – elevando o *acesso à justiça* à condição de direito fundamental e, principalmente, consagrando os *"novos direitos" e as ações coletivas,* a distribuição geral,

---

[12] PACÍFICO, op. cit., p. 19.

[13] A feliz expressão é dos precursores argentinos sobre a teoria do ônus dinâmico da prova: PEYRANO, Jorge; CHIAPPINI, Julio. *Lineamientos de las cargas probatórias "dinámicas".* In: Cargas probatorias dinâmicas / dirigido por Jorge Walter Peyrano. Santa Fe: Rubinzal-Culzoni, 2008, p. 16.

[14] CARPES, *Ônus dinâmico da prova...,* p. 67-68.

[15] Idem, p. 69.

abstrata e fechada positivada em 1973 passou a estar dissociada da atual realidade brasileira, de Estado Constitucional.

O resultado prático da aplicação irrestrita do obsoleto dispositivo legal é uma série de violações constitucionais que devem ser evitadas. Caso não sejam evitadas, "o processo, de instrumento de justiça, criada para dar razão ao mais justo", tornar-se "um instrumento de habilidade técnica, criado para dar vitória ao mais astuto".[16]

Não se pode ignorar que, por ser bastante utilizado e também muito eficiente na prática forense, pois é uma regra apropriada para regular a maioria dos conflitos, o artigo 333 do CPC acabou não tendo sua receptividade constitucional efetivamente contestada. No entanto, isso não significa que o modelo *superestático* não possa ser reinterpretado à luz dos novos princípios constitucionais, intimamente ligados ao Estado Constitucional.

A aplicação abstrata e fechada do instituto, como regra que não admite exceções, fere uma série de direitos fundamentais, principalmente aqueles direitos fundamentais contemporâneos tutelados pelas demandas coletivas.

A releitura dos direitos (penais, civis, ambientais, etc.), realizada a partir de uma interpretação constitucional, já permite ao juiz redirecionar o ônus da produção de uma ou mais provas quando constatar que uma das partes detenha melhores condições de produzi-las. Basta fundamentar sua decisão em uma série de direitos fundamentais, em especial ao direito fundamental à igualdade substancial e ao direito fundamental à prova.[17]

Assim, sempre que o juiz observar que a distribuição superestática do ônus da prova, positivada no Código de Processo Civil – que garante aos litigantes uma simples igualdade formal – esteja causando desequilíbrio nos esforços da prova no caso concreto, deverá (e não simplesmente poderá) fazer valer também a necessária igualdade substancial das partes, garantindo a conformação constitucional do procedimento probatório, através de uma aplicação ampla do direito fundamental à igualdade.

A atual redação do Código de Processo Civil estabelece em seu artigo 125[18] como um dos elementos a garantir o efetivo acesso à justiça, a igualdade de tratamento entre os litigantes. No entanto, a igualdade

---

[16] CALAMANDREI, Piero. *Direito Processual Civil*. v. 3. Campinas : Bookseller, 1999, p.224.

[17] CARPES, *Ônus dinâmico da prova...*, p. 76.

[18] "Art. 125: o juiz dirigirá o processo conforme as disposições deste Código, competindo-lhe: I – assegurar às partes igualdade de tratamento".

assegurada pelo CPC é meramente formal, pois pressupõe a igualdade dos cidadãos perante a lei.

A igualdade formal é uma característica típica do Estado Liberal, que buscava garantir justamente a liberdade ao prever a igualdade de tratamento entre os litigantes, sem permitir qualquer tipo de discriminação. É esta igualdade que está presente na essência de muitos artigos do Código de Processo Civil de 1973, em especial no próprio art. 333. No entanto, o Código deixa de fora a também necessária igualdade substancial, que é garantir a igualdade não só perante a lei, mas na própria lei:

> A garantia constitucional da isonomia deve, evidentemente, refletir-se no processo. Vários são os princípios proclamados pela doutrina moderna e adotados pela quase totalidade das legislações, visando a garantir a igualdade das partes.
>
> Pelo que a experiência tem demonstrado, todavia, tais postulados asseguram tão-somente a igualdade formal entre os litigantes, o que, evidentemente, não satisfaz ao jurista preocupado com o fim social do direito e que, por isso, não se contenta com meras figuras de retórica.
>
> Dentre as regras que não asseguram a real igualdade entre os litigantes, encontra-se a da plena disponibilidade das provas, reflexo de um superado liberal-individualismo, que não mais satisfaz as necessidades da sociedade moderna, pois pode levar as partes a uma atuação de desequilíbrio substancial.[19]

O principal desafio em torno da aplicação da igualdade substancial das partes no processo civil contemporâneo é descobrir qual será o critério para aferir o grau de igualdade no procedimento probatório, pois o ideal é garantir um absoluto equilíbrio. Ou seja, a participação deve ser pautada pela igualdade a partir dos limites da exata aptidão das partes para colaborar com o alcance da verdade, sem ignorar que a dinâmica das relações sociais pode apresentar uma série de obstáculos no caso concreto submetido ao Judiciário.[20]

4. Análise sobre o modelo probatório proposto no Projeto do Código de Processo Civil Coletivo. Um modelo para países de direito escrito (anteprojeto original)

Mesmo já contando com a Lei da Ação Civil Pública, com a Lei da Ação Popular e com o Código de Defesa do Consumidor para regular a tutela jurisdicional dos direitos ou interesses coletivos, alguns doutrinadores[21] que se dedicam ao tema da tutela dos direitos (ou interesses)

---

[19] BEDAQUE, José Roberto dos Santos. *Poderes instrutórios do juiz*. 2. ed. São Paulo: Revista dos Tribunais, 1994, p. 72.

[20] CARPES, *Ônus dinâmico da prova...*, p 81.

[21] Antonio Gidi, Aluísio Gonçalvez de Castro Mendes, Ada Pellegrini Grinover, Kazuo Watanabe, etc.

coletivos identificaram a necessidade de aperfeiçoar essas legislações de acordo com as novas concepções teóricas nacionais e internacionais, a fim de garantir um regulamento completo para as demandas coletivas no Brasil.

As deficiências do Código de Processo Civil de 1973, que é utilizado de maneira subsidiária na tutela dos direitos coletivos, em lidar com a tutela jurisdicional dos bens de natureza transindividual, estimularam os debates para criação de um verdadeiro Código de Processo Civil Coletivo.

Parece estar claro, mesmo entre aqueles que não concordam com a codificação dos direitos coletivos, que o Código de Processo Civil atual, fundado na concepção do liberalismo individualista, construído com o objetivo de regular, quase que exclusivamente, conflitos de natureza individual, não atende mais aos anseios processuais coletivos.

Foi neste cenário que surgiram quatro importantes anteprojetos de Códigos de Processo Civil Coletivo: Código Modelo de Antônio Gidi (CM-GIDI); Anteprojeto de Código Modelo de Processos Coletivos para Ibero-América (CMI-A); Anteprojeto do Código Coletivo do Instituto Brasileiro de Direito Processual (CBPC-IBDP); e o Anteprojeto de Código de Brasileiro de Processos Coletivos (CBPC-UERJ/UNESA).[22]

Entre as principais alterações previstas nestes projetos, merecem destaque as seguintes: o estabelecimento de princípios próprios indicando ser uma disciplina processual autônoma; ampliação dos direitos coletivos tuteláveis; aumento do rol de legitimados; participação da sociedade na decisão sobre a destinação dos valores obtidos no ressarcimento de violações a direitos difusos; criação de dois cadastros nacionais para acompanhamento de inquéritos civis, compromissos de ajustamento de conduta e ações civis públicas ajuizadas; modificação da regra de competência, conexão, continência, litispendência e coisa julgada; aperfeiçoamento do sistema de execução das tutelas coletivas; e, principalmente, a consolidação do sistema jurídico coletivo, mediante revogação de dispositivos dispersos pelo Código de Defesa do Consumidor, Estatuto da Criança e do Adolescente, Lei da Ação Civil Pública, Ação Popular, etc.[23]

É justamente com esse espírito de se adaptar aos novos paradigmas, construídos pela nova ordem constitucional, que o projeto do código de

---

[22] Os textos completos destes anteprojetos estão publicados na seguinte obra: DIDIER JUNIOR, Fredie; ZANETI JUNIOR, Hermes. *Curso de direito processual civil : processo coletivo*. v. 4. 3. ed. Salvador: JusPODIVM, 2008, p. 439-501.

[23] Exposição de motivos n° 43, do Projeto de Lei 5139/2009, de iniciativa do Poder Executivo, disponível em: <http://www.planalto.gov.br/ccivil_03/Projetos/EXPMOTIV/MJ/2009/43.htm>. Acesso em: 07.10.2013.

PROCESSOS COLETIVOS

processo coletivo, desenvolvido por Antonio Gidi e que a seguir será comentado, aborda a questão probatória nas lides coletivas.

Ciente de que o modelo *superestático* previsto no Código de Processo Civil brasileiro não está mais apto a servir como regra geral nem mesmo ao processo individual, o projeto consegue apresentar uma solução que ao mesmo tempo consegue ser abrangente e simples.[24]

Veja-se que apesar de ser fruto de uma pesquisa iniciada ainda na década de 90 e publicada no ano de 2003, o texto, salvo alguns reparos, apresenta o que de mais moderno existe atualmente em matéria de produção de provas, seja em nível doutrinário, jurisprudencial e legal.

As disposições sobre a produção de provas estão concentradas nos artigos 11, 12, 13. Ao contrário do que acontece com quase todos os outros artigos do projeto, que são trabalhados na redação de um *caput*, e seguem bastante detalhados nos parágrafos que complementam o comando normativo, os artigos dedicados a regrar a produção de provas das demandas coletivas são três dos seis únicos artigos do projeto que não possuem qualquer detalhamento.

No entanto, o que mais impressiona é que em poucas linhas o autor insere ferramentas jurídicas indispensáveis para que a tarefa do juiz e das partes fique menos onerosa e mais efetiva, fazendo com que o processo coletivo se torne um instrumento cada vez mais apto para investigar os fatos no caso concreto.

Estes são os dispositivos que tratam da produção probatória no Projeto:

Artigo 11 – Ônus da prova
11. Quando o descobrimento da verdade dos fatos depender de conhecimentos técnicos ou de informações que apenas uma das partes dispõe ou deveria dispor, a ela caberá o ônus da prova, se as alegações da parte contrária forem verossímeis.
Artigo 12 – Custo da prova
12. Quando a produção da prova for extremamente difícil e custosa para uma das partes e não para outra, o juiz atribuirá a sua produção à parte contrária, que terá o direito de ser ressarcida das suas despesas.
Artigo 13 – Prova estatística
13. O uso de prova estatística ou por amostragem é permitido como complemento à prova direta ou quando a prova direta for custosa ou de difícil ou impossível produção.

Conforme se identifica a partir de uma simples leitura dos artigos transcritos, o projeto apresenta o que de mais avançado existe em matéria probatória. Conceitos como ônus dinâmico, inversão do encargo financeiro, a verossimilhança das alegações, a prova estatística, estão expressamente presentes no texto proposto.

---

[24] A propósito, a preferência do autor por privilegiar a utilização de expressões simples, que facilitassem a compreensão da ideia, vem reconhecida na aposição de motivos do Projeto.

4.1. As disposições sobre ônus da prova presentes no Projeto

Como comentado acima, em que pese tenha sido e ainda seja de grande valia para o desenvolvimento da lógica processual, sendo pertinente para resolver a grande maioria das lides judiciais, a regra prevista no artigo 333 do Código de Processo Civil brasileiro, não raras vezes, viola o direito fundamental de acesso à justiça, através da violação da igualdade substancial das partes e do direito à prova.[25]

Essa violação, provocada pela má distribuição do ônus, se materializa quanto se passa a exigir do autor a produção de uma prova diabólica, que nada mais é do que uma prova cuja produção é extremamente difícil ou até mesmo impossível de ser produzida por ele, mas que poderia ser produzida sem grandes esforços pela parte contrária.

Foi justamente para combater essa desigualdade de condições, que surgiu a teoria da dinamização do ônus da prova. A partir dessa teoria, sempre que fosse constatado desequilíbrio entre as partes nas condições de produção de provas, passaria a ser um dever do juiz, e não simples faculdade, proceder a conformação do procedimento de prova à Constituição, utilizando-se da teoria do ônus dinâmico para redistribuir o encargo à parte que tenha mais facilidade de produzir a(s) prova(s) necessária(s).

E veja-se que dinamizar não equivale a inverter o ônus da prova. Dinamizar na, maioria das vezes, possui um significado muito mais pontual. Isso porque ao dinamizar o juiz determinará que uma ou mais provas sejam produzidas pelo réu, o que não equivale a dizer que todas as provas passem a estar sob sua responsabilidade. Ou seja, o juiz não irá simplesmente operar uma inversão, atribuindo toda a responsabilidade que era do autor ao réu, mas sim, deverá identificar, através da argumentação apresentadas pelas partes, quem tem melhores condições de produzir uma ou outra prova.[26]

Isso porque a simples inversão ônus pode ter como resultado uma inversão do desequilíbrio que se busca combater, passando-se a exigir do réu a chamada prova diabólica inversa, o que não pode ser admitido por aqueles que buscam, justamente, garantir a igualdade substancial das partes e o direito à prova, através da teoria da dinamização.

Assim como já aconteceu com outros direitos, o direito processual precisa se adaptar aos novos paradigmas construídos a partir da nova lógica constitucional. E questão probatória é um instituto absolutamente apropriado a essa evolução procedimental, interpretada à luz dos valores constitucionais contemporâneos. E foi justamente percebendo esse

---

[25] CARPES, *Ônus dinâmico da prova...*, p. 76.
[26] Idem, p. 117.

contexto, que a ideia encartada no Projeto acerca da distribuição do ônus da prova se torna cada vez mais pertinente e atual, encontrando total respaldo nos demais juristas adeptos a teoria da dinamização do ônus da prova.

De forma simples e objetiva, o dispositivo 11 do projeto cumpre o objetivo de oferecer ao magistrado a possibilidade de, diante de uma desigualdade de condições na produção das provas entre as partes, que violaria o acesso à justiça de uma delas, redistribuir o encargo de produção de uma ou mais provas, desde que as alegações da parte inapta demonstrem serem ao menos verossímeis. Em outras palavras, o dispositivo permite que o juiz altere a regra geral prevista no Código de Processo Civil, sempre que as peculiaridades do caso concreto demonstrarem que uma das partes tem melhores condições de trazer aos autos às provas necessárias a formação da convicção do magistrado.

Mas vale ressaltar que, ainda que a dinamização do ônus da prova seja um importante instrumento para equilibrar a atividade probatória das partes, é preciso aplicá-la com cuidado. É importantíssimo bem definir quais são as circunstâncias que justificariam esta dinamização no caso concreto, valendo-se a regra geral prevista no Código de Processo Civil para todos os casos em que nenhuma circunstância relevante seja identificada. Isso porque, a dificuldade de uma das partes não necessariamente significa a facilidade da outra. Não são raros os casos em que a prova é de difícil produção para ambas as partes e qualquer alteração na distribuição do seu ônus provoca uma injustificada simples inversão de dificuldades.

A redação do projeto peca, apenas, ao não definir um aspecto bastante polêmico, que é o momento processual adequado para ser realizada a mudança no ônus e, consequentemente, o recurso cabível da decisão que a decreta. Ainda que esse detalhamento pareça não ter sido a preocupação do autor do projeto, que teve como objetivo apenas lançar ao espaço acadêmico ideias essenciais à discussão envolvendo os processos coletivos, definir essas questões é algo extremamente importante.

As divergências doutrinárias acerca do momento adequado para ser decretada a dinamização são bastante amplas e bem fundamentadas. Há quem defenda que o momento mais oportuno seja no despacho citatório, outros que sustentam seja no despacho saneador ou, ainda, na sentença. Há quem diga, também, que pode ocorrer a qualquer tempo.

A escola de processo argentina, onde a teoria do ônus dinâmico já está presente em precedentes da Suprema Corte daquela nação desde 1957,[27] tem demonstrado uma forte tendência de sugerir que o momento correto é na prolação da sentença de mérito, conforme destaca White:

---

[27] "El primer fallo dictado en el país, en el cual se aplica la teoría de las cargas probatorias dinámicas aunque sin darle esse nombre, es nada más y nada menos que de la Corte Suprema de la nacion,

Lo hasta aquí expuesto deja implícitamente demostrado que solamente podrá decidirse sobre la carga de la prueba luego de producidas íntegramente las pruebas ofrecidas por las partes, esto es, al final del proceso, en la sentencia de mérito.[28]

Parte da doutrina brasileira também entende que o momento oportuno é na prolação da sentença, justificando que somente quando verificada a insuficiência de prova que impeça a formação da convicção do magistrado, haveria a necessidade de aplicação do instituto, conforme Fiorillo: "Por se tratar de regra de juízo, ou seja, de julgamento, somente deverá ocorrer quando verificada a insuficiência de provas que impeça o convencimento do magistrado".[29]

No entanto, a dinamização do ônus da prova somente na sentença não parece ser a mais salutar para o bom andamento do processo que tem como objetivo final a completa formação do juízo de fato.

A posição de Fiorillo e White, que defendem a dinamização somente ao final da lide, comete o tradicional equívoco daqueles que ignoram a dupla funcionalidade do instituto, pois consideraram apenas a função objetiva do ônus da prova, que funciona como *regra de julgamento*, ignorando, portanto, a função subjetiva do ônus, que funcionária como *regra de organização da atividade probatória das partes*.

Assim, o entendimento representado pela Súmula n° 91, do Tribunal de Justiça do Estado do Rio de Janeiro, parece ser o mais apropriado. Refere, em outras palavras, que a dinamização não pode ser determinada em sentença, pois a "inversão" do ônus da prova, por não ser legal e sim judicial (operando-se em alguns casos e não em todos), poderia surpreender o novo onerado, violando o princípio do contraditório.[30]

O Superior Tribunal de Justiça, apesar de possuir decisões afirmando ser na sentença o momento mais apropriado,[31] vem gradativamente corrigindo tal entendimento, confirmando ser a fase instrutória o momento mais apropriado:

RECURSO ESPECIAL. CDC. APLICABILIDADE ÀS INSTITUIÇÕES FINANCEIRAS. ENUNCIADO N. 297 DA SÚMULA DO STJ. INVERSÃO DO ÔNUS DA PROVA (ART. 6º, INCISO VIII, DO CDC). MOMENTO PROCESSUAL. FASE INSTRUTÓRIA. POSSIBILIDADE.
1. Há muito se consolidou nesta Corte Superior o entendimento quanto à aplicabilidade do Código de Defesa do Consumidor às instituições financeiras (enunciado n. 297 da Súmula

---

y fue dictado el 21 de junio del año 1957". (WHITE, Inés Lépori. Cargas probatorias dinámicas. In: *Cargas probatorias dinámicas*. Santa Fe: Rubinzal-Culzoni, 2008, p. 71).

[28] WHITE, Cargas probatorias dinámicas..., p. 51.

[29] FIORILLO, Celso Antonio Pacheco. *Curso de direito ambiental brasileiro*. 10. ed. São Paulo: Saraiva, 2009a, p. 447-448.

[30] Súmula de jurisprudência predominante n° 006/2005, publicada no DJ de 17.11.2005.

[31] BRASIL. Superior Tribunal de Justiça. REsp 203.225/MG. Relator: Min. Sálvio de Figueiredo Teixeira. Julgado em: 5 ago. 2002.

do STJ) e, por conseguinte, da possibilidade de inversão do ônus da prova, nos termos do inciso VIII do artigo 6º da lei consumerista.

2. O Tribunal de origem determinou, porém, que a inversão fosse apreciada somente na sentença, porquanto consubstanciaria verdadeira "regra de julgamento".

3. Mesmo que controverso o tema, dúvida não há quanto ao cabimento da inversão do ônus da prova ainda na fase instrutória – momento, aliás, logicamente mais adequado do que na sentença, na medida em que não impõe qualquer surpresa às partes litigantes –, posiciona-mento que vem sendo adotado por este Superior Tribunal, conforme precedentes.

4. Recurso especial parcialmente conhecido e, no ponto, provido.[32]

Em que pese não exista um momento definido para proferir a decisão sobre a responsabilidade pela produção da prova, que dependerá das circunstâncias do caso concreto, tudo leva a crer que a dinamização só não possa acontecer na sentença. Ela deve acontecer, preferivelmente, até o despacho saneador, possibilitando, entre outras coisas, o aprofundamento do debate no próprio processo, em sede de pedidos de reconsideração ou em sede recursal, via agravo de instrumento.

O próprio autor do projeto, em artigo publicado em meados de 1995, defendeu que o momento mais propício para a mudança na regra do ônus é o momento anterior à fase instrutória.[33]

É sempre oportuno lembrar que, adotar a concepção dinâmica do ônus da prova parece exigir, como contrapartida, um inegável e necessário reforço da garantia do contraditório. E este reforço, passa, certamente, pela necessidade do juiz dialogar permanentemente com as partes e evitar surpresas aos litigantes em matéria probatória.[34]

4.2. As disposições sobre inversão dos custos da prova presentes no Projeto

Da mesma forma que a previsão de dinamização do ônus prova prevista no projeto, o artigo 12 também prevê uma importante ferramenta de acesso à justiça, qual seja, a possibilidade de inversão dos custos da prova. Afinal, não raras vezes a prova do autor resta inviabilizada pelo alto custo de sua produção, apesar de o réu ter condições de arcar com estes custos, sem grandes esforços. É justamente nestes casos que aflora o artigo 12 previsto no projeto.

De fato, no direito brasileiro esse assunto ainda não é unanimidade. Muitos magistrados entendem que onerar o réu com estes custos não é

---

[32] BRASIL. Superior Tribunal de Justiça. REsp 662.608/SP. Relator: Min. Hélio Quaglia Barbosa. Julgado em: 5 fev. 2007.

[33] GIDI, Antonio. Aspectos da inversão do ônus da prova no Código do Consumidor. *Revista de Direito do Consumidor*. São Paulo : Revista dos Tribunais, v.13, p.33-41, 1995.

[34] MIRRA, Álvaro Luiz Valery. *A prova na ação civil pública ambiental*. Disponível em: <www.planeta-verde.org/doutrina>. Acesso em: 29 jan. 2011.

a saída mais apropriada, bem como existiriam poucos mecanismos de coerção para forçar estes pagamentos. Uma solução interessante para retirar o réu de eventual zona de conforto é o entendimento adotado pelo Ministro Humberto Martins, no julgado cuja ementa segue transcrita abaixo. Apesar de não impor o pagamento da prova ao réu, utilizando-se o instituto da dinamização do ônus, sinalizou a ele que a não produção da prova faria surgir uma presunção que comprometeria sua defesa na ação e, por consequência, garantiria a procedência da demanda:

PROCESSUAL CIVIL – INVERSÃO DO ÔNUS DA PROVA – EXTENSÃO – HONORÁRIOS PERICIAIS – PAGAMENTO – PERÍCIA DETERMINADA DE OFÍCIO – AUTOR BENEFICIÁRIO DA JUSTIÇA GRATUITA.

1. Cinge-se a controvérsia em saber se a questão de inversão do ônus da prova acarreta a transferência ao réu do dever de antecipar as despesas que o autor não pôde suportar.

2. A inversão do ônus da prova, nos termos de precedentes desta Corte, não implica impor à parte contrária a responsabilidade de arcar com os custos da perícia solicitada pelo consumidor, mas meramente estabelecer que, do ponto de vista processual, o consumidor não tem o ônus de produzir essa prova.

3. No entanto, o posicionamento assente nesta Corte é no sentido de que a parte ré, neste caso, a concessionária, não está obrigada a antecipar os honorários do perito, mas se não o fizer, presumir-se-ão verdadeiros os fatos afirmados pelo autor (REsp 466.604/RJ, Rel. Min. Ari Pargendler e REsp 433.208/RJ, Min. José Delgado).

4. Por fim, prejudicado o pedido de antecipação de tutela, em vista da não-obrigatoriedade de pagamento, pela Concessionária, dos honorários periciais. Agravo regimental parcialmente provido.[35]

A decisão acima bem evidencia uma forma de coagir o réu a adimplir os custos da prova. Ainda que não esteja expressamente referida no dispositivo ora comentado, parece estar implicitamente lançado no art. 12 que o juiz somente deferirá determinada prova e onerará a parte que sequer a requereu caso existam claras evidências de que as conclusões a partir daí obtidas seriam pertinentes ao deslinde do feito, bem como que ainda residam dúvidas quando ao mérito a ser decidido pelo magistrado. Do contrário, a prova sequer faria sentido.

4.3. As disposições sobre prova estatística previstas no Projeto

A previsão da prova estatística também é uma importante inovação trazida pelo referido projeto, "afinal, o acesso à justiça também significa acesso às provas".[36] Na verdade há quem sustente que o direito à prova compõe o *"núcleo essencial"*[37] do processo, pois não estando precisamente

---

[35] Agrg em REsp nº 1042919- SP Agravo Regimental no Recurso Especial – Ministro Humberto Martins – T2 – Segunda Turma – 05/03/2009.

[36] GIDI, Antonio. *Rumo a um Código de Processo Civil Coletivo : a codificação das ações coletivas do Brasil.* Rio de Janeiro: GZ Editora, 2008, p. 130.

[37] WALTER, Gerhart. *Libre apreciación de la prueba.* Bogotá: Temis, 1985, p. 337.

apresentados os fatos sob o qual o juiz proferirá sua decisão, evidentemente isso refletirá na prestação jurisdicional, que será em menor ou maior grau prejudicada:

> Vale dizer: o direito à prova constitui, portanto, corolário imediato do direito fundamental ao processo justo. Pressupõe a participação da parte e, por isso, abrange a possibilidade desta se valer dos meios e das fontes de prova necessários à correta formulação do juízo de fato, mas não apenas isso. Implica também o direito de deduzir as provas que servem para a aferição da veracidade das alegações, no direito de que tais provas sejam admitidas (ou, caso contrário, em uma inadmissão motivada), isto é, no direito a um adequado juízo de admissibilidade da prova, no direito de efetivamente produzir tais provas, bem como, ao fim e ao cabo, no direito à sua respectiva valoração. Sua efetividade depende, pois, da adequação do procedimento probatório, no sentido de que este seja estruturado para oportunizar a efetiva participação dos sujeitos processuais no trabalho de formação do juízo de fato.[38]

Isso porque, a sentença baseada em insuficiência de prova aumenta a distância entre a finalidade do processo, que nada mais é do que a realização da justiça. Sem dúvida, render-se a um simples *"julgamento segundo o ônus da prova* [na perspectiva da função objetiva do ônus], *é uma tragédia psicológica para qualquer juiz de sensibilidade apurada"*.[39]

Neste cenário é louvável qualquer tentativa de trazer ao processo civil, em especial ao processo coletivo (que enfrenta dificuldades ainda maiores no campo do direito probatório), todos os instrumentos cientificamente válidos, como é o caso da prova por estatística ou por amostragem.

Conforme Antonio Gidi destaca, essa técnica, conhecida nos Estados Unidos como *probabilistic proof* ou *statistical evidence*, é uma ferramenta fundamental para os casos em que a prova direta é de difícil produção ou até mesmo impossível. A prova estatística funcionaria, por tanto, como uma prova indireta.[40]

A utilidade deste meio de prova fica bem evidente no seguinte exemplo:

> Como provar que uma empresa discrimina mulheres, negros ou deficientes físicos? [...] Em alguns casos, pode ser extremamente difícil comprovar atos concretos nos quais a discriminação é externada no ambiente de trabalho (*adverse treatment*), mas é possível comprovar que o número de mulheres e negros empregados, ou os seus salários, são injustificavelmente inferiores aos de homens brancos trabalhando em posições equivalentes em uma empresa (*adverse impact*).[41]

---

[38] CARPES, *Ônus dinâmico da prova...*, p 88.

[39] BARBOSA MOREIRA, José Carlos. O juiz e a prova. *Revista de Processo*, São Paulo: Revista dos Tribunais, n. 35, jul./set. 1984, p.181-182.

[40] GIDI, *Rumo a um Código de Processo Civil Coletivo...*, p. 130-132.

[41] Idem, p. 129.

Outro exemplo trazido pelo mesmo autor são os casos de responsabilidade civil em massa causada por produto químico comercializado por várias empresas diferentes. Exigir que cada uma das vítimas comprove quem é a fabricante do produto adquirido, bem como demonstre claramente a relação causal e o dano sofrido seria tarefa impossível ou, pelo menos, economicamente inviável. Também em casos como estes é que se utilizaria da estatística para resolver a questão, sendo possível tanto "fazer uma prova estatística para apurar se o dano ao grupo efetivamente ocorreu" (demonstrando que o grupo exposto ao produto tem 50% a mais de chance de desenvolver uma determinada doença), "quando para distribuir a responsabilidade as fabricantes de acordo com a fatia de mercado que cada empresa possui (*market share theory*)".[42]

Quando se fala em tutela preventiva, como são (ou deveriam ser) as demandas que tratam de meio ambiente, a importância de se admitir a estatística como meio de prova fica ainda mais clara, pois pode ser usada para demonstrar as chances de determinada atividade vir a causar um dano ambiental intolerável, antes mesmo que ele se configure.[43]

Não se desconhecem as dificuldades em se demonstrar a possibilidade de ocorrência daquilo que ainda não aconteceu. Mas em diversos campos a ciência já se apresenta absolutamente apta a apresentar resultados bastante confiáveis que podem, sim, basear decisões judiciais. Isso, por si só, já justificaria o acerto entorno da ideia de se incluir a modalidade da estatística como meio de prova nos processos coletivos.

5. Conclusão

O projeto de *Código de Processo Civil Coletivo: um Modelo para Países de Direito Escrito* traz inovações em muitos institutos processuais. No campo do direito probatório não é diferente, merecendo destaque a previsão do ônus dinâmico da prova, a possibilidade de inversão de seus custos e a introdução da estatística como meio de prova.

Como se viu, a atual redação do projeto consagra, a partir do art. 11, a teoria da dinamização do ônus da prova, relativizando um dos principais dogmas do direito brasileiro e mundial, segundo o qual *aquele que alega deve provar*. Conforme induz o *caput* do referido artigo, o juiz passaria a distribuir a carga da prova a partir da capacidade de cada um dos litigantes, não se limitando, portanto, a simplesmente aplicar uma regra

---

[42] GIDI, GIDI, *Rumo a um Código de Processo Civil Coletivo...*, p. 130.

[43] RODRIGUES, Marcelo Abelha, Breves considerações sobre a prova nas demandas coletivas ambientais, in: José Rubens Morato Leite e Marcelo Buzaglo Dantas (orgs.). *Aspectos processuais do direito ambiental*. 2. ed. Rio de Janeiro: Forense Universitária, 2004.

geral, fechada e abstrata, que impõe um comando superestático incompatível com a atual dinâmica das relações social.

A possibilidade de inversão dos custos da prova também é outra importante ferramenta que seria oferecida ao magistrado, afinal, não raras vezes a prova resta inviabilizada pelo simples fato de representarem altos custos ao autor, apesar de o réu ter condições de arcar com estes custos, sem grandes esforços.

Por fim, o destaque dado pelo projeto à possibilidade de a estatística ser utilizada como meio de prova, seria uma importante ferramenta à disposição das partes e do magistrado para se superar as grandes dificuldades que existem na hora das provas serem produzidas, especialmente em demandas coletivas. A partir do previsto neste artigo, seria positivada uma ferramenta fundamental para os casos em que a prova direta é de difícil produção ou até mesmo impossível, pois a prova estatística funcionaria como uma prova indireta.

Em suma, os dispositivos presentes no projeto do *Código de Processo Civil Coletivo: um Modelo para Países de Direito Escrito* retratam o que de melhor se discute no plano doutrinário e jurisprudencial em matéria de prova. Se acolhidos nos termos da redação ora comentada, certamente representariam, pelo menos no campo probatório, um avanço procedimental relevante.

— VIII —

O acordo nos processos coletivos: potencialidades e limites das soluções consensuais na tutela metaindividual trabalhista

ADRIANA GOULART DE SENA ORSINI[1]
RAQUEL BETTY DE CASTRO PIMENTA[2]

Sumário: 1. Introdução; 2. Processos coletivos: a tutela dos direitos e interesses metaindividuais; 3. Momentos da solução consensual: extrajudicial ou endoprocessual; 3.1. Termo de Ajustamento de Conduta e Ministério Público do Trabalho; 3.2. A conciliação endoprocessual: previsão legal e possibilidades; 4. Desafios dos acordos na tutela metaindividual: titularidade e indisponibilidade dos direitos; 4.1. Titularidade dos direitos e legitimidade para conciliar; 4.2. Indisponibilidade dos direitos; 5. Conclusão.

1. Introdução

O presente trabalho busca analisar as formas de solução consensual dos litígios metaindividuais trabalhistas, seja através da transação extraprocessual, anterior ao ajuizamento da ação, seja pela conciliação no bojo de um processo coletivo.

A utilização dos mecanismos de tutela metaindividual na área trabalhista para a tutela de direitos indisponíveis, coletivos ou individuais homogêneos é imprescindível para a concretização e a defesa dos direitos sociais. Em diversos casos, a solução destes litígios pode se dar de for-

---

[1] Professora-Doutora da FdUFMG, Membro do Corpo Permanente do Programa de Pós-graduação da FDUFMG, Juíza Federal do Trabalho, Titular da 47a Vara do Trabalho de Belo Horizonte. Mestre em Direito pelo PGFDUFMG. Professora da ENAMAT - Escola Nacional de Formação e Aperfeiçoamento de Magistrados do Trabalho. Membro do Núcleo de Conciliação Permanente do TRT da 3a Região. Autora de diversos Livros e Artigos.

[2] Doutoranda pela Università di Roma Tor Vergata (Itália) em cotutela internacional com a Universidade Federal de Minas Gerais; Mestre em Direito do Trabalho pela Pontifícia Universidade Católica de Minas Gerais; Especialista em Direito do Trabalho Ítalo Brasileiro pela Università di Roma Tor Vergata (Itália) e Universidade Federal de Minas Gerais; Servidora do Tribunal Regional do Trabalho da 3ª Região; Professora de Direito Material e Processual do Trabalho.

ma consensual, quando o sindicato profissional ou o Ministério Público do Trabalho chega a um acordo com a parte contrária.

A partir do reconhecimento da importância das soluções consensuais como forma de resolução de conflitos, de forma a imprimir maior celeridade e dar efetividade ao acesso à justiça em sua perspectiva mais ampla, o trabalho enfrenta as dificuldades práticas advindas da realização de acordos relativos aos litígios metaindividuais, notadamente as concernentes à indisponibilidade dos direitos coletivos e ao fato de que os entes que atuam como representantes dos trabalhadores não têm a titularidade do direito material discutido.

2. Processos coletivos: a tutela dos direitos e interesses metaindividuais

Nas sociedades de massa contemporâneas, os conflitos possuem inequívoco viés coletivo, quer em face do fenômeno da globalização, quer pelas revoluções tecnológicas operadas. Neste contexto, as lesões aos direitos sociais passaram a ser cada vez mais repetitivas, numerosas e continuadas, a ponto de "transcender ao interesse meramente individual de seus titulares para configurar um problema de extrema gravidade e de indiscutível relevância social – a falta de efetividade dos direitos fundamentais constitucionalmente garantidos" (Pimenta, 2009, p. 15).

Para enfrentar este fenômeno de massificação das violações aos direitos, foi necessária a superação da concepção clássica e individualista do processo civil e daquela tradicional do processo trabalhista, com a criação de mecanismos de tutela metaindividual. Na obra clássica "Acesso à Justiça", Mauro Cappelletti e Bryant Garth destacaram os problemas advindos com a violação de direitos metaindividuais, e afirmaram que uma das necessárias ondas renovatórias do acesso à justiça é a necessidade do enfrentamento destas questões pela via processual, por uma nova concepção coletiva do processo (Cappelletti; Garth, 1998).

Os direitos difusos, coletivos e individuais homogêneos,[3] portanto, podem e devem ser defendidos por meio da tutela metaindividual, concretizada pela atuação dos sindicatos (conforme previsão no art. 8º, III,

---

[3] No Brasil, os direitos difusos, coletivos e individuais homogêneos são conceituados pelo parágrafo único do art. 81 do Código de Defesa do Consumidor (Lei n. 8.078/90), que assim prevê: "Parágrafo único. A defesa coletiva será exercida quando se tratar de: I – interesses ou direitos difusos, assim entendidos, para efeitos deste código, os transindividuais, de natureza indivisível, de que sejam titulares pessoas indeterminadas e ligadas por circunstâncias de fato; II – interesses ou direitos coletivos, assim entendidos, para efeitos deste código, os transindividuais, de natureza indivisível de que seja titular grupo, categoria ou classe de pessoas ligadas entre si ou com a parte contrária por uma relação jurídica base; III – interesses ou direitos individuais homogêneos, assim entendidos os decorrentes de origem comum".

da Constituição[4]) ou do Ministério Público do Trabalho (nos termos dos arts. 127, *caput*, e 129, III, da Constituição[5]).

É possível alcançar soluções consensuais para tais conflitos, seja no bojo destes processos coletivos – ação civil pública ou ações de substituição processual – ou antes mesmo de eventual ajuizamento, a partir da atuação destes entes defensores dos direitos e interesses metaindividuais dos trabalhadores.

A solução consensual traz vantagens inegáveis em termos de celeridade e efetividade, já que o resultado atingido pelas próprias partes representa seu empoderamento e intercompreensão,[6] o que contribui para uma maior aceitação do pactuado e para seu cumprimento espontâneo.

São relevantes as observações de Adriana Goulart de Sena Orsini, Ana Flávia Chaves Vaz de Mello e Tayná Pereira Amaral acerca da conciliação judicial:

> Na conciliação, a solução do problema é próxima da realidade vivenciada pelas partes porque parte da vontade dos próprios sujeitos envolvidos no conflito, diante de uma intervenção de um terceiro. Assim, frente a uma argumentação em torno do problema, junto ao terceiro interveniente (conciliador), as partes vão buscar as suas responsabilidades na questão, aprendendo a ceder total ou parcialmente a sua pretensão em prol de um convívio harmônico. (Sena Orsini; Mello; Amaral, 2011, p. 46)

Por sua vez, Rodolfo de Camargo Mancuso afirma ser preferível, também nos processos coletivos, uma *solução negociada*, que se mostre idônea e eficaz para resolver o conflito gerado pela lesão ou ameaça ao interesse metaindividual, do que uma obstinada busca pela solução judicial, que pode ser demorada, onerosa e, algumas vezes, imprevisível (Mancuso, 2009, p. 270).

---

[4] Constituição Brasileira de 1988: "Art. 8º [...] III – ao sindicato cabe a defesa dos direitos e interesses coletivos ou individuais da categoria, inclusive em questões judiciais ou administrativas".

[5] "Art. 127. O Ministério Público é instituição permanente, essencial à função jurisdicional do Estado, incumbindo-lhe a defesa da ordem jurídica, do regime democrático e dos interesses sociais e individuais indisponíveis." e "Art. 129. São funções institucionais do Ministério Público: [...] III – promover o inquérito civil e a ação civil pública, para a proteção do patrimônio público e social, do meio ambiente e de outros interesses difusos e coletivos". Registre-se, neste ponto, que alguns autores, como Antônio Gidi, entendem que referidos textos legais não dizem respeito a direitos individuais homogêneos. Entretanto, do ponto de vista justrabalhista, entendemos que as expressões "direitos individuais indisponíveis" e "outros direitos difusos e coletivos" abrangem, em sentido amplo, os direitos individuais homogêneos, com respeito aos entendimentos em contrário.

[6] A intercompreensão, essencial para a construção de um capital social baseado na solidariedade, confiança e cooperação entre as pessoas de uma sociedade, é assim definida por Miracy Barbosa de Sousa Gustin: "A intercompreensão deve ser entendida no sentido de interrelacionamento e de identificação entre sujeitos e/ou grupos ou coletivos, a partir da vivência de uma história comum de problemas, danos e riscos compartilhados. Esses sujeitos constroem relações de ajuda mútua, de forma organizada ou individual (apoio informal de ajuda, apoio em situações de risco, capacidade de mobilização). A intercompreensão envolve, desta forma, tanto relações que variam no sentido da solidariedade quanto no sentido da organização, com intensidades variadas." (GUSTIN, 2005, p. 200).

A conciliação desponta como forma de efetivação do direito ao acesso à justiça em sua concepção mais ampla, entendida como o acesso a uma ordem jurídica justa, já que, conforme explica Marcelo Pereira de Almeida:

[...] a atividade jurisdicional não deve se restringir à declaração do direito aplicável a cada caso concreto, pois o direito de acesso à justiça tanto é conseguir uma sentença de mérito, como também contar com atuação jurisdicional que enseje a consecução concreta e efetiva do direito declarado. (Almeida, 2012, p. 191)

As formas de solução consensuais – transação ou conciliação – podem contribuir para o enfrentamento do conflito em suas várias dimensões: jurídica, econômica, sociológica, psicológica e humana (Sena Orsini, 2013, p. 17).

Nos estudos realizados para aprimoramento dos sistemas jurídicos em geral e dos mecanismos de resolução de litígios, é de se destacar que a conciliação judicial e extrajudicial tem constituído uma das principais vertentes estudadas, exatamente por sua inerente capacidade de desenvolver em sociedade uma cultura voltada para a paz.

A conciliação não pode ser interpretada ou conduzida como forma de desconstrução do processo ou do direito material que lhe está subjacente. Tratar de conciliação é tratar de um instituto importante que, todavia, não pode se converter em medida de inefetividade dos direitos legalmente previstos. Essa é uma premissa indeclinável da atuação conciliatória: o processo não pode ser ferramenta de desconstrução do direito material do trabalho (Sena Orsini, 2007, p. 148).

Assim, também nas questões concernentes aos direitos metaindividuais, o acordo pode contribuir de forma mais ampla para o desenvolvimento da cultura da paz nas relações coletivas, em seus vários aspectos, principalmente em virtude do maior espaço para a atuação criativa e transformadora das partes.

Dessa forma, a solução consensual do conflito de natureza metaindividual orienta-se pela necessidade de conferir aos direitos difusos, coletivos ou individuais homogêneos sua máxima efetividade, privilegiando, sempre que possível, a prevenção do ilícito e a recomposição específica dos prejuízos causados, buscando a integral reparação do dano (Yokaichiya, 2012, p. 5).

3. Momentos da solução consensual: extrajudicial ou endoprocessual

As partes podem atingir uma solução do conflito metaindividual por meio da autocomposição, em que atuam diretamente na busca por sua resolução, de forma judicial, como também extrajudicial, tanto pelo Ministério Público do Trabalho, quanto também pelo Sindicato.

A transação em um conflito metaindividual, por ser exemplificada na hipótese em que o sindicato profissional se reúne com um empregador que esteja lesionando massivamente a coletividade dos trabalhadores representados e, em uma reunião, negocia prazos e condições para a interrupção destas práticas. Tal hipótese, inclusive, pode merecer a atuação em parceria com o Ministério do Trabalho e Emprego e as partes envolvidas, pois, no Brasil, a mediação coletiva realizada pelo MTE é muito utilizada, sendo um terceiro confiável e eleito como facilitador de diálogos coletivos em inúmeros casos.[7]

No caso do Ministério Público do Trabalho, o acordo extrajudicial pode ser feito com a assinatura de um Termo de Ajustamento de Conduta (TAC) pelo empregador. Como também de forma endoprocessual, nas ações civis públicas.

Já tendo sido ajuizado o processo coletivo, o magistrado pode atuar como um terceiro que auxilia as partes nessa comunicação, facilitando e promovendo a conciliação entre as partes.

3.1. Termo de Ajustamento de Conduta e Ministério Público do Trabalho

Ainda antes de haver processo coletivo em curso, muitas vezes é possível identificar a atuação do Ministério Público do Trabalho na defesa dos interesses difusos, coletivos ou individuais homogêneos dos trabalhadores.

No que se refere à atuação extrajudicial do MPT, a Lei nº 7.347/90 (Lei da Ação Civil Pública) prevê, em seu art. 5º, § 6º, a possibilidade de "tomar dos interessados compromisso de ajustamento de sua conduta às exigências legais" – o denominado Termo de Ajustamento de Conduta (TAC).

A assinatura do TAC é hipótese de arquivamento do inquérito civil público promovido no âmbito do Ministério Público do Trabalho, que utiliza este instrumento jurídico para formalizar a adequação consensual do inquirido aos comandos da lei. Nesse termo, fica previsto o cumprimento de determinadas obrigações de fazer ou não fazer, sob pena de aplicação de multas, visando assegurar o restabelecimento da observância à ordem jurídica e o respeito aos direitos difusos, coletivos ou individuais homogêneos. (Lorentz, 2002, p. 95).

---

[7] Para maiores detalhes sobre a mediação no Ministério do Trabalho e Emprego, acessar: http://www3.mte.gov.br/mediacao/. Acesso em 12/5/2014.

O TAC, portanto, é meio de "compelir infratores à obediência da lei, sem os embates judiciais típicos" (Souza, 2006, p. 70). Este termo possui eficácia de título executivo extrajudicial, nos termos do referido dispositivo legal, e objetiva proteger os interesses transindividuais.

Muitas vezes, é preferível que a solução do conflito ocorra pela transação antes do ajuizamento do processo coletivo, já que pode evitar ou estancar a lesão de forma imediata, evitando maiores danos aos interesses da sociedade.[8]

Ressalte-se que o Ministério Público do Trabalho, ao oferecer ao investigado no Inquérito Civil Público a possibilidade de firmar o TAC, deve considerar que ele é um instrumento para a salvaguarda dos direitos fundamentais, com o condão de materializar os direitos sociais (Souza, 2006, p. 71).

Por isso, parte da doutrina afirma que o TAC deve se restringir à exigência do cumprimento das disposições legais, podendo transacionar, tão somente, no que se refere a prazos e outras condições acessórias para seu adimplemento, a saber:[9]

> É dizer, o *espaço transacional disponível* não inclui a parte *substantiva* da obrigação cominada ao infrator ou a que se obrigou o responsável pela lesão ao interesse metaindividual (...); já os aspectos *formais*, a saber, o tempo, o modo de *cumprir* o preceito ou o estipulado podem ser negociados... (Mancuso, 2009, p. 266).

No tocante à natureza jurídica dessa negociação, Jordão Violin (2013, p. 231-236) afirma que existe importante controvérsia doutrinária, havendo aqueles que acreditam tratar-se de transação, e aqueles que defendem ser o compromisso de ajustamento de conduta um instituto jurídico autônomo,[10] exatamente porque a transação implicaria em concessões mútuas, nos termos do art. 840 do Código Civil.

Segundo este autor, o TAC seria uma forma peculiar de transação, em que para a definição de quais são as medidas necessárias para afastar o risco ou lesão ao bem jurídico coletivo, faz-se necessário proceder a uma ponderação entre o conteúdo das exigências legais, as concretas

---

[8] Nesse sentido, as lições de ALMEIDA, 2012, p. 147-148.

[9] Na mesma linha, Lutiana Nacur Lorentz, após deixar consignado que o MPT, ao firmar o TAC, não atua para a defesa de direitos próprios, mas sim de direitos difusos, coletivos ou individuais homogêneos, indaga quais os possíveis conteúdos das concessões que podem ser feitas na transação empreendida, e afirma: "A resposta é que dentro deste conceito de transação só é lícito ao Ministério Público do Trabalho fazer concessões sobre o *modo, tempo* e *lugar, enfim, as condições* para que a parte contrária *cumpra as normas legais, de maneira completa*, ou seja, restitua o respeito aos direitos difusos, coletivos e individuais homogêneos, porém, é-lhe vedado transacionar sobre o *conteúdo* das regras; isto não poderia ser considerado lícito, dado o caráter de extrema indisponibilidade material deste direito envolvido..." (LORENTZ, 2002, p. 104-105).

[10] Jordão Violin (2013, p. 231) cita como exemplos de autores que adotam a primeira corrente: Patrícia Miranda Pizzol, Pedro Lenza, Daniel Roberto Fink e Ana Luiza de Andrade Nery. Na segunda corrente, indica: Fernando Reverendo Vidal Akaoui, Alexandre Amaral Gavronski e Sérgio Shimura.

possibilidades do obrigado e as necessidades do grupo, com possibilidade, ainda que limitada, de concessões mútuas entre as partes (Violin, 2013, p. 136).

Antônio Gidi considera que o ordenamento processual brasileiro prevê limites bastante restritivos para o termo de ajustamento de conduta, concluindo que "quando não houver *integral* satisfação dos interesses difusos objetivados no inquérito civil, ele não deverá ser arquivado e o processo coletivo deverá ser proposto" (Gidi, 2008, p. 272), o que explicaria a falta de popularidade do instituto.

O autor diferencia, portanto, o potencial limitado do TAC do maior alcance do que denomina de "acordo coletivo adequado", o qual seria realizado dentro de um processo coletivo, com a participação dos interessados e controle e aprovação judicial (Gidi, 2008, p. 273), e será mais bem analisado em tópico posterior.

3.2. A conciliação endoprocessual: previsão legal e possibilidades

Na via metaindividual trabalhista, seja em uma ação civil pública, seja em uma ação de substituição processual sindical, o art. 764 da Consolidação das Leis do Trabalho (CLT) prevê, expressamente, que "os dissídios individuais ou coletivos submetidos à apreciação da Justiça do Trabalho serão sempre sujeitos à conciliação".

Além disso, assumindo a importância da conciliação, a CLT estabelece ainda, que os magistrados trabalhistas deverão sempre empregar seus "bons ofícios e persuasão" para buscar uma solução conciliatória dos conflitos (CLT, art. 764, § 1º). Assim, as partes do processo coletivo e o magistrado deverão, sempre que possível, atuar em colaboração e de forma cooperativa[11] de modo a atingir uma solução adequada do conflito metaindividual, em especial a consensual.[12]

Assim, a resolução do conflito trabalhista de uma forma processual mais ágil e efetiva passa pelo acolhimento, em vários momentos processuais, da forma consensual como uma forma de atuação da Jurisdição

---

[11] A respeito de um processo de estrutura cooperatória, Ada Pellegrini Grinover afirma que "a garantia da imparcialidade da jurisdição brota da colaboração entre partes e juiz. A participação dos sujeitos no processo não possibilita apenas a cada qual aumentar as possibilidades de obter uma decisão favorável, mas significa cooperação no exercício da jurisdição. Para cima e para além das intenções egoísticas das partes, a estrutura dialética do processo existe para reverter em benefício da boa qualidade da prestação jurisdicional e da perfeita aderência da sentença à situação de direito material subjacente" (GRINOVER, 1990, p. 2-3).

[12] Nesse sentido, as lições de Adriana Goulart de Sena Orsini, Ana Flávia Chaves Vaz de Mello e Tayná Pereira Amaral: "A conciliação judicial se caracteriza pela efetiva participação tanto das partes quanto do Magistrado para a composição do litígio. Trata-se, pois, de um modelo cooperativo do processo, em que se vislumbra uma participação tríade: a do reclamante, a do reclamado e a do Magistrado" (SENA ORSINI; MELLO; AMARAL, 2011, p. 43).

trabalhista. A CLT reafirma a opção pela solução conciliada em outros dispositivos: arts. 831, 850 e 852-E. A obrigatoriedade de tentativa de conciliação afasta a concepção de magistrado como mero aplicador da lei ao caso concreto, vislumbrando-o também como pacificador social (Sena Orsini; Mello; Amaral, 2011, p.50).

Registre-se, entretanto, que mesmo havendo processo coletivo em curso, ainda é possível que as partes firmem diretamente um Termo de Ajuste de Conduta. Na prática, entretanto, os acordos ocorridos quando já foi acionado o Poder Judiciário são trazidos ao bojo do processo para sua homologação, sendo incorporados à estrutura processual e recebendo, portanto, a chancela de validade pelo Juiz do Trabalho.

4. Desafios dos acordos na tutela metaindividual: titularidade e indisponibilidade dos direitos

A realização de acordos em conflitos coletivos desperta dificuldades no tocante à possibilidade de transação ou conciliação[13] do direito material por parte do ente que defende tais interesses, já que, por atuar em nome de uma coletividade, não seria o titular do direito. Além disso, surge a questão do efeito vinculante deste acordo, bem como a relativa aos critérios que tornam este acordo adequado aos interesses que se pretende defender.

Além disso, tratando tais conflitos de direitos fundamentais que, por sua dimensão social, são considerados indisponíveis, também não seriam, a princípio, passíveis de transação.[14]

Passa-se, portanto, a analisar estes desafios práticos ligados às soluções consensuais alcançadas nas ações coletivas, na esfera trabalhista.

4.1. Titularidade dos direitos e legitimidade para conciliar

Interessante discussão é a de que o legitimado coletivo, segundo parte da doutrina, não disporia de poderes para transigir acerca de interesses que estão esparsos por uma coletividade. Ricardo de Barros Leonel afirma que, ao ganharem dimensão coletiva, os direitos tornariam-se

---

[13] Há autores que consideram "transação" e "conciliação" como expressões sinônimas. Entretanto, o termo transação pode ser utilizado para identificar o método autocompositivo em que as partes de um conflito atingem diretamente uma solução consensual através de concessões recíprocas, ao passo que a conciliação seria um método heterocompositivo, em que um terceiro atua como facilitador da comunicação das partes para a obtenção da solução consensual (SILVEIRA; PIMENTA, 2014, p. 365 e 369).

[14] Antonio Gidi afirma que é o direito material que pode ser qualificado como indisponível, sendo irrelevante se é classificado como individual, individual homogêneo, coletivo ou difuso (GIDI, 2008, p. 275).

indisponíveis processualmente, não podendo os legitimados coletivos deles dispor, por não serem titulares destes interesses (Leonel, 2002).

Entretanto, outra corrente defende a possibilidade da transação e da conciliação em ações metaindividuais. Rodolfo Camargo Mancuso, lembrando a máxima da sabedoria popular segundo a qual "é melhor um mau acordo do que uma boa demanda", afirma que haverá casos em que a não celebração do acordo atuaria contra a tutela do interesse metaindividual objetivado, notadamente quando o acordo promoverá a interrupção da lesão, por exemplo. Em tais casos, o autor ressalta que nas ações coletivas "o interesse reside menos em 'vencer' a causa do que em obter, *do modo menos oneroso*, ou *menos impactante*, a *melhor tutela* para o conflito judicializado" (Mancuso, 2009, p. 257).

Para Antônio Gidi, a realização de um acordo coletivo consistiria em "uma verdadeira e tradicional transação, um negócio jurídico bilateral, comportando concessões mútuas entre as partes, inclusive renúncia de direito" (Gidi, 2008, p. 268). Exatamente por se tratar de um instrumento mais abrangente, poderoso e perigoso que o compromisso de ajustamento de conduta previsto no ordenamento brasileiro, menciona que o Anteprojeto Original de Código de Processo Coletivo,[15] inspirado na experiência norte-americana das *class action*, previu um sistema de controle judicial não só da legalidade formal deste acordo, como também da adequação substancial de seus termos aos interesses do grupo representado (Gidi, 2008, p. 269).

Nos termos do Anteprojeto Original, é prevista ampla notificação do grupo e de seus membros sobre os termos da proposta de acordo, seguida pela realização de uma audiência pública, na qual os interessados seriam ouvidos e poderiam impugnar a proposta. Além disso, o acordo deveria ser aprovado judicialmente, consistindo em mais do que uma homologação, já que representaria um procedimento adequado, público e transparente, que resultaria em um acordo que vincularia todos os membros do grupo (Gidi, 2008, p. 269).

Entretanto, tendo em vista que o atual ordenamento jurídico brasileiro não assegura um instrumento eficiente para controlar a adequação dos termos do acordo, Antônio Gidi considera que "o direito positivo brasileiro não comporta a realização de acordos coletivos", afirmando que enquanto não houver um procedimento para avaliação e aprovação de acordos coletivos adequados no Brasil, eles não devem ser permitidos, pois "dar efeitos vinculante a qualquer acordo em um processo coletivo seria uma solução extremamente perigosa" (Gidi, 2008, p. 279).

---

[15] O primeiro Anteprojeto de Código de Processo Civil Coletivo, de autoria de Antônio Gidi, elaborado entre 1993 e 2002, denominado pelo autor de "Anteprojeto Original", trazia a previsão do "acordo adequado" em seu artigo 14 (GIDI, 2008, p. 266).

Em que pese a inexistência de previsão legal do procedimento de notificação dos interessados e sua participação em audiência pública para discutir os termos do acordo no âmbito dos processos coletivos, deve-se levar em conta que a atuação constitucionalmente atribuída aos sindicatos ou ao Ministério Público do Trabalho para a defesa dos interesses ou direitos metaindividuais dos trabalhadores não pode ser restringida, já que se deve sempre almejar a efetiva tutela dos valores maiores a que a tutela metaindividual está vocacionada a proteger. Dessa forma, se o objetivo de proteção ou reparação ao interesse metaindividual ameaçado ou lesado puder ser alcançado pela via do acordo, não há que se negar a possibilidade deste modo de solução consensual (Mancuso, 2009, p. 255).

Afinal de contas, o acordo é também uma forma de se atingir uma tutela efetiva dos direitos coletivos, exatamente por seu potencial de estancar, de forma imediata, os efeitos de uma lesão a interesses metaindividuais, e pela maior facilidade de seu cumprimento espontâneo.

Deve-se considerar, também no que diz respeito às soluções negociadas, o princípio da adaptabilidade do procedimento às necessidades da causa, que informa a necessidade de que o processo se transforme em instrumento de justiça material, rompendo com a dogmática antiga e permitindo a adaptabilidade dos procedimentos para proporcionar a satisfação dos interesses. Dessa forma, caberia ao magistrado, dentro do seu poder de condução, adaptar o procedimento à realidade fática para proporcionar a solução do conflito (Almeida, 2012, p. 40-41).

O art. 765 da CLT, ao prever para os magistrados "ampla liberdade na direção do processo", possibilita essa adaptação do procedimento, de forma a garantir a atuação proativa do magistrado trabalhista, no sentido da efetivação dos direitos sociais (Teodoro, 2011).

A dificuldade em aceitar a possibilidade de soluções consensuais por meio da atuação de representantes reside exatamente na concepção clássica individualista da solução de conflitos. Segundo Ricardo José Macedo de Britto Pereira:[16]

> [...] temos uma forte influência individualista; do modelo de sociedade em que os interesses coletivos existiam, mas não recebiam qualquer amparo por parte dos Estados. Os interesses coletivos, para o modelo liberal, representavam opressão aos indivíduos e, como tais, eram rejeitados e reprimidos pelos Estados. Esse modelo, ainda que superado teoricamente, deixou fortes marcas nas instituições atuais. Não há dúvida de que as categorias tradicionais não são mais adequadas para a resolução real de muitos dos problemas, embora sejam utilizadas em grande escala. (Pereira, 2012, p. 63).

---

[16] Na mesma linha, Antônio Gidi afirma que "não se pode usar cegamente os conceitos tradicionais do direito processual civil individual para compreender a realidade processual coletiva" (GIDI, 2008, p. 274).

Muitas vezes, a proposta de acordo formulada na conciliação feita dentro de uma ação coletiva pode ser mais consentânea com a tutela do interesse metaindividual, ao torná-lo efetivo de imediato ou propondo resultados práticos equivalentes ao seu adimplemento, do que a continuidade do processo, com resultado indefinido e postergado.[17]

Assim, no momento em que se reconhece constitucionalmente a tutela dos interesses coletivos, não se pode impedir a efetivação deles, cerceando a atuação de quem por eles compete lutar (Pereira, 2003). Exatamente para que possa cumprir seu papel de tutelar adequadamente os interesses do grupo, Antônio Gidi considera que, "por questões pragmáticas", o representante deve ter poder para entrar em acordo com a parte contrária ao grupo (Gidi, 2008, p. 269).

Entende-se que a efetividade dos direitos e interesses coletivos, portanto, pode ser atingida também através das soluções consensuais estipuladas com a participação dos legitimados coletivos, não se devendo restringir as formas pelas quais cumprem sua importante missão constitucional.

4.2. Indisponibilidade dos direitos

Outra interessante questão relacionada à realização de acordos quando se trata de direitos metaindividuais refere-se a sua aparente incompatibilidade com a indisponibilidade destes direitos.

O artigo 841 do Código Civil prevê que "Só quanto a direitos patrimoniais de caráter privado se permite a transação". Além disso, o Código de Processo Civil afirma, em seu art. 447, que a conciliação deve ser promovida "Quando o litígio versar sobre direitos patrimoniais de caráter privado".

Seguindo a literalidade dos artigos mencionados, os direitos metaindividuais jamais poderiam ser objeto de transação ou conciliação, já que sua dimensão transcende a esfera individual e, notadamente na área trabalhista, referem-se geralmente a direitos fundamentais do cidadão--trabalhador.[18]

Entretanto, possível verificar a existência de um problema conceitual na ideia de indisponibilidade dos direitos fundamentais, já que os sentidos atribuídos ao conceito pela doutrina e jurisprudência brasileira não são unívocos, conforme verifica Letícia de Campos Velho Martel.

---

[17] Nesse sentido, Rodolfo de Camargo Mancuso afirma ser melhor o "aqui e agora" do que a obstinação por uma decisão de mérito que advirá num ponto futuro indefinido, e que transitará em julgado num ponto ainda mais remoto e imperscrutável, e ainda sem ofertar segurança quanto à *efetividade prática* do comando judicial. (MANCUSO, 2009, p. 261-262).

[18] Maurício Godinho Delgado afirma a natureza de direitos fundamentais dos direitos trabalhistas, o que pode ser identificado em princípios constitucionais, em tratados e convenções internacionais ratificados pelo Brasil e na legislação heterônoma estatal (DELGADO, 2007, p. 28).

Após ampla pesquisa jurisprudencial, a autora identificou que a jurisprudência pátria não considera todos os direitos fundamentais indisponíveis, permitindo esferas mais ou menos amplas de disposição destes direitos (Martel, 2010, p. 352).

Além disso, conforme ensinamentos de Marco Antônio Marcondes Pereira, não haveria como o Ministério Público cumprir fielmente o mandamento constitucional do art. 127 sem que lhe fosse outorgada a possibilidade de transacionar acerca de sua persecução. Para o autor, a solução estaria em entender que os interesses indisponíveis podem ser objeto de transação pelos legitimados para sua defesa, mas tão somente em relação aos meios pelos quais se alcançará sua realização (Pereira, 2003).

Sobre o tema da conciliação, Adriana Goulart de Sena Orsini, Ana Flávia Chaves Vaz de Mello e Tayná Pereira Amaral afirmam que a conciliação estimulada não é a que se presta à desconstrução das garantias ao trabalhador, mas a que representa uma forma mais democrática, justa e ágil de concretizar os direitos assegurados aos empregados pela ordem justrabalhista, acrescentando:

> [...] deve-se ter em mente a unidade do ordenamento jurídico, pelo que a mitigação da indisponibilidade se justifica para que sejam observados outros princípios de igual ou maior valor que incidam numa realidade concreta levada ao Poder Judiciário. Como qualquer outro princípio, a indisponibilidade dos direitos dos trabalhadores apenas indica uma diretriz a ser seguida, cabendo uma análise proporcional de sua incidência, que poderá ou não ocorrer à integralidade. (Sena Orsini; Mello; Amaral, 2011, p. 49).

Rodolfo de Camargo Mancuso defende que a solução negociada que se pode conceber em uma ação de tutela metaindividual é aquela que, preservando o núcleo essencial do interesse judicializado, cede ou flexibiliza em pontos tangenciais ou periféricos, como a fixação de um cronograma razoável para o cumprimento das obrigações acordadas (Mancuso, 2009, p. 257).

A doutrina costuma diferenciar a indisponibilidade absoluta da relativa, de tal forma que o conteúdo do direito metaindividual possuiria indisponibilidade absoluta, ao passo que a indisponibilidade seria relativa "quanto à forma de observância da obrigação e aos critérios de inadimplemento a serem cumpridos" (Yokaichiya, 2012, p. 4).

De resto, ressalte-se que, ainda quando o direito questionado seja indisponível, podem as partes transacionar acerca de sua expressão pecuniária (Mancuso, 2009, p. 267). Há de ser sopesada tal afirmação, já que não se deve permitir a utilização deste raciocínio para possibilitar indiscriminadamente a disposição de tais direitos. Por outro lado, não se pode perder de vista que, em busca da maior efetividade dos direitos metaindividuais trabalhistas, muitas vezes a transação pode ser o caminho mais célere e condizente com as possibilidades de sua concretização.

5. Conclusão

A via metaindividual de defesa dos direitos difusos, coletivos e individuais homogêneos pode, muitas vezes, atingir uma solução consensual. Nestas hipóteses, deve-se ter sempre em mente que o direito processual serve para materializar a justiça social, como instrumento eficaz para a reivindicação dos direitos dos trabalhadores no processo e isso não pode ser olvidado, inclusive na prática conciliatória (Sena Orsini, 2013, p. 8).

Também na tutela metaindividual, a solução consensual traz vantagens em termos de celeridade e efetividade, e pode ser alcançada autonomamente, pela transação, antes mesmo do ajuizamento de qualquer processo coletivo, ou através da conciliação endoprocessual, pelas próprias partes e/ou com o auxílio do magistrado trabalhista.

Extraprocessualmente, destaca-se a solução da controvérsia pela assinatura do Termo de Compromisso de Ajustamento de Conduta (TAC), através do qual se toma o compromisso da parte de adequar sua conduta às exigências legais. Como visto, esta transação não diz respeito ao conteúdo da norma legal, mas apenas a condições acessórias e periféricas ligadas a sua extensão e formas de cumprimento.

No bojo do processo trabalhista, a solução consensual é sempre incentivada, havendo dispositivos expressos na CLT que preveem a conciliação em todas as ações em curso na Justiça do Trabalho, inclusive no que se refere às ações coletivas, como os artigos 764 e § 1º, 831, 850 e 852-E.

As resistências à solução consensual dos conflitos coletivos passam pelas questões da titularidade dos direitos defendidos – já que o representante da coletividade não seria titular do direito em litígio – bem como do valor vinculante do acordo em relação aos membros do grupo representado e da indisponibilidade dos direitos metaindividuais.

Verifica-se, entretanto, que o ente legitimado para promover a tutela metaindividual dos direitos difusos, coletivos ou individuais homogêneos deve ter à sua disposição todos os meios para desempenhar fielmente esta missão, podendo inclusive transacionar ou conciliar, nos casos em que a solução acordada pode torná-los efetivos de imediato ou atingir resultados práticos equivalentes ao seu adimplemento.

— IX —

Análise da coisa julgada coletiva no Brasil e a aplicabilidade da proposta de Antônio Gidi

ANA PAULA SANTOS DINIZ[1]
PAULA OLIVEIRA MASCARENHAS CANÇADO[2]

Sumário: 1. Introdução; 2. Considerações gerais sobre a coisa julgada coletiva no Brasil; 3. Modelo de extensão *erga omnes/ultra partes* dos provimentos jurisdicionais coletivos; 4. Entendimento de Antônio Gidi sobre a coisa julgada coletiva; 4.1. Há diferença entre o regime jurídico da coisa julgada *erga omnes* e *ultra partes*?; 4.2. Improcedência por insuficiência de provas; 4.3. Coisa Julgada Coletiva e os direitos individuais homogêneos; 4.4. A coisa julgada no anteprojeto original; 4.4.1. A possibilidade de repropositura de ação coletiva; 5. Conclusão; 6. Referências bibliográficas.

1. Introdução

Este trabalho tem por finalidade analisar o instituto da coisa julgada coletiva no Brasil e verificar se a proposta de Antônio Gidi sobre o tema tem aplicabilidade no atual sistema brasileiro. Para tanto, considerou-se a seguinte problemática: o fato de no Brasil a extensão da imutabilidade dos efeitos da coisa julgada não perpassar pelo instituto da representação adequada, obsta a aplicação da proposta do referido autor?

A hipótese inicialmente levantada foi confirmada com a pesquisa, no sentido de demonstrar que sim, pois, o sucesso da aplicabilidade da proposta de Antônio Gidi está intrinsecamente relacionado ao instituto da representação adequada e a ausência dessa figura no Brasil, nos moldes propostos pelo autor, traz consequências na coisa julgada coletiva.

A hipótese tem o seguinte suposto: para Gidi, a sentença de improcedência da demanda coletiva, se for dada com material probatório su-

---

[1] Mestre e Doutora em Direito pela UFMG. Professora associada da Faculdade de Direito da UFMG.

[2] Mestranda em Direito pela Faculdade de Direito da UFMG.

ficiente, faz coisa julgada coletiva (material), vincula o grupo e impede a propositura da mesma demanda coletiva. A coisa julgada coletiva se forma, portanto, *pro et contra*. No entanto, os membros individuais do grupo não serão atingidos pela coisa julgada coletiva e poderão propor demandas individuais para tutelar seus direitos individuais.

Para o entendimento dessas questões, os temas foram analisados da seguinte forma: primeiro procurou-se compreender a coisa julgada coletiva no Brasil, sua primeira forma de manifestação até a atual regulamentação; após, passou-se ao estudo da importância do modelo de extensão *erga omnes*/ultra partes dos provimentos jurisdicionais coletivos para, só então, adentrar ao entendimento de Antônio Gidi sobre a coisa julgada coletiva.

2. Considerações gerais sobre a coisa julgada coletiva no Brasil

Para Antônio Gidi, a história moderna da codificação processual coletiva brasileira começa com a promulgação da Lei de Ação Civil Pública, em 1985,[3] contudo, deve-se registrar que, o art. 18 da Lei de Ação Popular, Lei n. 4.717, de 1965, foi o primeiro dispositivo normativo, que estendeu o limite subjetivo da coisa julgada e a formação de sua autoridade, independentemente das provas produzidas. Isso porque, essa lei versa sobre pretensões indivisíveis, cuja titularidade é supraindividual. Assim, pode-se ter essa lei como o marco temporal brasileiro da instauração do modelo de extensão *erga omnes* dos provimentos jurisdicionais, com o fim de efetivar *"a fruição indivisível da tutela jurisdicional por todos os titulares das pretensões difusas deduzidas por intermédio do autor popular [...] ainda que não tivessem comparecido pessoalmente ao procedimento judicial"*.[4]

Considerando que, no sistema jurídico brasileiro, o legitimado coletivo ativo goza de presunção relativa quanto à adequada representação, foram adotadas as técnicas da oponibilidade *erga omnes* da coisa julgada e da inoponibilidade da coisa julgada de improcedência nas hipóteses de deficiência de provas.

Em decorrência disso, a Lei de Ação Popular adotou o sistema da coisa julgada material *secundum eventum litis*, ou seja, a coisa julgada ocorrerá segundo o resultado da lide, havendo a possibilidade de renovação da mesma ação coletiva, desde que sejam apresentadas novas provas.

---

[3] GIDI, Antônio. *Rumo a um Código de Processo Civil Coletivo* – A codificação das ações coletivas no Brasil. Rio de Janeiro: GZ, 2008, p. 8.

[4] VENTURI, Elton. *Processo Civil Coletivo*. A tutela jurisdicional dos direitos difusos, coletivos e individuais homogêneos no Brasil. Perspectivas de um Código Brasileiro de Processos Coletivos. São Paulo: Malheiros, 2007, p. 383.

O que se percebe é que o legislador quis garantir os benefícios da coisa julgada a todos, mesmo que no caso concreto não seja possível determinar os titulares do direito e, ao mesmo tempo, quis impedir a sua oponibilidade em caso de improcedência por insuficiência de provas. A consequência disso é o fenômeno da coisa julgada *in utilibus*, só havendo a incidência da coisa julgada quando puder favorecer os titulares dos direitos supraindividuais, não havendo a sua formação para prejudicá--los.

A Lei de Ação Civil Pública (art. 16 da Lei n. 7.347 de 1985) adotou um sistema de coisa julgada similar ao da Lei de Ação Popular – extensão *erga omnes* dos provimentos jurisdicionais, sistema *secundum eventum litis* e *in utilibus*.

No ano de 1990, houve a implementação do Código de Defesa do Consumidor, Lei n. 8.078, que inovou ao adotar a categoria de direitos individuais homogêneos (art. 81, parágrafo único, inc. III do CDC), que apesar de serem direitos individuais, podem ser tutelados coletivamente.

O CDC tratou da coisa julgada no art. 103. No inciso I, referiu-se a ações cujo objeto é a tutela de direito difuso. Nesse caso, manteve a técnica da extensão *erga omnes*, salvo no caso de improcedência por insuficiência de provas, hipótese em que qualquer legitimado poderá intentar outra ação, com idêntico fundamento valendo-se de nova prova.

Ações, cujo objeto é a tutela de direitos coletivos em sentido estrito, foram tratadas no inciso II, do art. 103 do CDC, e a extensão da coisa julgada foi qualificada como *ultra partes* (não mais como *erga omnes*), limitada ao grupo, categoria ou classe, a não ser no caso de improcedência por insuficiência de provas. Essa modificação ocorreu principalmente:

> [...] para esclarecer que os potenciais beneficiários da tutela jurisdicional seriam todos aqueles que, independentemente de estarem, ou não, ligados formalmente à entidade de classe representativa (sindicatos ou associações), pudessem ser considerados, por um critério substancial, integrantes do mesmo grupo, pela identidade do regime jurídico comungado por todos os seus componentes.[5]

Quanto ao tema da coisa julgada, a novidade marcante trazida pelo CDC refere-se aos direitos individuais homogêneos. A princípio, em decorrência da relativa presunção da adequada representação do legitimado coletivo ativo, assim como a inexistência de comunicação prévia aos titulares do direto sobre a propositura da demanda, houve a adoção da extensão *erga omnes* da eficácia das decisões de procedência, assim como ocorre quando a tutela é de direito difuso ou coletivo em sentido estrito. Nesse caso, ao menos no que tange à reparação de danos, não haverá

---

[5] VENTURI, Elton. *Processo Civil Coletivo*. A tutela jurisdicional dos direitos difusos, coletivos e individuais homogêneos no Brasil. Perspectivas de um Código Brasileiro de Processos Coletivos. São Paulo: Malheiros, 2007, p. 390.

interesse de agir a justificar a propositura de possíveis ações individuais, sendo apenas necessária a liquidação e a execução individual dos pleitos.[6]

A novidade, no entanto, está no fato de que, caso a ação coletiva tenha sido julgada improcedente, independentemente do fundamento, haverá a incidência da coisa julgada material *pro et contra* e não haverá a possibilidade de reproposição de nova ação coletiva, mesmo que com base em novas provas. É importante salientar que isso não impedirá a propositura de ações individuais com idêntico objeto, a não ser que o indivíduo tenha intervido no processo coletivo como litisconsorte (art. 103, p. 2º do CDC).

3. Modelo de extensão *erga omnes/ultra partes* dos provimentos jurisdicionais coletivos

A necessidade de reconhecimento de maior extensão aos efeitos da sentença coletiva decorre de dois fatores – o primeiro, devido à indivisibilidade dos interesses tutelados que impossibilita a restrição dos efeitos da decisão judicial; o segundo, em decorrência da especificidade da legitimação coletiva ativa, pela impossibilidade de que todos os interessados estejam presentes em juízo.[7]

De acordo com Barbosa Moreira, os direitos difusos e coletivos em sentido estrito são essencialmente coletivos, uma vez que do ponto de vista subjetivo dizem respeito a titulares indeterminados ou indetermináveis e, porque, do ponto de vista objetivo o seu objeto é indivisível, ou seja, a solução, independentemente de qual for, aproveitará a todos, será unitária, incindível.[8] A extensão dos efeitos da coisa julgada decorre, pois, da indivisibilidade do objeto, que não pode ser dividido entre os interessados, tanto é assim, que no caso dos direitos coletivos em sentido estrito os efeitos não ficam limitados aos associados ou filiados, extendendo-se a todo o grupo, categoria ou classe.[9]

---

[6] VENTURI, Elton. *Processo Civil Coletivo.* A tutela jurisdicional dos direitos difusos, coletivos e individuais homogêneos no Brasil. Perspectivas de um Código Brasileiro de Processos Coletivos. São Paulo: Malheiros, 2007, p. 392.

[7] LEONEL, Ricardo de Barros. *Manual do Processo Coletivo* De acordo com a Lei 10.444/02. São Paulo: Revista dos Tribunais, 2002, pp. 258-260.

[8] BARBOSA MOREIRA, José Carlos. Ações Coletivas na Constituição Federal de 1988. In. *Revista de Processo.* N. 61, ano 16, Janeiro- Março. 1991, pp. 187-188.

[9] MENDES, Aluisio Gonçalves de Castro. A Coisa Julgada e os Processos Coletivos no Direito Vigente e no Projeto de Nova Lei da Ação Civil Pública (PL n. 5. 139/2009). In:Em Defesa de um Novo Sistema de Processos Coletivos – Estudos em Homenagem a Ada Pellegrini Grinover. GOZZOLI, Maria Clara; CIANCI, Mirna; CALMON, Petrônio; QUARTIERI, Rita (Coordenadores). São Paulo: Saraiva, 2010, p. 72.

Já os direitos individuais homogêneos são acidentalmente coletivos, pois são, em essência, direitos individuais, cindíveis, cujos titulares são determináveis, mas pelo fato de assumirem *"no contexto da vida social, um impacto de massa"*,[10] justifica-se o emprego da técnica da ação coletiva.[11]

Não há como negar que na vida contemporânea há vários conflitos que envolvem um número muito grande, às vezes, incalculável de pessoas, assim, o processo teve que se adaptar a essa nova realidade. O fato de um litígio coletivo interessar a diversos sujeitos, não significa que todos estarão em juízo, pelo contrário, ele será *"levado à cognição judicial por iniciativa de uma única pessoa"*.[12] No Brasil, essa *pessoa* é o legitimado coletivo ativo. No sistema das *class actions* norte americano é o representante adequado, que conta com a atuação de um advogado. No Brasil, a presença do advogado poderá ser dispensada em casos em que o Ministério Público for o legitimado.

É importante ressaltar que na proposta de Gidi a ideia de legitimidade e representação adequada é tratada de forma diferenciada. O autor reconhece a existência de ambos os institutos. No mesmo sentido, Almeida.[13] Mesmo apresentando esse entendimento pela diferenciação dos institutos, Almeida ainda argumenta de forma contrária ao pensamento de Gidi, pois, ele explica que, os representantes adequados são aqueles arrolados como legitimados à propositura de ações coletivas pelo art. 5º da LACP e pelo art. 82 do CDC.[14]

---

[10] BARBOSA MOREIRA, José Carlos. Ações Coletivas na Constituição Federal de 1988. In. *Revista de Processo*. N. 61, ano 16, Janeiro-Março. 1991, p. 189.

[11] Idem, p. 189.

[12] Idem, p. 187.

[13] De acordo com Assagra é necessário distinguir representação adequada e legitimidade coletiva ativa. "(...) A distinção é difícil de ser feita, tendo em vista que, enquanto a *representação adequada* está mais atrelada ao sistema anglo-americano (*common law*), a legitimidade *ad causam* é instituto mais ligado intimamente ao sistema romano-germânico (*civil law*). No caso do sistema jurídico brasileiro que adotou, no plano infraconstitucional, a teoria Eclética de Enrico Tullio Liebman sobre o direito de ação (art. 267, VI, do CPC), a questão se torna ainda mais tormentosa, pois aqui, entre nós, existem as condições da ação como categoria processual própria e diversa da categoria dos pressupostos processuais. Assim, procurando compreender a representação adequada no sistema jurídico brasileiro, conclui-se que tal instituto estaria mais atrelado à categoria de um pressuposto processual específico legalmente conferido pelo legislador brasileiro. Seria pressuposto processual porque estaria relacionado predominantemente com a capacidade ou aptidão técnica, econômica e até moral do ente coletivo arrolado para representar adequadamente, em juízo, no polo ativo, interesses ou direitos massificados. Portanto, a representatividade adequada pertenceria ao processo. Por outro lado, a legitimidade *ad causam* seria a pertinência subjetiva da demanda ou, de acordo com a doutrina mais recente, a relação de correta e perfeita adequação que necessariamente deve existir entre os sujeitos da demanda e a causa judicial em si". ALMEIDA, Gregório Assagra de. *Manual das Ações Constitucionais*.Belo Horizonte: Del Rey, 2007, pp.115-116.

[14] ALMEIDA, Gregório Assagra de. *Manual das Ações Constitucionais*.Belo Horizonte: Del Rey, 2007, p. 110.

Para esta fala de Almeida, Gidi[15] responde que se está usando ambiguamente a expressão, uma vez que ela já tem uma conotação bem definida no direito comparado, que é a referente ao "controle judicial" (e não legislativo) da adequação do representante.

Os requisitos da legitimidade coletiva, no sistema brasileiro, se encontram previstos em lei, devem ser preenchidos antes da propositura da ação e são controlados judicialmente quando da análise das condições da ação e no decorrer do processo.

Quanto a esse controle, Almeida afirma que não há espaço para o magistrado, no caso concreto, realizá-lo, uma vez que isso significaria *"uma tentativa de americanização do sistema do* direito *processual coletivo brasileiro"*, que não leva em conta as peculiaridades e características próprias da cultura jurídica nacional, que prevê meios para coibir abusos, como a condenação por litigância de má-fé (arts. 15-18 do CPC). Devido a isso, Almeida ressalta que o direito processual coletivo, como novo ramo do direito processual brasileiro, deve ter como fonte de inspiração para o seu aperfeiçoamento o texto constitucional e não legislações estrangeiras.[16] Em que pese essa argumentação, verifica-se que Almeida incorre no equívoco temido por Gidi, quando alerta sobre o uso ambíguo da expressão "representação". Afora a questão de se dizer que o direito processual coletivo deve-se inspirar na Constituição de 1988, sendo que já vem construindo a sua história desde a Ação Popular, datada de 1965.

Ainda assim, importa destacar que, mesmo se Almeida não estivesse fundindo as expressões (representante, parte, legitimado) ou o sentido delas, é uma crítica em que o principal argumento se baseia na possibilidade de punir aquele que não representar suficientemente os interesses tutelados.

Contudo, é uma ideia que se fundamenta na análise do comportamento posterior do legitimado, diferente do que acontece na aferição dos requisitos do representante adequado, que é feita tanto antes, como durante todo o processo. De toda sorte, a previsão legal de condenação por litigância de má-fé não exclui a possibilidade de se fazer essa análise anterior, permitindo, assim, a existência da representação adequada no Brasil, sem afronta ao argumento de Almeida.

Questão importante, mas que não será aprofundada, é a figura do advogado que, em verdade, tem muito mais participação e responsabilidade no processo do que a própria parte.

---

[15] GIDI, Antônio. *Rumo a um Código de Processo Civil Coletivo* – A codificação das ações coletivas no Brasil. Rio de Janeiro: GZ, 2008, p. 110.

[16] ALMEIDA, Gregório Assagra de. *Manual das Ações Constitucionais.*Belo Horizonte: Del Rey, 2007, pp. 113-114.

Apresentada a necessidade de reconhecimento de maior extensão aos efeitos da sentença coletiva, com base em entendimento de alguns juristas brasileiros, passa-se à apreciação da visão de Antônio Gidi sobre o instituto jurídico em comento. Para tanto, os próximos dois tópicos deste artigo foram assim elaborados – o primeiro, denominado "Entendimento de Antônio Gidi sobre a coisa julgada coletiva", foi organizado tendo por base a obra *Coisa Julgada e Litispendência nas Ações Coleitvas*, publicada em 1995. O segundo tópico - *A coisa julgada no Anteprojeto Original* - baseia-se no art. 18 do Anteprojeto da proposta de Gidi de Código de Processo Civil Coletivo e no livro, do mesmo autor, *Rumo a um Código de Processo Civil Coletivo – A codificação das ações coletivas no Brasil*, publicado em 2008.

4. Entendimento de Antônio Gidi sobre a coisa julgada coletiva

De acordo com Gidi, a coisa julgada é um instituto jurídico e uma criação humana para organizar a vida em sociedade.[17] Apesar de ser possível fundamentar o instituto pelo prisma jurídico e político, Gidi prefere destacar o viés político e afirma o seu *"objetivo de evitar a perduração de situações indefinidas, indesejável na vida social, pois comprometedora da sua própria segurança"*.[18]

A característica em destaque da coisa julgada coletiva que a diferencia da coisa julgada individual é o rol de pessoas que serão atingidas pela imutabilidade do comando da sentença. Essa característica é consequência da natureza indivisível do direito coletivo (coletivo em sentido estrito e difuso) tutelado em juízo.[19]

Gidi destaca dois aspectos práticos que devem ser observados quando se estuda a extensibilidade da imutabilidade dos efeitos da coisa julgada em relação a terceiros. O primeiro é que a propositura de uma ação coletiva não impede a propositura de ações individuais, pois caso contrário, isso violaria direitos individuais de terceiros e poderia possibilitar *"fraude organizada para prejudicá-los"*.[20] Ademais, constituiria clara afronta aos princípios constitucionais do contraditório, ampla defesa e, em última análise, do devido processo legal. O segundo é a necessidade de se autorizar a extensão da imutabilidade da coisa julgada coletiva a terceiros, sob pena de se perder *"a própria razão de ser das ações coletivas"*.[21]

---

[17] GIDI, Antônio. *Coisa julgada e Litispendência em Ações Coletivas*. São Paulo: Saraiva, 1995, p. 5.

[18] Idem, p. 6

[19] Idem, p. 58

[20] Idem, p. 59.

[21] Idem, p. 60.

Nos Estados Unidos, a questão da extensão da imutabilidade dos efeitos da coisa julgada perpassa pelo entendimento do instituto da representação adequada, pois:

Todo aquele que for 'adequadamente representado' em juízo é atingido pela autoridade da coisa julgada, seja a sentença de procedência ou não [...]. É atingido pela própria coisa julgada *inter partes*, e não pela sua extensão a terceiros, porque se estão sendo representados em juízo, não são, propriamente, terceiros no processo.[22]

Perceba-se, então, a importância da representação adequada, sendo que, a coletividade, uma vez representada no processo, dele faz parte, logo sofrerá os efeitos da sentença, sendo incorreto dizer que a coletividade figura como "terceiros".

É a partir dessa perspectiva que se diz que os efeitos da sentença poderão ser "inter partes", porque a coletividade é parte, estando representada pelo representante adequado. Assim, na hipótese de representação inadequada entende-se pela possibilidade de propositura de nova demanda coletiva com os mesmos elementos da ação.

Deve-se destacar que, em que pese no Brasil não haver a figura do representante adequado, há os legitimados coletivos, como já se falou anteriormente. É nesse sentido que se faz uma crítica ao sistema brasileiro: se os titulares dos direitos coletivos estão representados pelos legitimados no processo, dele fazendo parte, qual o motivo para restringir os efeitos da sentença? Não se poderia alegar representação inadequada, porque essa advém da própria lei (rol de legitimados coletivos), que dita quem tem melhor condição, em tese, de estar em juízo. E nesse caso, é inaceitável a existência de uma lei equivocada. Incorrendo o Brasil nessa situação de equívoco, oportuno e conveniente vai se tornar ainda mais a adoção de um Código de Direito Processual Coletivo, colocando fim nas ambiguidades e inconsistência da lei e jurisprudência, bem como de interpretações doutrinárias distorcidas.

No modelo norte-americano, para que uma pessoa ou um grupo de pessoas possa representar em juízo a coletividade e ser considerado como representante adequado, não há necessidade de autorização expressa dos representados, pois o que se avalia é a atuação, o empenho do representante e o seu real esforço para obtenção do resultado favorável ao grupo.[23]

Aquele que quer ser o representante, também será analisado em suas qualidades pessoais, pois deverá ter condição financeira para bem

---

[22] GIDI, Antônio. *Coisa julgada e Litispendência em Ações Coletivas*. São Paulo: Saraiva, 1995, p. 61-62.
[23] Idem, p. 63.

conduzir o processo, assim como determinação, seriedade e disponibilidade para representar os interesses do grupo em juízo.[24]

Toda essa análise é feita em todos os casos, pelo magistrado, e no decorrer de todo o processo.[25]

No sistema americano, também se faz necessária a adequada notificação de todos os membros do grupo. Aqueles que forem identificáveis, a partir de um esforço razoável, deverão ser notificados pessoalmente. O intuito da notificação é informar que, para não ser atingido pela coisa julgada aqueles que desejam promover ações individuais devem requerer a exclusão do grupo (*right to opt out*).[26]

Em um primeiro momento, Gidi entendeu que o sistema adotado nos Estados Unidos da extensão *erga omnes* da coisa julgada *pro et contra* condicionada à representação adequada não seria o melhor para a realidade jurídica brasileira. O mais adequado seria é a aplicação da sistemática adotada pelo CDC, ainda que passível de críticas pontuais.[27] Contudo, posteriormente, se posicionou a favor de uma coisa julgada *pro et contra*, mas desde que protegida com as garantias de uma representação adequada, notificação e participação do grupo, assim como do direito de autoexclusão.[28]

É comum que autores afirmem que a coisa julgada das ações coletivas regidas pelo CDC é *secundum eventum litis*, ou se forma apenas *secundum eventum litis*, o que não está correto. Gidi é categórico ao dizer que *"a coisa julgada nas ações coletivas do direito brasileiro não é secundum eventum litis"*,[29] pois ela se forma nos casos de procedência e improcedência do pedido, sendo *pro et contra*.[30] O que depende do evento da lide é o rol de pessoas atingidas pela coisa julgada coletiva:

> Enfim, o que é *secundum eventum litis* não é a formação da coisa julgada, mas a sua extensão *erga omnes* ou *ultra partes* à esfera jurídica individual de terceiros prejudicados pela conduta considerada ilícita na ação coletiva (é o que se chama de extensão *in utilibus* da coisa julgada).[31]

Quando o pedido da ação coletiva é julgado procedente, nesse caso, haverá a "extensão subjetiva erga omnes ou ultra partes e secundum eventum litis da coisa julgada para beneficiar (in utilibus) a esfera jurídi-

---

[24] GIDI, Antônio. *Coisa julgada e Litispendência em Ações Coletivas*. São Paulo: Saraiva, 1995, p. 63.

[25] Idem, p. 64.

[26] Idem, p. 64-65.

[27] Idem, p. 71-72.

[28] GIDI, Antônio. *Rumo a um Código de Processo Civil Coletivo* – A codificação das ações coletivas no Brasil. Rio de Janeiro: GZ, 2008, p. 290-292, nota de rodapé.

[29] GIDI, Antônio. *Coisa julgada e Litispendência em Ações Coletivas*. São Paulo: Saraiva, 1995, p. 73.

[30] Idem, p.73.

[31] Idem, p. 73.

ca individual dos consumidores interessados".[32] No caso de improcedência do pedido por suficiência de provas, a "coisa julgada se opera ultra partes para atingir a comunidade ou a coletividade titular do direito superindividual ou individual homogêneo em litígio".[33]

Destaca-se que a disciplina da coisa julgada coletiva prevista no CDC se aplica a todas as ações coletivas em defesa de direitos metaindividuais, a não ser nos casos de existência de legislação específica em sentido contrário.

Gidi critica o fato de alguns estudiosos limitarem a eficácia erga omnes da coisa julgada coletiva a um determinado âmbito territorial, o que demonstra confusão entre jurisdição e extensão subjetiva da coisa julgada. Uma vez respeitada a competência para a propositura da ação (art. 93 do CDC), a coisa julgada da ação coletiva poderá atingir toda a comunidade ou coletividade.[34]

4.1. Há diferença entre o regime jurídico da coisa julgada "erga omnes" e "ultra partes"?

De acordo com Gidi, não há diferença ontológica entre os regimes jurídicos da coisa julgada *ultra partes* e *erga omnes*. As expressões latinas não diferenciam o regime jurídico estudado, uma vez que a diferença está no texto legal que as segue.[35]

É importante perceber que a imutabilidade do comando da sentença não atinge a todas as pessoas indistintamente, mas apenas os titulares do direito material lesado. Assim, a expressão *erga omnes*, traduzida como 'contra todos', ao ser analisada no contexto legal em que está inserida, significa que os efeitos da sentença favorável se estendem *"à comunidade titular do direito superindividual violado e, na eventualidade de procedência, aos titulares dos correspondentes direitos individuais homogêneos"*[36] (art. 103, I do CDC). Da mesma forma, no inciso III do art. 103 do CDC, a extensão da coisa julgada se limita às vítimas e seus sucessores.[37]

Nessa linha de pensamento, o inciso II do art. 103 do CDC utiliza a expressão *ultra partes* para estender a imutabilidade do comando do julgado *"aos membros da coletividade titular do direito lesado e aos titulares dos correspondentes direitos individuais homogêneos"*.[38]

---

[32] GIDI, Antônio. *Coisa julgada e Litispendência em Ações Coletivas*. São Paulo: Saraiva, 1995, p. 74.

[33] Idem, 1995, p. 74.

[34] Idem, p. 87-89.

[35] Idem, p.110.

[36] Idem, p. 108.

[37] Idem, p. 109.

[38] Idem, p. 109.

A conclusão a que Gidi chega é que teria sido mais técnico se o legislador tivesse utilizado, para os três incisos do art. 103 do CDC, a expressão *ultra partes*, uma vez que a extensão da imutabilidade do comando do julgado ocorre além das partes em juízo, mas não alcança a todos indistintamente (*erga omnes*), mas somente os titulares do direito material violado.[39]

O CDC disciplinou apenas os limites subjetivos da eficácia da coisa julgada coletiva,[40] por isso, a necessidade de se utilizar o CPC, de forma subsidiária e o que não lhe for contrário.[41]

4.2. Improcedência por insuficiência de provas

A formação da coisa julgada coletiva, em defesa de direitos superindividuais (coletivos e difusos) além de ser *pro et contra* também é *secundum eventum probationis*, pois só ocorrerá *"se a ação coletiva for devidamente instruída, independentemente do resultado da demanda ter sido pela procedência ou pela improcedência"*.[42]

No acaso de improcedência do pedido por insuficiência de provas, uma nova ação coletiva para a defesa de direitos superindividuais (difusos e coletivos) poderá ser proposta, desde que com base em nova prova.

No entendimento de Gidi, o magistrado não tem que, ao sentenciar, deixar expresso que o fez com base em instrução suficiente de provas, o que, no caso de improcedência do pedido impediria a repropositura de nova ação coletiva.[43] O necessário é que os legitimados ativos, ao reproporem a ação coletiva, o façam com base em novo material probatório que demonstre que a ação coletiva anterior foi julgada por instrução insuficiente.[44]

Prova nova é aquela que não foi produzida na ação anterior e que possibilita uma decisão diversa,[45] sendo critério de admissibilidade para a repropositura da ação coletiva, por isso, o autor deve demonstrar, na inicial, a prova nova que pretende produzir. Se não houver prova nova, o processo deverá ser extinto sem julgamento de mérito, por falta de interesse de agir.[46]

---

[39] GIDI, Antônio. *Coisa julgada e Litispendência em Ações Coletivas*. São Paulo: Saraiva, 1995, p. 110-111.

[40] Idem, p. 112.

[41] Idem, p. 113.

[42] Idem, p. 122.

[43] Idem, p. 133.

[44] Idem, p. 134.

[45] Idem, p. 136.

[46] Idem, p. 135.

4.3. Coisa Julgada Coletiva e os direitos individuais homogêneos

A defesa coletiva de direitos individuais homogêneos visa a *"apurar a responsabilidade civil por danos individualmente sofridos, decorrentes de origem comum"*.[47] Em caso de procedência do pedido na ação coletiva, haverá uma condenação genérica na decisão judicial que fixar a responsabilidade civil do réu pelos danos causados. A condenação é genérica por não se levar em conta os prejuízos individuais, mas a sentença coletiva será um título executivo judicial e bastará que cada indivíduo lesado promova a liquidação por artigos da sentença, demonstre o dano e o nexo de causalidade entre a violação do direito superindividual e o seu direito individual, para ser ressarcido (art. 97 do CDC).[48]

Se a ação coletiva tiver por objeto direito individual homogêneo, e o pedido for julgado procedente, haverá a extensão *erga omnes* da imutabilidade do comando da sentença, mas se julgado improcedente a decisão não prejudicará os indivíduos que não participaram da lide como litisconsortes (art. 94 do CDC), que poderão propor ações individuais.[49]

Não há a possibilidade, no caso de improcedência do pedido, da ação coletiva ser reproposta tendo por base uma prova nova. Isso ocorre quando a ação coletiva é em defesa de direitos difusos e coletivos em sentido restrito, pois os legitimados à propositura de ação em defesa de direitos superindividuais são os legitimados ativos coletivos arrolados no art. 5º da LACP e no art. 82 do CDC. Não há a possibilidade de tutela individual desses direitos. Se a formação da coisa julgada obstasse a repropositura da ação coletiva, em caso de surgimento de prova nova, fatalmente o direito superindividual pereceria.[50]

Diferentemente, ocorre com a tutela coletiva dos direitos individuais homogêneos que, em essência, são direitos individuais que podem ser tutelados coletivamente em decorrência da origem comum.[51] No caso de improcedência na via coletiva, ainda há a possibilidade de tutela individual, desde que não tenha havido a participação do titular do direito como litisconsorte na ação coletiva,[52] já que este teve o direito ao devido processo legal resguardado.

---

[47] GIDI, Antônio. *Coisa julgada e Litispendência em Ações Coletivas.* São Paulo: Saraiva, 1995, p. 138.

[48] Idem, p. 157.

[49] Idem, p. 140.

[50] Idem, p. 141.

[51] Idem, p. 142.

[52] Idem, p. 142.

4.4. A coisa julgada no anteprojeto original

No Anteprojeto Original de Código de Processo Civil Brasileiro, elaborado por Antônio Gidi inicialmente em 1993 e terminado em 2002,[53] a coisa julgada coletiva está no art. 18 com a seguinte redação:

Artigo 18. Coisa julgada coletiva

18. A coisa julgada coletiva vinculará o grupo e seus membros independentemente do resultado da demanda, exceto se a improcedência for causada por:

I – representação inadequada dos direitos e interesses do grupo e de seus membros (*vide* art. 3º, II);

II – insuficiência de provas;

18.1. Se a ação coletiva for julgada improcedente por insuficiência de provas, qualquer legitimado coletivo (*vide* art.. 2º) poderá propor a mesma ação coletiva, valendo-se de nova prova que poderia levar a um diferente resultado.

18.2. Os vícios de que trata este artigo serão conhecidos tanto pelo juiz da causa como pelo juiz da ação individual ou coletiva posteriormente proposta.

18.3. Na ação individualmente proposta por um membro do grupo vinculado pela coisa julgada coletiva somente poderão ser discutidas questões não acobertadas pela coisa julgada coletiva e questões de natureza individual (*vide* art. 20.1).

Após o estudo feito no tópico anterior deste artigo e da leitura do art. 18 acima reproduzido, é possível perceber a continuidade da linha de raciocínio de Antônio Gidi, no que diz respeito ao seu entendimento de que a coisa julgada coletiva é *pro et contra* ("*A coisa julgada coletiva vinculará o grupo e seus membros independentemente do resultado da demanda*"), exceto se a improcedência for causada por insuficiência de provas, sendo possível, nesse caso, a repropositura da demanda quando tiver por base nova prova, que é entendida como aquela que pode levar a um resultado diferente.

Em obra publicada em 2008,[54] Gidi tece críticas mais duras à extensão subjetiva *secundum eventum litis* da coisa julgada, em comparação àquelas que fez na sua obra publicada em 1995.[55] De acordo com o autor, "*embora constitucional, a coisa julgada secundum eventum litis é uma técnica covarde, imatura e ineficiente, não sendo opção adequada por vários motivos*".[56] Alguns desses motivos são: a impossibilidade de acordos coletivos no caso de direitos individuais homogêneos, a inviabilização do processo coletivo passivo e a falsa sensação de que no processo coletivo a sentença

---

[53] GIDI, Antônio. *Rumo a um Código de Processo Civil Coletivo* – A codificação das ações coletivas no Brasil. Rio de Janeiro: GZ, 2008, p. 1.

[54] Ibidem.

[55] GIDI, Antônio. *Coisa julgada e Litispendência em Ações Coletivas*. São Paulo: Saraiva, 1995.

[56] GIDI, Antônio. *Rumo a um Código de Processo Civil Coletivo* – A codificação das ações coletivas no Brasil. Rio de Janeiro: GZ, 2008, p. 292.

só faz coisa julgada se o processo coletivo for julgado procedente.[57] Nas palavras do autor:

> [...] a verdade é que não precisamos dos conceitos cerebrinos de *erga omnes*, *ultra partes*, *secundum eventum litis* ou *in utilibus*. Os processos coletivos deveriam produzir uma coisa julgada que vinculasse ambas as partes: o réu e o grupo (coisa julgada *inter partes*), independentemente do resultado da demanda (*pro et contra*), mas desde que os interesses do grupo tenham sido adequadamente representados em juízo e os membros tenham recebido uma adequada notificação, oportunidade de participar e de se auto-excluir.[58]

A novidade, dentro da linha de pensamento de Gidi, fica por conta da sua proposta de também ser possível a repropositura da demanda, se a improcedência for causada por *"representação inadequada dos direitos e interesses do grupo e de seus membros".*[59]

Passa-se, assim, à análise dos requisitos para a propositura de nova ação coletiva.

4.4.1. A possibilidade de repropositura de ação coletiva

Após o trânsito em julgado da decisão, independentemente do resultado, a coisa julgada coletiva vinculará o grupo e seus membros, exceto se a improcedência for causada por representação inadequada dos direitos e interesses do grupo e de seus membros ou por insuficiência de provas, requisitos que autorizam as partes a propor nova demanda com os mesmos elementos da ação.

Para evitar uma inadequada representação, é essencial a realização adequada da notificação coletiva, o que não acontece no Brasil pelo sistema da publicação no Diário Oficial (art. 94, CDC). O sistema brasileiro é tão falho que pode ser considerado inexistente, devido à falta de hábito popular pela leitura desse veículo de comunicação. Em demandas coletivas, a ausência de notificação pode ser considerada violação ao devido processo coletivo, impedindo que a sentença tenha eficácia *erga omnes*. Nesse sentido, deve-se ressaltar a importância da notificação adequada em todas as ações coletivas, tanto aquelas com, como as sem *opt out*.

Se a ação coletiva for julgada improcedente por insuficiência de provas, qualquer legitimado coletivo poderá propor a mesma ação coletiva,

---

[57] GIDI, Antônio. *Rumo a um Código de Processo Civil Coletivo* – A codificação das ações coletivas no Brasil. Rio de Janeiro: GZ, 2008, p. 292-293.

[58] Idem, p. 293.

[59] Observe que o tópico 4 deste artigo, elaborado com base em obra de Antônio Gidi publicada em 1995, destacou-se que o autor entendia que o sistema adotado nos Estados Unidos da extensão *erga omnes* da coisa julgada *pro et contra* condicionada à representatividade adequada não seria o melhor para a realidade jurídica brasileira, uma vez que o Brasil ainda é cultural e economicamente vulnerável. O mais adequado é a aplicação da sistemática adotada pelo CDC, ainda que passível de críticas pontuais. GIDI, Antônio. *Coisa julgada e Litispendência em Ações Coletivas*. São Paulo: Saraiva, 1995, p. 71-72.

valendo-se de nova prova que possa levar a um diferente resultado. Importa esclarecer que não precisa constar da decisão que a extinção ocorreu por falta de material probabilístico suficiente, tanto porque, o juiz não tem condições de fazer essa aferição. As partes interessadas é que, no caso concreto, diante de provas que não foram objeto de instrução processual e que podem trazer uma nova interpretação aos fatos, poderão propor outra ação coletiva, com o mesmo pedido e causa de pedir.

Logo, a ausência do representante adequado, que configura com a sua má atuação, contrariando o disposto no artigo 3º do Anteprojeto Original ou a decisão de improcedência baseada em insuficiência de provas autorizam a repropositura de mesma ação coletiva, com os mesmos elementos, sem que configure afronta à coisa julgada.

5. Conclusão

Diante do que se foi analisado, pôde-se perceber que há muita confusão entre os estudiosos brasileiros sobre os institutos jurídicos que envolvem a coisa julgada coletiva.

Em primeiro lugar, é preciso sedimentar o entendimento de que a coisa julgada coletiva brasileira é *pro et contra*, pois se forma independente do resultado da demanda e, o que é *secundum eventum litis*, é a extensão subjetiva dos seus efeitos.

Apesar de não haver diferenciação ontológica dos termos *"ultra partes"* e *"erga omnes"*, o mais técnico é se falar em extensão *"ultra partes"* dos efeitos da coisa julgada coletiva, uma vez que apenas os titulares do direito superindividual é que serão vinculados por eles.

Não há justificativa para limitação territorial dos efeitos da coisa julgada coletiva, como vem entendendo a legislação brasileira. Isso demonstra confusão entre jurisdição e extensão subjetiva da coisa julgada

A proposta de coisa julgada coletiva de Antônio Gidi, prevista no Anteprojeto Original, vem encontrando obstáculos para ser aplicada no Brasil. Os óbices são de naturezas diversas, mas, principalmente, devido à cultura jurídica brasileira, que teria que passar por transformações, para ser capaz de adotá-la.

Seria necessária a adoção da figura do representante adequado, por ser um requisito da tutela coletiva e devido a sua ausência viciar todo o processo de forma insanável. O controle dessa representação (tanto para a parte, quanto para o advogado), feito em concreto, seria imprescindível, para evitar incidentes processuais, primando pela economia processual e qualidade da prestação jurisdicional. Por fim, deveria haver o aprimoramento do instituto da notificação adequada.

A conclusão a que se chega é da necessidade de aprimoramento do estudo da coisa julgada coletiva e dos institutos a ela correlatos. Antônio Gidi muito contribui para esse objetivo em razão de sua experiência acadêmica e profissional, tanto no Brasil como no exterior, o que lhe permite, em razão desses diferentes paradigmas, uma análise crítica apurada da coisa julgada coletiva brasileira e, dessa forma, propor mudanças arrojadas.

Assim, faz-se necessário que a ciência jurídica esteja disposta a se oxigenar e a debater novas ideias, como as de Gidi, para se chegar a um aprimoramento legislativo, doutrinário e acadêmico da coisa julgada coletiva que mais se coadune com o atual nível de desenvolvimento jurídico e social brasileiro.

6. Referências bibliográficas

ALMEIDA, Gregório Assagra de. *Direito processual coletivo brasileiro*. São Paulo: Saraiva, 2003.

——. Gregório Assagra de. *Manual das Ações Constitucionais*. Belo Horizonte: Del Rey, 2007.

BARBOSA MOREIRA, José Carlos. Ações Coletivas na Constituição Federal de 1988. In. *Revista de Processo*. N. 61, ano 16, Janeiro- Março. 1991

GIDI, Antonio. *Rumo a um Código de Processo Civil Coletivo*: a codificação das ações coletivas no Brasil. Rio de Janeiro: GZ Editora, 2008.

——. Antônio. *Coisa julgada e Litispendência em Ações Coletivas*. São Paulo: Saraiva, 1995.

LEONEL, Ricardo de Barros. *Manual do Processo Coletivo*. De acordo com a Lei 10.444/02. São Paulo: Revista dos Tribunais, 2002.

MENDES, Aluisio Gonçalves de Castro. A Coisa Julgada e os Processos Coletivos no Direito Vigente e no Projeto de Nova Lei da Ação Civil Pública (PL n. 5. 139/2009). *In: Em Defesa de um Novo Sistema de Processos Coletivos* – Estudos em Homenagem a Ada Pellegrini Grinover. GOZZOLI, Maria Clara; CIANCI, Mirna; CALMON, Petrônio; QUARTIERI, Rita (Coordenadores). São Paulo: Saraiva, 2010.

VENTURI, Elton. *Processo Civil Coletivo*. A tutela jurisdicional dos direitos difusos, coletivos e individuais homogêneos no Brasil. Perspectivas de um Código Brasileiro de Processos Coletivos. São Paulo: Malheiros, 2007.

— X —

Execução individual e coletiva: em busca da tutela efetiva dos direitos individuais homogêneos

TEREZA CRISTINA SORICE BARACHO THIBAU[1]
LEÍSA MARA SILVA GUIMARÃES[2]

Sumário: 1. Introdução; 2. Classificação dos direitos de grupo: direitos difusos, coletivos e individuais homogêneos; 3. Execução dos direitos de grupo conforme as normas do CPC e do microssistema processual coletivo; 4. Execução de sentença de procedência da tutela dos direitos individuais homogêneos; 4.1. Execução individual de sentença de procedência da tutela de direitos individuais homogêneos; 4.2. Execução coletiva de sentença de procedência da tutela de direitos individuais homogêneos proposta pelos colegitimados como representantes; 4.3. Execução coletiva de sentença de procedência da tutela de direitos individuais homogêneos proposta, residualmente, pelos colegitimados; 5. Conclusão; 6. Referências bibliográficas

1. Introdução

O Código de Defesa do Consumidor classificou os direitos de grupo em: direitos difusos, coletivos em sentido estrito e individuais homogêneos. Solidificou-se, assim, no direito brasileiro, um sistema de tutela coletiva inovador e abrangente. Por isso, este código transformou-se num dos principais vetores do microssistema processual coletivo, especialmente quanto à execução, cuja regulamentação procedimental nele se encontra.

A maior inovação do CDC foi identificar as características das três espécies de direitos de grupo (difusos, coletivos e individuais homogêneos) viabilizando, quanto aos direitos individuais homogêneos, a tutela coletiva e individual.

Devido à origem comum, os direitos individuais homogêneos afetam um grupo de indivíduos, desafiando a resolução dos conflitos daí

---

[1] Doutora em Direito, Professora Associada da Faculdade de Direito da UFMG.
[2] Analista do Ministério Público do Estado de Minas Gerais.

advindos de forma coletiva, conforme os ditames constitucionais da economia processual, celeridade e do acesso à justiça. Com o fim de efetivar esta tutela, o legislador previu a possibilidade de execução individual e coletiva (arts. 97 e 98 do CDC).

Com este estudo objetiva-se, inicialmente, apresentar análise doutrinária quanto à distinção teórica dos direitos de grupo visto que ainda persistem dúvidas quanto a essa classificação, fato que interfere de modo relevante na execução de sentença coletiva. Em seguida, serão discutidas, em linhas gerais, as peculiaridades da execução quanto aos direitos difusos, coletivos em sentido estrito e individuais homogêneos.

Dada a extensão do tema e o veículo ora utilizado, produção de um artigo acadêmico, fez-se necessário realizar corte metodológico e fixar a análise aqui desenvolvida apenas no estudo da execução dos direitos individuais homogêneos, sob a forma individual e/ou coletiva, conforme estabelecido no CDC.

Partindo-se do princípio de que não é cabível interpretação restritiva das normas que compõem o microssistema brasileiro de tutela dos direitos de grupo, inclusive aquelas que regulamentam a execução de sentença de direitos individuais homogêneos, verifica-se que é necessário o exame desta matéria, sem a nuvem da visão privatística e individualista. Começa a predominar esta linha de interpretação nos tribunais nacionais conforme demonstra recente decisão do Superior Tribunal de Justiça apontada neste estudo.

Por fim, demonstrar-se-á que a execução coletiva dos direitos individuais homogêneos não representa obstáculo à pretensão individual. Ao contrário, poderá trazer indiscutíveis benefícios para os titulares dos direitos e, principalmente, para a efetividade da justiça, evitando a tramitação desnecessária de causas repetitivas oriundas de conflito de dimensão homogênea.

2. Classificação dos direitos de grupo: direitos difusos, coletivos e individuais homogêneos

No Brasil, a tutela dos direitos coletivos remonta à Constituição de 1934 mediante a previsão da Ação Popular como instrumento de tutela coletiva.[3] Desde então, outras leis foram criadas para preservar e efetivar os direitos coletivos, dada a importância de assegurar referidos direitos numa sociedade complexa e dinâmica, como a que vivemos na atualidade. A tutela coletiva, aliás, já é realidade em muitos outros países. A

---

[3] Posteriormente, na Constituição de 1937, a Ação Popular foi retirada. Retornou ao texto constitucional apenas na Constituição de 1946 e, em 1965, foi regulamentada pela Lei n° 4.417.

título de exemplo, em 2013, a União Europeia publicou a Recomendação 2013/396/UE acerca da tutela coletiva, fazendo consignar como finalidade e objeto, *in verbis:*

1. A presente recomendação tem por finalidade facilitar o acesso à justiça, impedir práticas ilícitas e permitir que as partes lesadas obtenham uma reparação em situações de dano em massa resultante de violações de direitos concedidos pelo direito da União, assegurando, simultaneamente, salvaguardas processuais adequadas para evitar a litigância abusiva.

2. Todos os Estados-Membros devem dispor de mecanismos de tutela coletiva a nível nacional, tanto inibitórios como indenizatórios que respeitem os princípios básicos enunciados na presente recomendação. Estes princípios devem ser comuns a toda a União, sem deixar de respeitar as diferentes tradições jurídicas dos Estados-Membros. Os Estados-Membros devem assegurar que os processos de tutela coletiva são justos, eqüitativos, tempestivos e não sejam proibitivamente onerosos.[4]

A tutela coletiva abrange os direitos de grupo de natureza coletiva (sentido estrito), difusa e individual homogênea. Cunhou-se a expressão "direitos coletivos em sentido lato" para abarcar os direitos difusos, coletivos em sentido estrito e individuais homogêneos.

Contudo, sob o argumento de que muitos doutrinadores desconhecem o que engloba a expressão direitos coletivos *lato sensu*, Gidi (2008, p. 211) afirma que "o ideal seria substituir a expressão direitos coletivos *lato sensu*, por 'direitos de grupo' e aposentar definitivamente o uso da expressão *stricto sensu* para se referir aos direitos coletivos".

Entendemos que "direitos de grupo" afasta a ambiguidade existente entre direitos coletivos *lato sensu* e *stricto sensu*. Além disso, de modo terminológico e em conformidade com o microssistema coletivo, esta expressão engloba os direitos difusos, coletivos em sentido estrito e os direitos individuais homogêneos os quais referem-se a um grupo de indivíduos, seja determinado ou não. Por isso, metodologicamente, "direitos de grupo" será utilizado no presente trabalho englobando as três espécies referidas.

Com o escopo de afastar as dúvidas existentes quanto à distinção entre direitos difusos, coletivos em sentido estrito e os direitos individuais homogêneos, principalmente no estudo da execução coletiva, serão referidos direitos explicados detalhadamente a seguir.

Referidos direitos são ontologicamente diferentes, conforme definição trazida pelo Código de Defesa do Consumidor (art. 81 da Lei nº 8.078/90). Apesar de poderem ser considerados, todos eles, direitos

---

[4] Jornal Oficial da União Européia, de 26 de julho de 2013 – 201/60 a 201/65. Disponível em: <http://eur-lex.europa.eu/LexUriServ/LexUriServ.do?uri=OJ:L:2013:201:0060:0065:PT:PDF>. Acesso em 03 de dezembro de 2013.

sociais constitucionais, o legislador optou por trazer uma definição tripartite, nos incisos I, II e III do parágrafo único do art. 81 do CDC.

Doutrinariamente, contudo, a distinção teórica dos direitos de grupo desenvolveu-se de forma bipartite, com enfoques diferenciados conforme cada autor.

Segundo Barbosa Moreira *apud* Gidi (1995, p. 25), os direitos difusos e coletivos são superindividuais e indivisíveis e, por isso, essencialmente coletivos, ao contrário dos individuais homogêneos que são acidentalmente coletivos. Desta forma, Barbosa Moreira opta por firmar a sua distinção de forma bipartite sob o enfoque do processamento das ações que tutelam os direitos coletivos.

Zavascki (2011, p. 34), em sua análise, assim como Barbosa Moreira, sugere a reunião dos direitos difusos e coletivos (tutela de direitos coletivos) deixando em outro patamar os individuais homogêneos (tutela coletiva de direitos), firmando sua distinção sob o enfoque da indivisibilidade ou não do objeto e indeterminação ou determinação dos titulares dos direitos de grupo, também bipartite.

Para Gidi (2008, p. 201), a classificação de forma tripartite é fruto de teorização artificial e abstrata, não havendo doutrina ou decisão norte-americana que mencione as expressões "difuso", "coletivo" e "individuais homogêneos". Referido autor defende que as definições trazidas pelo CDC são meramente exemplificativas[5] e que "os conceitos abstratos de direitos difuso, coletivo e individuais homogêneos são de escassa utilidade, sendo em verdade extremamente perigosos" (Gidi, 2008, p. 210).

Prossegue Gidi (2008, p. 215):

> Portanto, se uma tipologia legal fosse necessária, com o que não se concorda, ela não deveria ser composta de três tipos de direitos de grupo. Só existem dois: o transindividual, do qual é titular o grupo como um todo e os direitos individuais (chamados homogêneos), dos quais são titulares os membros do grupo individualmente.

Por outro lado, Leal (1998, p. 217-218), em conclusões de obra referente às ações coletivas, adere à classificação bipartite, entretanto, de forma diferente dos demais autores. Para o doutrinador, existem duas ações coletivas denominadas ACDD (ação coletiva para defesa de direitos difusos) e ACDI (ação coletiva para defesa de direitos individuais), na qual estaria englobada a tutela dos direitos individuais homogêneos e, conceitualmente, também a tutela dos direitos coletivos.

O CDC reconheceu que são indivisíveis os direitos difusos e coletivos, denominando-os transindividuais. Segundo o CDC, os direitos difusos são aqueles de que sejam titulares pessoas indeterminadas e ligadas

---

[5] Em Anteprojeto Original proposto pelo mencionado doutrinador, os conceitos dos direitos difusos, coletivos e individuais homogêneos permaneceram, contudo, adotou-se classificação bipartite.

por circunstâncias de fato. Os interesses e direitos coletivos são de natureza indivisível, de que seja titular grupo, categoria ou classe de pessoas ligadas entre si ou com a parte contrária por uma relação jurídica base. Já os direitos individuais homogêneos são os direitos decorrentes de origem comum (art. 81, parágrafo único, do CDC).

No tocante aos direitos coletivos em sentido estrito, a distinção quanto aos direitos difusos ocorrerá pela origem decorrente de uma relação jurídica comum, cujo objeto de tutela será indivisível entre os membros afetados do grupo. Referidos direitos são também de titularidade de pessoas indeterminadas, porém, determináveis. A título de exemplo, cite-se a pretensão de determinada categoria de trabalhadores, a tutela de direitos de titularidade de membros de determinada associação ou classe, entre outros.

Já os direitos individuais homogêneos, objeto de análise mais detalhada neste trabalho, são aqueles direitos que apresentam dimensão coletiva (homogeneidade), mas também podem ser atribuídos a cada um dos indivíduos, na proporção exata da extensão do dano sofrido (heterogeneidade), cujo objeto, portanto, será divisível entre os afetados.

São direitos similares – mas não iguais –, sendo possível identificar neles elementos característicos e peculiares que os individualiza, formando suas margens de heterogeneidade (Zavascki, 2011, p. 146)

Por outro lado, a homogeneidade destes direitos decorre da origem comum, que lhes impinge o aspecto de direito de grupo, ou seja, coletivo. Almejou-se tratá-los coletivamente com o fim de facilitar a tutela de direitos de variados indivíduos afetados, contudo, por um dano global e de considerável extensão, embora único.

Contudo, é importante frisar que, apesar de apresentarem a mesma origem, os direitos individuais homogêneos não terão, necessariamente, origem no mesmo fato e/ou a um só tempo. Para Kazuo Watanabe *apud* Gidi (1995, p. 31), a origem comum não significa, necessariamente, uma "unidade factual e temporal", não sendo necessário que o fato gerador seja um único e o mesmo.

"Mesma origem" significa, aqui, mesmo fato ou mesma circunstância de fato, ainda que postergados no tempo. Ou ainda, mesmo fundamento de fato ou de direito, ou ponto comum de fato ou de direito, conforme previsão expressa no art. 46, II e IV do Código de Processo Civil (CPC/73).

Conforme explica Gidi (1995, p. 31):

> Pelo prisma do direito processual civil, é possível associar o conceito de "origem comum" ao de "causa de pedir". As causas de pedir de cada direito individual devem ser, se não exatamente as mesmas, pelo menos similares a ponto de tornar indiferentes, para a apuração em juízo, as peculiaridades de cada caso particular.

Os direitos individuais homogêneos são, portanto, direitos individuais tutelados coletivamente. A qualificação de *homogêneos* não desvirtua sua natureza, sendo utilizada apenas para identificar a relação de afinidade e semelhança que os ligam e para permitir a defesa coletiva (Zavascki, 2011, p. 34). A via processual coletiva destes direitos busca assegurar a resolução de inúmeros litígios individuais, em um único processo, prestigiando sobremaneira a economia processual, a segurança jurídica e o efetivo acesso à justiça.[6]

Nos dizeres de Wambier e Wambier (2012, p. 62), embora os direitos individuais homogêneos representem a categoria mais polêmica dos direitos metaindividuais, o tratamento coletivo em tal hipótese é uma das mais importantes inovações legislativas acerca do tema, o que é corroborado por Alvim (2012, p. 90):

> E isto no sentido de que, também estes – como tais e considerados em conjunto no contexto do tecido social, sob a ótica da precedente ausência de consideração pelo legislador, em disciplíná-los *como tais* – eram, antecedentemente às modificações ocorridas, destituídos de proteção útil. Esse conjunto de situações individuais, decorrentes de origem comum, cuja configuração, *que não é apenas a soma, pura e simples de situações individuais*, gera uma situação coletiva.

Ao contrário do que ocorre nos direitos difusos e coletivos, os titulares dos direitos individuais homogêneos são determinados ou determináveis e o objeto tutelado é divisível, o que acarreta particularidades quando da execução nesta espécie.

Por isso, analisaremos a seguir a execução da tutela dos direitos de grupo conforme as normas do CPC e do microssistema coletivo para, posteriormente, adentrarmos nas particularidades da execução dos direitos individuais homogêneos.

3. Execução dos direitos de grupo conforme as normas do CPC e do microssistema processual coletivo

A execução nada mais é do que uma atividade jurisdicional na qual o juiz conduz várias diligências visando a concretizar a sentença, ou seja, os direitos. Porque "a titularidade de direitos é destituída de sentido, na ausência de mecanismos para sua efetiva reivindicação", na clássica lição de Cappelletti e Garth (1998, p. 12), muitas reformas legislativas foram realizadas com este fim, sobretudo quanto à execução.

---

[6] Sobre a efetivação do acesso à justiça por intermédio do processo coletivo, v. THIBAU, T. C. S. B. ; GUIMARAES, L. M.S. Ministério Público na tutela dos direitos coletivos em sentido lato: a redescoberta do processo coletivo. In: CONPEDI/UNINOVE. (Org.). Processo e jurisdição II. 1ed.Florianópolis: FUNJAB, v. 1, p. 88-104, 2013.

O CPC/73, após as alterações advindas com a Lei n° 11.232/2005, passou a estabelecer a fase executiva, denominada cumprimento de sentença, no próprio processo de conhecimento, enquanto resultado do desejado sincretismo, finalmente concretizado, entre as duas atividades jurisdicionais. O conceito legal de sentença deixou de ser ato do juiz que põe fim ao processo para ser ato do juiz que implique na decisão de resolução do mérito ou sem resolução do mérito, conforme o caso (art. 162, § 1°, CPC/73). A execução ou cumprimento de sentença passou a ser uma nova fase procedimental, sendo desnecessário instaurar nova ação ou promover nova citação do réu na referida fase.

Conforme salientam Marinoni e Arenhart (2013, p. 61-62), essa unificação "nada mais é do que uma imposição decorrente da compreensão da ação como direito à obtenção da tutela do direito material".

Em síntese, a alteração legislativa buscou aperfeiçoar a execução em decorrência do direito fundamental de acesso à justiça, como direito à tutela efetiva, prestigiando os princípios da economia[7] e da celeridade processual.

Quando da execução de direitos de grupo, as normas do CPC serão conjugadas ao microssistema processual coletivo, especialmente às normas do CDC, uma vez que a Lei da Ação Civil Pública não estabeleceu regras quanto à execução. Contudo, salienta Venturi (2000, p. 160) que "na aplicação subsidiária do CPC ao processo coletivo, deve-se investigar acerca de idoneidade da transposição pura e simples de dispositivos idealizados originariamente para instrumentalizar pretensões individuais".

Além disso, para atender as reais finalidades do processo coletivo, imperará na execução, o compromisso com a efetividade do direito já identificado na *fase* de conhecimento, bem como a flexibilidade para determinar as medidas cabíveis e a própria forma como a obrigação será satisfeita. Não por outra razão, Gidi (2008, p.161) propõe a interpretação aberta e flexível nos processos coletivos, fazendo constar referida proposta no art. 30 do projeto original de codificação do processo coletivo brasileiro.

Assevera Gidi (2008, p.162):

Com efeito, o dispositivo coloca os juristas mais rígidos, tradicionais e legalistas em situação logicamente contraditória, na medida em que os obriga a serem flexíveis, sob pena de não estarem cumprindo a lei rigidamente. Ao operador rígido e literalista, pode-se argumentar que, para seguir a lei literalmente, as interpretações devem ser criativas, abertas e flexíveis. Espera-se que esse dilema seja instrumental para a construção de um ordenamento mais efetivo.

---

[7] Em resumo, obtenção do máximo resultado com o mínimo de dispêndio ou de atos.

A preponderância da flexibilidade na execução não pode ser apenas semântica, estando ampliada a responsabilidade do juiz, na tutela coletiva, visto que os afetados, determinados ou não, são muitos a um só tempo e encontram-se, em regra, representados pelo autor. Em tais execuções não se faz possível, portanto, interpretação sob as antigas lentes do processo individual de execução ou até mesmo a separação entre execução e conhecimento.

Embora doutrinariamente não se discuta a imprescindibilidade de interpretação específica na tutela dos diretos de grupo, verifica-se que as normas do microssistema estão sendo devidamente observadas na fase de conhecimento, contudo, na execução destes direitos, os julgamentos são ainda tímidos, havendo resistência à aplicação das normas do CDC.

Lora (2011a, p. 14) adverte, neste sentido, que:

> Essa postura, moldada pela tradição e atribuível à reiterada aplicação das regras do processo civil, idealizadas para modelo de tutela individual, culmina por determinar justamente na fase mais relevante do processo, qual seja, a liquidação e a execução, toda sorte de entraves, retardando sobremaneira o desfecho do processo, com manifesto prejuízo ao titular do direito.

Aliás, conforme será demonstrado em capítulo à frente, apenas recentemente, o STJ tem aceitado a prevalência da norma contida no § 2º, do art. 98 do CDC, reconhecendo a possibilidade de liquidação em foro diverso da ação condenatória.[8]

A classificação demonstrada no capítulo anterior sobressai fundamental porque embora as normas da LACP e do CDC devam ser observadas em todas as modalidades de interesses de grupo (arts. 21 e 90, CDC), há particularidades de execução conforme se trate de direitos difusos, coletivos ou individuais homogêneos.

Na tutela de direitos difusos ou coletivos o objetivo priorizado na execução será a efetiva reparação do dano.[9] Quanto aos direitos individuais homogêneos, em regra, a execução objetivará a reparação econômica e será proposta pelas vítimas e seus sucessores.

Prevalecerá o cumprimento de sentença na forma específica quanto aos direitos difusos e coletivos em sentido estrito. Ou seja, buscar-se-á o retorno ao *status quo* ou a reparação *in natura* dos direitos lesados, sob pena de cominação de multa diária. Apenas em segundo plano, a execução dos direitos difusos e coletivos em sentido estrito terá por fim o ressarcimento da lesão pelo equivalente monetário, nos termos do art. 11 da LACP. A conversão da obrigação em perdas e danos somente será

---

[8] Sobre o tema, v. Recurso Especial nº 1.243.887. Relator: Ministro Luis Felipe Salomão.

[9] Sobre a resistência dos ordenamentos jurídicos à execução específica e a experiência germânica, francesa, norte-americana e brasileira para alterar esse quadro, ver Venturi (2000, p. 61-72).

admissível se por elas optar o autor ou se impossível a tutela específica, a teor do § 1º do art. 84 do CDC. E, além disso, o juiz poderá determinar medidas tais como busca e apreensão, remoção de coisa e pessoas, desfazimento de obra, impedimento de atividade nociva e requisição de força policial, com vistas a obter a tutela específica traduzida em obrigação de fazer ou não fazer (art. 84, §§ 4º e 5º, CDC/90).

Contudo, salienta Greco (2003, p. 130) que:

> [...] por mais que o direito procure estruturar técnicas para a mais ampla satisfação do credor, como fez recentemente o legislador brasileiro com as inovações a respeito da tutela específica das obrigações de fazer e não fazer, a execução específica, como qualquer execução, sofre limites naturais, que o Direito não consegue transpor, a não ser de modo imperfeito.

Quanto à execução dos direitos individuais homogêneos, conforme se verá detalhadamente a seguir, outra foi a escolha do legislador. Nesta hipótese, em regra, a execução almejará o equivalente monetário, embora seja também permitida a execução na forma específica, dependendo das circunstâncias fáticas que envolvam o caso concreto.

Outra particularidade da execução dos direitos de grupo recairá nas regras de competência e legitimidade para propositura em se tratando de direitos difusos, coletivos ou individuais homogêneos.

Na tutela dos direitos difusos, a liquidação e a execução são vedadas ao indivíduo. Apenas o autor da ação coletiva ou qualquer dos legitimados descritos no art. 5º da LACP poderão promover a liquidação e a execução nesta espécie.

Na ação que tutela os direitos coletivos em sentido estrito, o indivíduo poderá promover a liquidação e a execução e também seus sucessores, a título de execução individual. Outra possibilidade será a promoção da execução por qualquer dos colegitimados para a propositura das ações coletivas, devido ao transporte *in utilibus* da coisa julgada.[10]

Cerqueira (2009, p. 32) explica que haverá extensão da coisa julgada *in utilibus* e *secundum eventum litis* nas ações que versam sobre direitos individuais homogêneos porque "a autoridade da coisa julgada, via de consequência, é alongada ou estendida para as esferas individuais", diferentemente do que ocorre quanto aos direitos coletivos em sentido estrito, predominando aí o transporte da coisa julgada, nos termos do art. 103, § 3º, CDC.

Afirma referido autor (2009, p. 32) que:

> Deve-se falar em "transporte" da coisa julgada, e não em sua "extensão", porque há uma diferença ontológica entre liquidar e executar individualmente uma sentença proferida em

---

[10] Sobre a extensão da coisa julgada v. CERQUEIRA, Marcelo Malheiros (2009).

demanda coletiva tratando a respeito de direitos individuais homogêneos (divisíveis) e outra prolatada em ação coletiva versando sobre direitos transindividuais (indivisíveis).

É importante salientar que uma das grandes falhas existentes no microssistema processual coletivo é a limitação territorial da coisa julgada. Nos termos do art. 16 da Lei nº 7.347/85 "a sentença fará coisa julgada *erga omnes*, nos limites da competência territorial do órgão prolator". A interpretação literal desta norma é incompatível com as características próprias dos direitos tutelados pela referida lei, os quais têm como particularidade a extensão de danos, sendo impossível a delimitação geográfica.

Além disso, admitir a limitação territorial da coisa julgada, sobretudo na tutela dos direitos individuais homogêneos, é o mesmo que dificultar ou impossibilitar a execução e verdadeira fruição do direito tutelado, o que apresenta viés nitidamente limitador e contrário ao efetivo acesso à justiça.

As particularidades quanto à legitimidade para propor a liquidação e execução de direitos individuais homogêneos resumem-se na possibilidade de promoção na forma individual ou coletiva. Em regra, sendo a condenação genérica, a própria vítima poderá requerer individualmente a execução. Na forma coletiva, a execução poderá ser promovida pelos colegitimados listados no art. 5º da LACP, como representantes das vítimas. E subsidiariamente, decorrido um ano, se os titulares de referidos direitos não se habilitarem no prazo ou se forem em número reduzido conforme a gravidade do dano.[11]

Devido ao corte metodológico realizado no trabalho, dada a extensão e importância do tema da execução nas tutelas coletivas, as explicações seguintes abordarão somente a execução dos direitos individuais homogêneos, seja na forma individual ou coletiva, em decorrência da relevância de aprofundar o estudo sobre a execução de referidos direitos conforme as normas do microssistema coletivo.

4. Execução de sentença de procedência da tutela dos direitos individuais homogêneos

As ações coletivas referentes aos direitos individuais homogêneos apresentam a particularidade de repartição da atividade jurisdicional cognitiva. No Brasil, o caráter bipartido deve-se ao fato de que, na primeira fase cognitiva, serão julgadas as questões fáticas e jurídicas presentes

---

[11] Venturi (2000, p. 148) aborda a execução individual proposta pela vítima e a execução coletiva residual, fazendo pequena menção à execução proposta pelos colegitimados em favor dos indivíduos.

no núcleo de homogeneidade destes direitos por meio de uma sentença genérica. Na segunda fase, sobressairão os aspectos heterogêneos dos direitos tutelados, ou seja, as peculiaridades da situação pessoal ou aspectos desuniformes da lesão a serem quantificados individualmente.

Gidi (2008, p. 158) afirma, entretanto, que não prevalece caráter bipartido nas *class actions* em tutela de pretensões individuais nos Estados Unidos.

Prolatada sentença genérica (art. 475-A do CPC/73; art. 95 do CDC/90), encerrada estará a primeira fase cognitiva, tornando-se indispensável já na segunda fase, proceder à liquidação com vistas a definir o valor da prestação devida a cada indivíduo, mediante comprovação do dano individual sofrido e da existência de nexo causal.

Afirma Venturi (2000, p. 125):

> Diferentemente do ocorrido no âmbito das ações coletivas para tutela dos direitos genuinamente transindividuais, nas quais se pretende que a sentença condenatória já imponha, para além da obrigação de reparar o dano, a fixação efetiva do montante indenizatório que se destinará a um Fundo para recomposição do direito violado, a pretensão deduzida na ação coletiva que visa a tutelar direitos individuais homogêneos, quando condenatória, diz respeito somente à fixação genérica do dever de ressarcir.

A liquidação constitui, na execução, apenas uma fase da atividade cognitiva precedente à fase executiva, nos termos inscritos nos artigos 475-A a 475-H, do CPC/73, inseridos pela Lei nº 11.232/05. Ademais, a execução poderá ser individual ou coletiva, segundo interpretação não restritiva dos artigos 97 e 98 do CDC/90, que não discriminam nem impõem requisitos diferenciados quanto aos legitimados à execução de sentenças coletivas.

Com vistas a fazer desaparecer este caráter bipartido, Gidi (2008, p. 154) propõe uma forma de cálculo dos danos individuais (art. 25 do Projeto Original) de forma que o juiz possa emitir sentença líquida possibilitando, inclusive, indenização voluntária aos indivíduos afetados.

Para Gidi (2008, p. 154):

> Quando o valor dos danos sofridos pelos membros do grupo for uniforme, prevalentemente uniforme ou puder ser reduzido a uma fórmula matemática, ou seja, sempre que possível, a sentença coletiva indicará o valor ou a fórmula de cálculo da indenização individual devida a cada membro do grupo. Obviamente nem todos os casos e nem todos os tipos de dano comportam sentença coletiva líquida. Somente quando for impossível a prolação de sentença coletiva líquida, a condenação poderá ser genérica, fixando a responsabilidade do demandado pelos danos causados e o dever de indenizar.

A proposta de Gidi (2008) é interessante porque objetiva facilitar a concretização dos direitos tutelados coletivamente. Na mesma linha, Lora (2011b, p. 12) salienta que:

[...] não obstante o disposto no art. 95 do CDC, nada impede que o magistrado, havendo elementos suficientes nos autos, em circunstâncias especiais, deixe de proferir sentença genérica, situação em que mero cálculo, ou ainda eventual liquidação por arbitramento, poderá permitir a apuração do *quantum* devido a cada uma das vítimas. Essa providência tem o condão de abreviar a delonga própria da liquidação por artigos.

Contudo, é preciso reconhecer que a obtenção de sentença líquida pode tornar a lide mais complexa e mais demorada. Por isso, em sentido contrário, Lima (2011, p. 228) defende que o juiz encaminhe o processo de conhecimento de forma ágil, relegando para a liquidação, a fixação do *quantum debeatur*.

Importa esclarecer, por fim, que, sendo um dos principais objetivos das ações coletivas, facilitar o acesso à justiça e possibilitar reparação de danos sofridos em massa, as regras de execução dos direitos individuais homogêneos precisam ser adequadamente compreendidas, equilibrando-se o caráter coletivo e o interesse individual presentes em referidas demandas.

Neste sentido, é valiosa a contribuição de Salles (2009, p. 225-226):

No caso daquelas ações para defesa coletiva de direitos individuais, dever-se-á sempre responder à difícil questão de como fazer a relação entre o mecanismo processual coletivo e o interesse individual e repartível a ele subjacente. Essa relação tem múltiplas implicações, como a participação do lesado individual na ação coletiva, o relacionamento entre demandas individuais e coletivas, a extensão e compatibilização da coisa julgada em um e outro caso, as providências para fazer o resultado útil do processo chegar ao titular do direito individual protegido coletivamente.

Conforme já salientado, as normas do CDC estabeleceram que as vítimas e sucessores terão preferência para promover a liquidação e execução, durante um ano a partir do trânsito em julgado da sentença. Os legitimados do art. 82 do CDC também poderão promover a execução coletiva, em interesse dos indivíduos lesados e, residualmente, em favor do Fundo de Direitos Difusos, depois de decorrido um ano.[12]

Lima (2011, p. 208) adota posicionamento contrário quanto à priorização da execução individual:

Assim, ao contrário do que sustenta a doutrina, a interpretação sistemática demonstra que devem ser priorizadas a liquidação e a execução coletivas também em matéria de direitos individuais homogêneos, atribuindo-se legitimidade aos mesmos entes que podem conduzir o processo de conhecimento, inclusive ao Ministério Público. Essa solução deve ser a principal, e não a subsidiária, como sustenta a doutrina.

Na mesma linha, adotamos entendimento correlato quanto à priorização da execução coletiva promovida pelos entes coletivos, devido à possibilidade de efetivar o direito de forma não individual, com celeridade e economia processual. Todavia, por questões metodológicas, apre-

---

[12] Criado pela Lei nº 7.347/85 e regulamentado pelo Decreto nº 1.306/94.

sentaremos inicialmente considerações acerca da execução individual a ser proposta pelas vítimas ou sucessores. E no item seguinte, abordaremos a execução coletiva promovida pelos colegitimados a favor dos indivíduos e a execução coletiva promovida, em caráter residual, a favor do FDD.

4.1. Execução individual de sentença de procedência da tutela de direitos individuais homogêneos

A execução individual de sentença de procedência visando à tutela dos direitos individuais homogêneos poderá ser proposta, em regra geral, pela vítima do dano ou sucessores, conforme previsto no art. 97 do CDC. Nesta hipótese, a legitimação será ordinária e individual, podendo cada sujeito liquidar e executar a sentença no montante que lhe é devido conforme a extensão do dano sofrido.

Lima (2011, p. 201) afirma que "essa execução, conforme se afigura óbvio, não é coletiva, mas sim individual, com a única peculiaridade de ser proveniente de um título coletivo, que serve a todos os exeqüentes".

Como o CDC estabelece que em caso de procedência do pedido, a condenação será genérica (art. 95), o que já foi discutido anteriormente, provavelmente será necessário primeiramente liquidar para instaurar, posteriormente, a respectiva execução.

Para Didier Jr. e Zanetti Jr. (2012, p. 84):

> Criado o grupo, permite-se a tutela coletiva, cujo objeto, como em qualquer ação coletiva, é indivisível (fixação da tese jurídica geral); a diferença, no caso, reside na possibilidade de, em liquidação e execução da sentença coletiva, o quinhão devido a cada vítima pode ser individualizado.

Quando da execução individual de sentença de procedência, será objeto de prova, inicialmente, a qualidade de titular do direito lesado assim como o *quantum debeatur*, motivo pelo qual as liquidações adotarão o procedimento de liquidação por artigos. Desta forma, a liquidação será a oportunidade processual para que o indivíduo comprove a existência do direito à indenização por fazer parte do grupo afetado, assim como a extensão do prejuízo sofrido.

Venturi (2000, p. 139) anota, neste sentido, que:

> A modalidade preconizada para a liquidação dos danos aos direitos individuais homogêneos, como *supra- analisado*, enseja a abertura de ampla cognição jurisdicional o que tange à averiguação da existência da relação de causalidade entre fatos vivenciados pelo liquidante e a responsabilidade civil imputada ao demandado, condenado por via da sentença genérica, visando-se à fixação do *quantum debeatur*.

Por isso, nas execuções de pagar quantia certa, o título executivo será composto pela sentença genérica da ação coletiva e pela decisão

PROCESSOS COLETIVOS

específica proferida na liquidação por artigos, ou seja, na ação de cumprimento, conforme previsto no Livro I, Título VIII, Capítulo X, do CPC (Zavascki, 2011, p. 183).

As liquidações individuais poderão ser propostas no juízo da condenação ou no foro do domicílio do liquidante, conforme prescrito no § 2º do art. 98 e 101-I do CDC. As normas do microssistema processual coletivo prevalecerão, na hipótese de execução individual, sobre as normas do CPC previstas nos arts. 475-A e 575, II, do CPC, inexistindo prevenção do juízo que examinou e julgou a ação coletiva.

Caberá ao indivíduo a escolha do foro – seu próprio domicílio ou o juízo da condenação – em respeito à efetivação do acesso à justiça quanto à tutela dos direitos de grupo marcados por lesão há dezenas, centenas ou milhares de indivíduos, muitas vezes descentralizados geograficamente.

Embora o CDC seja o marco legislativo quanto à propositura das liquidações e execuções no foro do beneficiário, é importante reforçar que mesmo nas ações que não tratem de direito de consumidor, referidas normas serão válidas conforme expressamente previsto no art. 21 da Lei nº 7.347/85.

Recentemente, o Superior Tribunal de Justiça enfrentou o tema do foro competente para a execução em tais hipóteses, ao julgar recursos propostos pelo Banco Banestado S/A contra sentença proferida em ação civil pública proposta pela Associação Paranaense de Defesa do Consumidor (REsp 1.243.887 – PR). Sedimentou-se entendimento de que a liquidação e a execução individual de sentença genérica proferida em ação civil coletiva podem ser ajuizadas no foro do domicílio do beneficiário, independentemente da restrição territorial da coisa julgada nas ações coletivas. Referida decisão ocorreu em julgamento submetido ao rito dos recursos repetitivos, como representativo de controvérsia, nos termos do art. 543-C do CPC, representando um giro hermenêutico na jurisprudência do SJT, especialmente quanto à (não) restrição do alcance da coisa julgada nas ações coletivas. Decerto, o Recurso Especial nº 1.243.887 – PR significará um precedente ao reconhecer que os efeitos e a eficácia da sentença não estão circunscritos a limites geográficos, mas sim aos limites objetivos e subjetivos do que foi decidido na ação coletiva, sendo permitida a propositura da liquidação/execução individual no foro do beneficiário.[13]

Havendo concurso de créditos decorrentes de indenizações pelos prejuízos individuais sofridos e créditos decorrentes de condenação prevista na Lei nº 7.347/85, as indenizações individuais terão preferência

---

[13] Recurso Especial nº 1.243.887 – PR. Disponível em: < http://www.stj.gov.br/portal_stj/publicacao/engine.wsp?tmp.area=398&tmp.texto=104077> Acesso em 23 de novembro de 2013.

no pagamento, conforme expressamente previsto no art. 99 do CDC. Contudo, em sentido diverso ao regulado pelo mencionado artigo, existe dispositivo previsto no Projeto de Nova Lei da Ação Civil Pública (PL nº 5.139/09) ainda em tramitação.[14] Trata-se do artigo 45: "No caso de concurso de créditos decorrentes de ações em defesa de interesses ou direitos individuais homogêneos, coletivos e difusos, a preferência com relação ao pagamento será decidida pelo juiz, aplicando os princípios da proporcionalidade e da razoabilidade". Ao que parece a tendência que se põe à frente, concede maior poder de interferência ao juiz diante de ações e também execuções coletivas, obviamente mediante participação e oitiva das partes envolvidas, em consonância com o princípio da flexibilidade e o alcance das finalidades do processo coletivo.

Ainda que as vítimas e seus sucessores tenham prioridade para promover a liquidação e execução individual, mesmo porque detentoras de melhores condições para demonstrar a existência e quantificação do dano pessoal, a execução na forma individual apresenta cunho contrário aos princípios norteadores do processo coletivo, principalmente aqueles que se referem à efetividade da jurisdição, tais como o princípio da economia da celeridade processual e da pacificação social.

A execução coletiva alinha-se mais ao objetivo de tutelar os direitos de todo o grupo afetado, coletivamente, embora a execução individual apresente o desiderato de ampliar o acesso à justiça. Na hipótese do executado não apresentar capacidade financeira suficiente para indenizar todos os indivíduos lesados, não será possível garantir aos credores o recebimento de seus créditos em execuções individuais de sentença coletiva contra o mesmo executado, sendo beneficiados apenas aqueles que propuserem primeiramente as execuções.

Nos dizeres de Silveira (2012, p. 42), "o direito não estará sendo devidamente tutelado se os resultados das iniciativas judicantes privilegiarem apenas alguns componentes do grupo: pelo contrário, ter-se-á idêntica ou maior injustiça nesse caso".

Sendo coletiva a execução, esse risco poderia ser contornado ou, pelo menos minimizado, organizando o próprio executado um esquema de pagamento entre os credores concorrentes, ou até mesmo o juiz, conforme previsto no PL nº 5.139/09 e mediante auxílio das partes, o que tornaria viável e efetiva a execução para todos do grupo.

Dever-se-ia reconhecer primazia à execução coletiva dos direitos individuais homogêneos e não à execução individual, devido à particu-

---

[14] Referido Projeto foi proposto pelo Poder Executivo, aos 29 de abril de 2009. Encontra-se, atualmente, na Mesa Diretora da Câmara dos Deputados, aguardando deliberação de recurso. Disponível em: <http://www.camara.gov.br/proposicoesWeb/fichadetramitacao?idProposicao=432485>. Acesso em 12 de dezembro de 2013.

laridade de unificação de tutela de direitos de grupo, sejam estes coletivos em essência ou por ficção jurídica, conforme previsão pioneira do CDC.[15]

Este é também o entendimento de Silveira (2012, p. 184-185):

> De ordinário, esses danos devem ser alcançados pela sentença coletiva e serem liquidados e executados coletivamente, ficando a liquidação e a execução individual relegada aos casos muito específicos, em que a situação particular fuja completamente da normalidade já suposta quando da condenação coletiva.

4.2. Execução coletiva de sentença de procedência da tutela de direitos individuais homogêneos proposta pelos colegitimados como representantes

Na execução coletiva de direitos individuais homogêneos, as normas referentes à legitimidade alinham-se ao viés pluralista próprio das ações coletivas, em exceção ao cunho individualista do processo no qual incide a regra de que o legitimado para a ação será apenas o titular do interesse discutido em juízo, nos termos do art. 6°, CPC/73.

Poderá promover a liquidação e execução qualquer um dos colegitimados enumerados no art. 82, do CDC: Ministério Público, União, Estados, Municípios, Distrito Federal, autarquia, empresa pública, fundação, sociedade de economia mista, associação constituída há pelo menos um ano com finalidade institucional compatível com a tutela pretendida e a Defensoria Pública.[16]

A execução coletiva poderá ocorrer com o fim de (i) identificar e executar os danos individualmente sofridos ou (ii) identificar e executar o dano globalmente sofrido, a ser revertido para fundo próprio.

Na primeira hipótese, haverá liquidação e execução de danos individualmente sofridos em benefício de cada indivíduo titular dos direitos individuais homogêneos. Os legitimados poderão promover a liquidação e a execução, nos termos do art. 97 do CDC, ou apenas a execução caso as indenizações já houverem sido fixadas em sentença de liquidação, nos termos do art. 98 do CDC.

Contudo, cabe destacar que o titular do direito individual lesado será representado e não substituído no processo, desaparecendo nesta *fase*, a legitimação extraordinária predominante nas ações coletivas. Isso

---

[15] Se não houvesse classificação tripartite dos direitos de grupo (difuso, coletivo e individuais homogêneos) conforme proposto por Gidi e já abordado neste trabalho, decerto prevaleceria a execução coletiva.

[16] A Associação Nacional do Ministério Público promoveu ADI-3943 questionando a constitucionalidade da legitimidade da Defensoria Pública para a promoção das ações coletivas, estando pendente o julgamento.

ocorre porque a atuação dos legitimados do art. 82 do CDC terá como finalidade individualizar o dano causado, conforme assevera Leonel (2011, p. 412), considerando-se a situação específica e individual de cada lesado.

Há discussão doutrinária quanto à legitimação para propor a execução coletiva em favor dos indivíduos lesados porque, no caso, o *quantum* devido será especificado, divisível e individualizado, apresentando a execução caráter individual e, em regra, patrimonial. Para Elton Venturi (2000, p. 131) a representação pelos legitimados do art. 82 do CDC, no âmbito da liquidação para identificar os danos individuais, deve ser concebida com reserva, sendo também descabida a legitimação do Ministério Público.

Adotando esta linha, o Ministério Público não seria legitimado para a propositura da execução, embora detentor de legitimidade constitucional para a tutela dos direitos de grupo. Entretanto, conforme interpretação ampliativa do artigo 15 da LACP segundo o qual "decorridos 60 (sessenta) dias do trânsito em julgado da sentença condenatória, sem que a associação autora lhe promova a execução, deverá fazê-lo o Ministério Público, facultada igual iniciativa aos demais legitimados", não se pode afastar a possibilidade do Ministério Público, bem como os demais legitimados, promoverem a execução coletiva em favor dos indivíduos lesados homogeneamente.

No que concerne à legitimidade do Ministério Público para a tutela dos direitos coletivos foi-lhe incumbida não apenas a função institucional de promover o inquérito civil e a ação civil pública (art. 129, III e V, CR/88), como também a defesa da ordem jurídica, do regime democrático e dos interesses sociais e individuais indisponíveis (art. 127, *caput*, CR/88), o que alçou a instituição à condição de guardiã dos direitos mais caros à sociedade e, em última análise, do próprio Estado Democrático de Direito.[17]

Para muitos doutrinadores, a legitimação atribuída ao Ministério Público deve ser entendida no sentido irrestrito e amplo apenas quando o objeto da ação for a tutela de direitos difusos e coletivos e não quando o objeto for os direitos individuais homogêneos. É, por exemplo, a opinião de Zavascki (2011, p. 127):

> [...] os direitos sujeitos à irrestrita tutela pelo Ministério Público são apenas os direitos difusos e coletivos, ou seja, os subjetivamente *transindividuais* (= sem titular determinado) e materialmente *indivisíveis*, que não se confundem, portanto, com os direitos individuais homogêneos. Estes, conforme se enfatizou em capítulo próprio, não são direitos *transin-*

---

[17] Sobre o assunto, v. THIBAU, T. C. S. B. ; GUIMARAES, L. M. S. Ministério Público na tutela dos direitos coletivos em sentido lato: a redescoberta do processo coletivo. In: CONPEDI/UNINOVE. (Org.). Processo e jurisdição II. 1ed.Florianópolis: FUNJAB, v. 1, p. 88-104, 2013.

dividuais, mas, simplesmente, direitos subjetivos *individuais*, os mesmos "direitos comuns ou afins" de que trata o art. 46 do CPC, nomeadamente em seus incisos II e IV. A sua natureza "coletiva" tem um sentido meramente instrumental, para fins de defesa conjunta em juízo, viabilizada pelas características comuns (= homogeneidade) do conjunto desses direitos individuais. Nessa condição, diferentemente do que ocorre com os de natureza transindividual, os direitos individuais homogêneos não são irrestritamente tuteláveis pelo Ministério Público, só podendo sê-lo nas hipóteses previstas em lei.

Contudo, entende-se que o Ministério Público estará legitimado tanto para a tutela quanto para a execução coletiva dos direitos individuais homogêneos quando respectivas ações versarem sobre direitos indisponíveis ou de relevante interesse social, sendo indispensável, *in casu*, a análise do direito materialmente tutelado.

Este é o entendimento consolidado do Supremo Tribunal Federal:

AGRAVO REGIMENTAL NO AGRAVO DE INSTRUMENTO. PROCESSO CIVIL. CONCURSO. ISENÇÃO DE TAXA DE INSCRIÇÃO DE CANDIDATOS CARENTES. AÇÃO CIVIL PÚBLICA. LEGITIMIDADE ATIVA AD CAUSAM DO MINISTÉRIO PÚBLICO FEDERAL. DECISÃO RECORRIDA EM HARMONIA COM A JURISPRUDÊNCIA DO SUPREMO TRIBUNAL FEDERAL. OFENSA À CLÁUSULA DE RESERVA DE PLENÁRIO. INOCORRÊNCIA. PRECEDENTES.

A legitimação do Ministério Público para o ajuizamento de ação civil pública, não se restringe à defesa dos direitos difusos e coletivos, mas também abarca a defesa dos direitos individuais homogêneos, máxime quando presente o interesse social. Nesse sentido, o RE 500.879 – AgR, Relatora a Ministra Cármen Lúcia, Primeira Turma. (...) Precedentes: Rcl. 6944, Pleno, Rel. Min. Cármen Lúcia, Dje de 13.08.2010; RE 597.467-AgR, Primeira Turma, Dje de 15.06.2011 AI 818.260-AgR, Segunda Turma, Dje de 16.05.2011, entre outros. 3. Agravo Regimental a que se nega provimento. (AI 737.104-AgR/PE, Rel. Min. Luiz Fux, 1ª Turma, Dje 17.11.2011)[18] (grifo nosso)

Outrossim, não nos parece concebível haver interesse do Ministério Público apenas na obtenção da sentença de tutela de direitos individuais homogêneos independentemente da reparação individual, a ser obtida com a execução. No mesmo sentido, salienta Lima (2011, p. 235) que o interesse do Ministério Público não se limita na obtenção da sentença como reconhecimento meramente formal independentemente da efetiva satisfação dos credores.

Novamente afirmamos que a execução coletiva a favor dos indivíduos deveria ser estimulada pelos doutrinadores e tribunais. Os colegitimados poderiam organizar as pretensões individuais e propor execução coletiva, permanecendo, assim, a sistemática de jurisdição de grupo – não apenas na fase de reconhecimento dos direitos individuais homogêneos, mas, sobretudo, quando da efetivação destes direitos.

---

[18] No mesmo sentido: AI 809.018-AgR/SC, Rel. Min. Dias Toffoli, 1ª Turma, Dje 10.10.2012; RE 459.456-AgR/RJ, Rel. Min. Cármen Lúcia, 2ª Turma, DJe 22.10.2012; AI 637.853-AgR/SP, Rel. Min. Joaquim Barbosa, 2ª Turma. Disponível em: < http://redir.stf.jus.br/paginadorpub/paginador.jsp?docTP=TP&docID=4962470> Acesso em 03 de dezembro de 2013.

É incompreensível perder toda a economia processual da fase de conhecimento com o ajuizamento de execuções individuais se a demanda foi instaurada, de forma coletiva, porque as pretensões individuais não seriam, em regra, compatíveis com os custos da demanda judicial (Silveira, 2012, p. 255).

4.3. Execução coletiva de sentença de procedência da tutela de direitos individuais homogêneos proposta, residualmente, pelos colegitimados

Nesta modalidade de execução coletiva dos direitos individuais homogêneos, almejar-se-á execução dos danos globalmente sofridos. Porém, apenas na hipótese de inexistirem habilitações individuais dos interessados em número compatível com a gravidade do dano, se decorrido o prazo de um ano do trânsito em julgado da decisão na ação coletiva (arts. 94 e 100, CDC/90).

Didier Jr. e Zaneti Jr. (2012, p. 420) salientam que esta execução é verdadeiramente coletiva, afirmando que:

> Aqui, temos uma execução verdadeiramente coletiva, fundada em sentença proferida em processo em que se discutiam direitos individuais homogêneos. Trata-se de uma execução para buscar uma indenização residual, em razão da desproporção entre as conseqüências do ilícito praticado e o valor das indenizações individuais buscadas.

Prevalecerá nesta execução, a legitimidade sob o viés pluralista próprio das ações coletivas, podendo qualquer um dos colegitimados enumerados no art. 82, do CDC, promover a liquidação e execução. Referida legitimação será ordinária.

Sobressairá o aspecto coletivo da tutela de direitos individuais homogêneos porque inexistindo habilitantes ou havendo-os em número reduzido, ainda assim a execução poderá ser promovida com o fim de apurar o valor devido pelo causador do dano em massa, dado a homogeneidade, convertendo-o em indenização pecuniária.

Considerando-se os danos globalmente praticados ao grupo e as indenizações individuais não cobradas, o valor apurado será revertido ao Fundo de Direitos Difusos (FDD), residualmente, com a finalidade de reparar os danos causados aos direitos difusos e coletivos, protegidos pelas normas do microssistema processual coletivo.[19]

A liquidação deverá impor o pagamento de quantia suficiente para incutir no infrator repressão especial, prevenindo a reiteração da conduta lesiva. Por tal motivo, a sentença de liquidação não poderá, nes-

---

[19] Em capítulo específico de dissertação, Lima (2011, p. 196) analisou o dispêndio de recursos pelo FDD, afirmando que o proveito de referidas indenizações vem sendo utilizado por fundos públicos que financiam ações públicas que já deveriam ser conduzidas pelo Estado com recursos próprios.

te caso, declarar o "valor zero", porque a indenização não representa a mera soma das pretensões indenizatórias individuais esquecidas. (Venturi, 2000, p. 164-165)

Esta modalidade de execução coletiva é residual, sob pena de *bis in idem*. É denominada *fluid recovery* pela jurisprudência americana, sendo referido termo importado por alguns doutrinadores brasileiros, a exemplo Didier Jr. e Zeneti Jr. (2012, p. 420).

Contudo, o *fluid recovery* não representa uma técnica de reparação dos danos coletivos, mas tão somente os próprios fundos criados com o fim de possibilitar a reparação individual do grupo. Além disso, Lima (2011, p. 177) salienta que "os *fluid recovery* são criados especificamente em cada ação, com finalidade definida pelo juiz, e não aplicados em um fundo genérico".

Predominando o aspecto coletivo nesta execução, inexistem discussões doutrinárias quanto à propositura pelos legitimados coletivos, inclusive o Ministério Público, os quais podem promover tanto a liquidação, para apurar os valores devidos pelo causador do dano global, como a execução da indenização devida a favor do fundo.

Contudo, para Greco (2003, p. 125), a qualquer tempo os lesados individuais retardatários podem pleitear o quinhão que lhes cabe da indenização recolhida ao fundo. Por isso, Venturi (2000, p. 137) ressalta que o prazo de um ano fixado para a liquidação dos danos individuais não representa prazo prescricional ou decadencial, mas sim um parâmetro temporal para autorizar a legitimação dos entes coletivos.

Vale ressalvar que os recursos do FDD serão utilizados, preferencialmente, no pagamento das indenizações pelos prejuízos individuais sofridos, conforme expressamente previsto no art. 99 do CDC e, apenas posteriormente, à reconstituição dos bens lesados, protegidos pela LACP, inclusive os de caráter científico e de pesquisa.

A execução coletiva dar-se-á no mesmo juízo da ação coletiva de conhecimento ou no juízo do foro onde o executado possui bens passíveis de expropriação, conforme interpretação das normas do CPC/73 e do microssistema processual coletivo brasileiro.

Referida modalidade demonstra-se significativa para a tutela dos direitos de grupo porque coíbe a impunidade, devido à prática de dano contra um número expressivo de indivíduos. Ainda que a execução possa ser desinteressante para o indivíduo lesado porque atingiu valor insignificante ou por motivos desconhecidos, será promovida para que os recursos apurados sejam utilizados na consecução dos objetivos das normas do microssistema de tutela coletiva, representando uma fonte de captação de recursos para o FDD.

5. Conclusão

O CDC propiciou a ruptura de barreiras jurídicas, culturais e econômicas quando previu a possibilidade de tutela coletiva de direitos individuais homogêneos. A tutela dos direitos individuais, no âmbito dos direitos de grupo, apresenta características peculiares, diferenciadas quanto à tutela dos direitos difusos e coletivos. Na mesma linha, a execução de referidos direitos também apresenta particularidades próprias, podendo ser proposta na forma individual ou coletiva.

A execução individual dos direitos individuais homogêneos desenvolve-se conforme as normas do Código de Processo Civil, inclusive quanto à representação dos indivíduos, embora a permissão legal para a propositura individual seja fruto da inovação do CDC. Já no que se refere à execução coletiva dos direitos individuais, percebe-se maior incidência hermenêutica das normas do microssistema processual coletivo, em especial do CDC e da LACP, podendo esta ser proposta também pelos legitimados à tutela dos direitos difusos e coletivos, em benefício de cada indivíduo lesado ou em benefício do Fundo de Direitos Difusos na hipótese de desinteresse dos indivíduos afetados em atuarem singularmente.

A execução individual dos direitos individuais homogêneos apenas deve ser promovida pelas vítimas e seus sucessores nas hipóteses em que a execução coletiva possa dificultar o andamento do feito ou o próprio efeito prático da demanda. Fora estas exceções, obviamente a execução deve perseguir o interesse da coletividade sendo proposta pelos colegitimados em favor do grupo afetado.

Os benefícios da execução coletiva a ser proposta pelos legitimados do art. 82 do CDC são inegáveis, possibilitando não apenas a reparação individual dos sujeitos lesados, como também a efetividade, economia, celeridade e segurança jurídica, tão almejadas pelos jurisdicionados.

A execução coletiva proposta, residualmente, em favor do Fundo de Direitos Difusos representa também um avanço na tutela dos direitos de grupo e inegáveis benefícios. Como os valores destinados ao Fundo serão apurados conforme as lesões individuais e também a lesão global, novamente sobressai, na execução, a imprescindibilidade de um olhar coletivo por parte dos legitimados e também dos julgadores.

Por isso, não se pode negar que a flexibilização na aplicação das normas e a responsabilidade do juiz na condução da execução coletiva deverão tomar contornos mais alargados, permitindo que a execução dos direitos individuais homogêneos, tratados coletivamente, desenvolva-se em conformidade com as necessidades e as características de cada situação concreta, seja na modalidade individual, seja na coletiva.

PROCESSOS COLETIVOS

6. Referências bibliográficas

ALVIM, Arruda. Ação civil pública – sua evolução normativa significou crescimento em prol da proteção às situações coletivas. In: ASSIS, Araken de; MOLINARO, Carlos Alberto; GOMES JUNIOR, Luiz Manoel; MILHORANZA, Mariângela Guerreiro. (Org.). *Processo coletivo e outros temas de direito processual*. Porto Alegre: Livraria do Advogado, 2012.

CAPPELLETTI, Mauro; GARTH, Bryant. *Acesso à justiça*. Tradução de Ellen Gracie Northfleet. Porto Alegre: Sergio A. Fabris Editor. 1998.

CERQUEIRA, Marcelo Malheiros. O controle judicial da atuação adequada no processo coletivo e a desnecessária extensão da coisa julgada *secundum eventum litis*, In *Revista de Processo*. Ano 17, n. 66, p. 21-46. São Paulo: Revista dos Tribunais, 2009.

DIDIER JR., Fredie; ZANETI JR., Hermes. *Curso de Direito Processual Civil – Processo Coletivo*. Vol. 4. 8ª ed. Salvador: JusPODIVM. 2012.

GIDI, Antonio. *Rumo a um Código de Processo Civil Coletivo*: a codificação das ações coletivas do Brasil. Rio de Janeiro: Forense, 2008.

——. *Coisa julgada e litispendência em ações coletivas*. Saraiva, 1995.

GRECO, Leonardo. Execução nas ações coletivas. In *Revista Forense*. Ano 99, vol. 369, p. 119-140, Rio de Janeiro: Forense, 2003.

LEAL, Márcio Flávio Mafra. *Ações coletivas: história, teoria e prática*. Porto Alegre: Sergio Antonio Fabris Editor, 1998.

LEONEL, Ricardo de Barros. *Manual do processo coletivo*. São Paulo: Revista dos Tribunais, 2011.

LIMA, Edilson Vitorelli Diniz. *A execução coletiva pecuniária: uma análise da (não) reparação do dano coletivo no Direito brasileiro*. 2011. 244f. Dissertação (mestrado) – Universidade Federal de Minas Gerais, Faculdade de Direito, Belo Horizonte. 2011.

LORA, Ilse Marcelina Bernardi. Liquidação e execução nas ações coletivas – parte I, In *Revista do Direito Trabalhista*. Ano 17, n. 5, p. 14-17. Consulex, 2011a.

——. Liquidação e execução nas ações coletivas – parte final, In *Revista do Direito Trabalhista*. Ano 17, n. 6, p. 11-14. Consulex, 2011b.

MARINONI, Luiz Guilherme. ARENHART, Sérgio Cruz. *Curso de Processo Civil*, Vol. 3, São Paulo: RT, 2013.

SALLES, Carlos Alberto de. *Class actions*: algumas premissas para comparação. In *Revista de Processo*. Processo. p- 225-226. São Paulo: Editora Revista dos Tribunais, 2009.

SILVEIRA, Ricardo Geraldo Rezende. *Execução coletiva: teoria geral e novas perspectivas*. Curitiba: Juruá, 2012.

THIBAU, T. C. S. B. ; GUIMARAES, L. M.S. Ministério Público na tutela dos direitos coletivos em sentido lato: a redescoberta do processo coletivo. In: CONPEDI/UNINOVE. (Org.). Processo e jurisdição II. 1ed.Florianópolis: FUNJAB, v. 1, p. 88-104, 2013.

VENTURI, Elton. *Execução da tutela coletiva*. São Paulo: Malheiros Editores, 2000.

ZAVASCKI, Teori Albino. Processo coletivo: tutela de direitos coletivos e tutela coletiva de direitos. São Paulo: RT, 5ª ed, 2011.

WAMBIER, Teresa Arruda Alvim; WAMBIER, Luiz Rodrigues. Anotações sobre as ações coletivas no Brasil – presente e futuro. In: ASSIS, Araken de; MOLINARO, Carlos Alberto; GOMES JUNIOR, Luiz Manoel; MILHORANZA, Mariângela Guerreiro. (Org.). *Processo coletivo e outros temas de direito processual*. Porto Alegre: Livraria do Advogado, 2012.

— XI —

A consolidação do processo coletivo como instrumento de mobilização da sociedade civil no contexto da implantação da Política Nacional dos Resíduos Sólidos (PNRS)

PAULA GARCEZ CORRÊA DA SILVA[1]

Sumário: 1. Introdução; 2. Conquistas políticas assecuratórias de inclusão e incentivo à contratação de catadores na gestão de resíduos sólidos urbanos; 3. As dificuldades de implementação da Política Nacional de Resíduos Sólidos – PNRS – passíveis de enfrentamento via ação coletiva; 4. Demandas coletivas ajuizadas por envolvidos diretamente na problemática levada ao Judiciário, submetidas a controle da adequação da representação. Instrumento eficaz de transformação social; 5. Considerações finais.

1. Introdução

A realidade dos trabalhadores de coleta, seleção e comércio de materiais recicláveis se alterou sobremaneira na última década. Ao mesmo tempo em que foram reconhecidos como atores sociais relevantes, estes trabalhadores se veem hoje sob o risco de perder seus postos de trabalho na hipótese de os arranjos institucionais necessários não recepcionarem este reconhecimento.

O arcabouço legal produzido na última década é crucial para a compreensão das oposições que se estabeleceram, bem assim como de seus desdobramentos possíveis, dentre os quais a intervenção do Poder Judiciário.

É igualmente pertinente que se visualize a dimensão econômica e social que toma corpo nas discussões sobre a gestão de resíduos. Para esta visualização, devem ser observadas as alterações nos padrões vi-

---

[1] Pesquisadora do Grupo de Estudos Processos Coletivos na Pontifícia Universidade Católica do Rio Grande do Sul – PUCRS. Mestranda em Direito pela Universidade Federal do Rio Grande do Sul. Advogada.

gentes (i) necessárias, (ii) possíveis ou (iii) oportunas ao enfrentamento da questão pelos municípios. A forma de colocá-las em prática é o âmbito em que o manejo de ações judiciais tem se apresentado muitas vezes como indispensável. O contexto fático sob análise se desenha neste enfoque.

A aplicação da Política Nacional de Resíduos Sólidos (PNRS), instituída pela Lei nº 12.305/2010,[2] tem sido bastante tormentosa e, porque não dizer, infeliz. Inúmeras situações instauradas administrativamente decorrem da aplicação do texto normativo em conflito com a realidade local historicamente estabelecida.

Neste contexto é que o papel do poder judiciário emerge com extrema relevância, por representar a possibilidade de solução mais razoável para as demandas nascidas dos impasses identificados. E isto em razão da possibilidade de que as ações judiciais decorrentes destes conflitos sejam ajuizadas e conduzidas diretamente pelos envolvidos, cujo empenho político – que determinou as conquistas legislativamente alcançadas – é, sozinho, incapaz de assegurar a efetividade do quanto a positivação pretendeu garantir.

Dado caráter metaindividual do Direito envolvido na questão da coleta e reciclagem, bem assim como as particularidades envolvidas na mudança de paradigmas administrativos e sociais em que situada, é que o microssistema processual coletivo se mostra o ideal para o alcance do melhor resultado possível, na medida em que sua adoção neste caso específico, via de regra, não atrairia qualquer das questões jurisprudencialmente conflituosas, como se pretende demonstrar.

Tendo em vista tais considerações, este trabalho objetiva (1) descortinar o esqueleto normativo sociológico em que, no Brasil, estão situados os catadores de materiais recicláveis na cadeia produtiva dos resíduos sólidos urbanos (RSU) e, ao mesmo tempo, pontuar as inovações legislativas relacionadas ao processo coletivo inseridas no ordenamento no mesmo período; (2) identificar as dificuldades de implantação da PNRS decorrentes das tensões sociais e políticas incidentes no processo de inclusão por ela estabelecido, e, diante das situações identificadas, (3) confrontá-las ao regramento processual coletivo, para, a partir deste comparativo, analisar a relevância do ajuizamento de ações coletivas pelos próprios catadores para o estabelecimento e consagração do devido processo legal social no cenário jurídico brasileiro.

---

[2] Lei nº 12.305/2010: Art. 1º Esta Lei institui a Política Nacional de Resíduos Sólidos, dispondo sobre seus princípios, objetivos e instrumentos, bem como sobre as diretrizes relativas à gestão integrada e ao gerenciamento de resíduos sólidos, incluídos os perigosos, às responsabilidades dos geradores e do poder público e aos instrumentos econômicos aplicáveis.

2. Conquistas políticas assecuratórias de inclusão e incentivo à contratação de catadores na gestão de resíduos sólidos urbanos

Consolidação concomitante do processo coletivo como instrumento de participação social relevante.

Desde o início da década de setenta, com a Convenção de Estocolmo, o ambiente assumiu destaque no âmbito do direito internacional. No Brasil, a Lei n° 6938/81, de 02 de setembro de 1981, regulamentou a Política Nacional de Proteção ao Meio Ambiente. Em 1985, a Ação Civil Pública foi regulamentada através da Lei n° 7.347. A Constituição Federal promulgada em 1988 consagrou os princípios da livre iniciativa, valorização do trabalho, incentivo ao cooperativismo, respeito ao ambiente e justiça social. A proteção ao consumidor e as ações coletivas foram tópicos regulamentados pela Lei 8.078/90, que estabeleceu importantes adequações no processamento regulamento da ação civil pública. O princípio do poluidor-pagador foi recepcionado pela Política Nacional dos Recursos Hídricos, estabelecida nos termos da Lei n° 9.433, publicada em 09 de janeiro de 1997. No ano de 2006, foi promulgado o Decreto n° 5.940, determinando a coleta seletiva e destinação aos catadores do material descartado pela administração pública federal.

A Lei do Saneamento Básico, ao estabelecer as diretrizes nacionais para o saneamento básico, teve maior relevância que as anteriores para o alcance da cidadania pelos catadores, ao incluí-los como aptos a se responsabilizar pela coleta em âmbitos restritos, admitindo sua contratação por convênios, mediante alteração da lei de licitações. Foi a partir do estabelecimento destas diretrizes que se vislumbrou a possibilidade real de os catadores organizados contratarem com a municipalidade.

Daí até a instauração da PNRS mediante promulgação da Lei n° 12.305/10, as associações minimamente organizadas puderam iniciar sensíveis conquistas e assumir a coleta de pequenas áreas, porta a porta. Com isso, sinalizaram a possibilidade de assumir a condição de prestadores de serviços públicos de limpeza urbana e reciclagem, que esbarra no estigma que lhes é atribuído. Este óbice é questão de fundamental observação para o dimensionamento da tensão econômico-social estabelecida nacionalmente pelas diretrizes e prazos da PNRS. E também garantiram sobrevivência por período suficiente a lhes garantir legitimidade para o patrocínio de ações civis públicas.

O arcabouço legislativo antes mencionado reflete o papel político desempenhado pelos catadores de materiais recicláveis organizados, que viabilizou o reconhecimento do seu protagonismo no panorama urbano consumidor. A sua inclusão na condição de partícipes determinantes não se deu de forma isolada, nem tampouco imediata: foi fruto de uma caminhada que remonta mais de dez anos de luta pelo reconhecimento do valor do trabalho de catação na cadeia da reciclagem.

Nesse contexto é que as ações coletivas se revelam instrumentos de mobilização e controle indispensáveis à construção de uma sociedade justa e efetivamente democrática, expressão do Estado de Bem-Estar Social emergente identificado por Oliveira Júnior e Soares (2011 p. 39): "A emergência do Estado de bem estar social como reação às demandas dirigidas ao Estado por grupos sociais que se constituíram em verdadeiros atores sociais na reivindicação por maior tutela estatal significou uma transformação do Direito".

O vocábulo "catadores" é citado doze vezes no corpo da lei que instituiu a PNRS, dentre as quais destaca sua inclusão como objetivo (Lei 12.305/10, artigo 7º, inciso XII). Na sua regulamentação, Decreto nº 7.404 de 23 de dezembro de 2010, a mesma palavra é mencionada em vinte e duas oportunidades. É deste cenário que se infere: a conferência de *status* de política pública inclusiva de catadores à política nacional de gestão de resíduos; o abandono do assistencialismo como critério de tratamento e, consequentemente, sua legitimação direta para atuação em juízo.

O panorama de ascensão social dos catadores, com a possibilidade factível de inserção no mercado de trabalho mediante respeito à organização autônoma e às características libertárias de seu ofício, viabilizado e erigido à categoria de prioridade pelo ordenamento legal, é exemplo vivo de campo aberto para a judicialização da política.

Vianna (2013), bem esclareceu a circunscrição temporal atual quando a comparou com a década de 50: "vive-se um tempo de acelerada modernização promovida por indução estatal, que vem revolvendo as suas estruturas sociais e ocupacionais e provocando realinhamento, em curto espaço de tempo, da posição de classes e de estratos sociais". Hoje o cenário processual coletivo se encontra inerte nas casas legislativas, enquanto a processualística individual ocupa todos os palcos. É chegada a hora da assunção de uma postura crítica de defesa imediata da relevância social das demandas coletivas intentadas pelos diretamente legitimados.

A fixação do foco (i) na autonomia na organização do trabalho e (ii) na alteração de paradigmas administrativos e políticos é socialmente relevante para que se estabeleça o entendimento sobre a dificuldade de implantação dos serviços públicos de coleta pelos catadores, em detrimento das formas vigentes por décadas.

Porque são estes dois pontos que, em sentido estrito, delimitam os entraves à contratação da coleta seletiva solidária pelos municípios e que se configuram aptos a impedir pragmaticamente a consolidação da inclusão social determinada pela PNRS, exigindo uma solução jurídica razoável e suficiente, o que é intimamente ligado à forma de provocação, que se acredita firmemente ser mais eficaz mediante atuação dos interessados diretamente na solução do impasse.

3. As dificuldades de implementação da Política Nacional de Resíduos Sólidos – PNRS – passíveis de enfrentamento via ação coletiva

Diante do cenário que se desenha na implantação da política pública inclusiva em questão, as ações de grupo, ajuizadas e conduzidas diretamente pelos envolvidos nos impasses que se pretendam ver solvidos pela intervenção do poder judiciário, se ergue como hipótese de consagração do protagonismo do processo coletivo na organização democrática brasileira atual.

Todo o enfrentamento da problemática será apreciado sob o entendimento de "que o processo civil, ao regular o contencioso social (pela resposta do Estado-juiz), reflete na dinâmica social, econômica e política de uma sociedade, entre seus participantes, entre suas instituições e seus participantes, e entre as próprias instituições". (Matte, 2013, P. 25). O enfoque será restrito às dificuldades encontradas pelos catadores na implantação da PNRS, uma vez que a questão envolvendo políticas públicas *versus* ativismo judicial demandaria muito mais devoção do que a limitação física deste trabalho permite.

Os empecilhos com os quais os catadores se deparam são sentidos nitidamente quando observados os dados de implementação de coleta seletiva solidária nos municípios na última década. Segundo relatório de 2010, no Brasil inteiro, apenas oito por cento dos municípios contam com coleta seletiva, que por sua vez atinge dez por cento das populações municipais (Cempre, Ciclosoft, 2010). E não se está a falar de coleta seletiva solidária. Ainda não existem dados fidedignos sobre a quantidade de municípios que contratam catadores para a coleta. "Uma parte considerável da coleta de materiais recicláveis é feita por catadores de maneira informal, e assim não é contabilizada nas estatísticas oficiais." (IPEA, 2012, p. 17).

Diante destas informações é razoável concluir pela dificuldade vivenciada pelos catadores organizados para assumir a condição de prestadores de serviços públicos que a legislação lhes assegura, e da pertinência de inserção da problemática no âmbito do processo coletivo.

Possível inferir ainda que até agora a administração pública não assimilou o espectro inclusivo recentemente positivado, e que o trabalho do Ministério Público, crucial para a discussão acerca do microssistema processual coletivo, tem sido justamente no sentido de esclarecimento e adequação do procedimento de seus integrantes, indispensáveis para a consecução da proposta que aqui se formula, com base na sua condição de *custos legis*.

A identificação das oposições político-econômicas incidentes no processo de implantação da PNRS não pode excluir o conflito entre a tecnologia convencional e a tecnologia social, que se digladiam em face do conflito instaurado pela própria legislação. Explica-se. No momento em que não veda explicitamente a adoção de determinadas tecnologias, a PNRS cria um embaraço intrínseco à efetivação da inclusão social que pretende e ergue como objetivo.

Um expoente radicalmente ativo neste panorama: a geração térmica de energia a partir da combustão de resíduos. Métodos já abolidos na União Europeia em decorrência de alta capacidade poluidora e da necessidade de material de alta combustão para o funcionamento tem aplicação defendida no Brasil. Aliada à contratação global de serviços de coleta mecânica, seleção, destinação e transporte por empresa única, o que se tem é um cenário hostil à contratação de catadores pela administração pública, situação que não se revela inédita. "Diante disso, interesses particulares e interesses coletivos coexistem e se combinam em meio ao emaranhado normativo, realidade típica em diversos espaços do Direito administrativo."(Busato, 2011, p. 63).

Os efeitos decorrentes da adoção das tecnologias convencionais através da manutenção dos padrões de contratos anteriores à PNRS são prorrogados no tempo. Seus resultados ambientais e sociais negativos serão politicamente colhidos pelos futuros governantes. Enquanto isso, a adoção da política inclusiva de trabalhadores marginalizados com baixa escolaridade demanda trabalho contínuo e concomitante a políticas educativas igualmente perenes.

Disso resulta que às administrações que optarem pelo desenvolvimento de políticas inclusivas e trabalhos educativos caberá enfrentar a resistência inicial natural e, àquelas que se seguirem, tocará a colhida dos frutos benéficos postergados para o médio e o longo prazo. É hipótese clara de mudança de paradigma histórico.

Dada pretensão de demonstrar a pertinência da adoção da ação coletiva como instrumento hábil a proporcionar o mais profícuo e complexo uso do processo como instrumento democrático ativo na construção de arranjos institucionais sólidos, e diante da relevância do Ministério Público para a abordagem, é de ser pontuado o que aconteceu no XII Congresso Brasileiro do Ministério Público do Meio Ambiente de abril de 2013.

Ocorrido em Vitória, Espírito Santo, em pauta levantada pelo Conselho de Coordenadores dos Centros de Apoio de Meio Ambiente (Concauma), foi divulgada posição contrária às tecnologias tradicionais destinadas à geração térmica a partir de resíduos. E é exatamente esta postura que respalda a proposição de atuação conjunta do Ministério Público com os diretamente interessados. Uma vez firmada posição institucional, a atuação obrigatória com a faculdade de controle da representação adequada do grupo proponente e condutor da demanda por certo trará benefícios consideráveis ao juízo a que submetida ação coletiva.

Em abordagem sintética: a necessidade de elaboração participativa de planos municipais de gestão de resíduos; o cumprimento destes planos; o atendimento da previsão expressa de prioridade à contratação de serviços de coleta por catadores; o prazo para encerramento das atividades dos "lixões"; a pressão das prestadoras de serviço de coleta tradicional; as dificuldades de acomodação dos custos decorrentes das inovações legislativas; contratos formulados sem atenção às diretrizes estabelecidas pela PNRS mediante adoção de tecnologias contrárias ao ânimo inclusivo; emprego de técnicas administrativas formalmente aceitáveis divorciadas da realidade e prática de certames desvinculados dos novos preceitos e dos planos de gestão formulados, são questões que abriram espaço para o exercício do controle social.

Os impasses surgidos nas discussões com os municípios, que são os entes públicos sobre os quais recaem as obrigações diretas determinadas pela PNRS, são basicamente decorrentes da resistência da administração pública em adotar novos paradigmas de atuação social. São exemplos sociológicos vívidos da passagem do Estado Liberal para o Estado de Bem-Estar Social (Cambi, 2005, p.2).

Todas estas conjecturas, mais do que autorizam, determinam a intervenção judicial, mediante provocação pertinente e fundamentada, o que atrai a atuação direta daqueles envolvidos diretamente no processo deliberativo local para a condução da demanda a ser submetida ao crivo do Estado-juiz, e consequentemente, uma mudança de paradigma em que o processo coletivo exerce papel fundamental.

Na cidade de Uruguaiana, Rio Grande do Sul, por exemplo, há oito anos tramita uma ação de cumprimento de obrigação de fazer destinada a dar destinação adequada aos RSU. Ajuizada e conduzida pelo Ministério Público, não atentou para as alterações legislativas que se sucederam desde o ajuizamento em 2005, ou mesmo para o Plano Municipal de Gestão de Resíduos, o que resultou em decisão determinando, *ipsis litteris:* "a intimação do Município de Uruguaiana, para que, no prazo de 30 dias, cesse o uso do atual 'lixão' municipal e realize o encaminhamento dos resíduos sólidos urbanos da cidade para um aterro sanitário devidamente licenciado pela FEPAM...".[3] Não foi alvo de nenhuma decisão neste feito a existência de trinta catadores atuando no "lixão".

4. Demandas coletivas ajuizadas por envolvidos diretamente na problemática levada ao Judiciário, submetidas a controle da adequação da representação. Instrumento eficaz de transformação social

O enfoque do presente trabalho é restrito aos direitos coletivos – transindividuais e indivisíveis – difusos ou *stricto sensu*, também referidos como metaindividuais ou de grupo. Visando estabelecer um acordo semântico, é preciso pontuar que aqui não se faz maior digressão sobre as classificações doutrinárias e especificidades que informam as ações: popular (Lei nº 4.717/65); civil pública (LACP, Lei nº 7.343/85); destinadas à proteção das pessoas com deficiência (Lei nº 7.853/89); das crianças e adolescentes (Lei nº 8.069/90); dos consumidores (Lei 8.078/90) ou dos idosos (Lei nº 10.741/13). São todas identificadas como "ações coletivas", de modo a simplificar a abordagem.

Antonio Gidi (2008, p. 390), ao se debruçar sobre a questão terminológica a ser adotada na codificação do processo civil coletivo, elege a nomenclatura aqui advogada, dentre vários motivos, por um de grande valia para o quanto defendemos: "A retirada do qualitativo 'pública' da expressão 'ação civil pública' tem o efeito salutar adicional de diluir o fantasma da presença do Ministério Público na definição das demandas coletivas".

Ao caráter ambiental intrínseco ao trabalho desenvolvido pelos catadores, se soma a questão social inserida na necessidade de formatação de arranjos institucionais inclusivos. Valores, portanto, tuteláveis mediante ações coletivas. "Em relação aos bens e valores que podem ser objeto de proteção pela ação civil pública é possível surpreender mais de um bem conjugamente com outro, ou, pela proteção de um bem, se protege outro." (Arruda Alvim, 2012, p.89).

O paradigma coletivo é o que melhor se coaduna ao enfrentamento das questões jurídico sociológicas que emergiram a partir da PNRS. Esta assertiva se faz diante das possibilidades que o microssistema do processo coletivo brasileiro reúne. Os arranjos institucionais destinados à inclusão de catadores no processo de gestão dos RSU, não vislumbrados ou obtidos mediante o exercício do controle social, por certo podem ser alvo de ação coletiva de cumprimento de obrigação de fazer, como fez a Promotoria de Justiça de Uruguaiana no caso suprarrelatado.

---

[3] Processo nº 1050002804-2, Comarca de Uruguaiana, acessível em http://www.tjrs.jus.br

Os valores vinculados ao fundo previsto no artigo 13 da Lei nº 7.347/85, LACP, por exemplo, poderão ser destinados para o aparelhamento das associações e aquisição de equipamentos. A previsão de isenção de custas é outro benefício considerável. A atuação do Ministério Público como *custos legis* é garantia de trabalho harmônico e resultados integrados.

E, ainda, não é possível ignorar o quanto tende a ser uma nova possibilidade de fortalecimento dos legitimados que não o Ministério Público na condução de ações coletivas: a equiparação dos serviços de assistência jurídica das universidades, à Defensoria Pública. É o quanto consta no artigo 186 do Projeto de Lei nº 8.046/10 – projeto de novo código processual civil –, remetido ao Senado.

Para melhor emoldurar a propriedade do remédio eleito, seguem alguns dados importantes sobre a atuação do poder judiciário no âmbito doméstico, todos vinculados à crença de que desempenha função absolutamente relevante para a ordem social. É essencial observar, a respeito do crescimento do custo de administração da justiça estadual na última década, o quanto informa LEAL (2010, p. 75): "Desde 2004, as despesas crescem a uma média de 8,9% ao ano, ao passo que o PIB obteve uma média de crescimento de 5,9%". A convicção sobre a força do processo judicial como instrumento de alcance do direito material, por sua vez, encontra amplo respaldo social: "Um total de 81% dos entrevistados concorda com a afirmação 'se o juiz decide que uma pessoa pague a outra uma quantia, ela tem a obrigação moral de pagar mesmo que discorde da decisão'" (FGV, 2013, p. 15), foi o que concluiu o estudo destinado a "medir, de forma sistemática, a percepção dos brasileiros em relação ao respeito às leis e a algumas autoridades que estão diretamente envolvidas com o cumprimento das leis." (FGV, 2013, p. 4).

Não se ignora que alguns óbices às contratações de catadores no âmbito da PNRS poderiam ser enfrentados por meio de ação direta de inconstitucionalidade em face da Constituição Estadual, o que a Constituição Federal garante em seu artigo 125, §2º. Também não pode ser esquecido que as questões que violem a Constituição Federal desafiam Ação de Descumprimento de Preceito Fundamental de competência originária do Supremo Tribunal Federal, conforme disposição expressa da Lei nº 9.882/99. Análise dos dados disponíveis na rede mundial de computadores permite asseverar que as ações de inconstitucionalidade ajuizadas perante o Tribunal de Justiça do Estado do Rio Grande do Sul são, em sua expressiva maioria, propostas ou pela Procuradoria-Geral de Justiça, a despeito do extenso rol de legitimados pelo parágrafo primeiro do artigo 95 da Constituição Estadual. É possível dizer que a sociedade civil organizada está inerte quando se fala em provocar o Judiciário a interferir nas políticas públicas locais no mínimo quando se fala em questão constitucional no âmbito estadual.

Mas não é só neste âmbito que o protagonismo é exercido exclusivamente pelo Ministério Público e aí se situa a importância da informação: "Estatísticas apontam que, apesar do artigo 5º da LACP prever outros legitimados ativos, cerca de 95% (noventa e cinco por cento) das ações civis públicas, no Brasil, foram propostas pelo Ministério Público." (Cambi, 2005, p. 3). O mesmo, no entanto, não se pode se dizer em relação às ações esteadas no Código de Defesa do Consumidor (Gidi, 2008, p. 409).

Exatamente neste ponto é que se mostra de grande valia o enfrentamento da questão pertinente à representação adequada. Esta figura tem sua existência destinada a "assegurar que se leve para o processo a visão e os reais interesses de todos os membros do grupo." (Gidi, 2008, p. 76), durante todo o tramitar do feito, até que se efetive a sentença. E é preciso pontuar que não se ignora a existência de flagrante pretensão estatal de redução do poder popular viabilizado pelo exercício das ações coletivas, como também identificou Arenhart (2013, p. 64/65):

> Há ainda ataques legislativos fortes tendentes a diminuir a importância das entidades associativas no que respeita a tutela coletiva.... Isso obviamente, amplifica a falta de mobilização da sociedade civil em claro prejuízo para a tutela coletiva dos direitos, e, consequentemente, para a prestação do serviço 'justiça'.

No entanto, as associações, que ainda são a forma de organização mais elaborada que se observa dentre os catadores de materiais recicláveis, legitimadas para a propositura de ações coletivas, ainda não desempenham papel considerável no exercício postulatório em juízo. Pesquisa extenuante perante os sítios na rede mundial de computadores dos tribunais de justiça dos estados do Paraná, São Paulo, Rio de Janeiro e Minas Gerais, não permitiu a identificação de muito mais do que três ou quatro ações coletivas intentadas por associações de catadores. Segundo Vianna (2013), "A chave somente se fará disponível quando se compreender que se está diante de uma insurgência democrática em favor do reconhecimento de novas identidades sociais e de direitos de participação na vida pública, especialmente das novas gerações".

O melhor panorama de atuação destas novas identidades sociais, é, sem dúvida aquele em que o processo coletivo é conduzido pelos interessados, devidamente acompanhado pelo Ministério Público. É neste palco que o judiciário poderá atuar no gozo do mais amplo espectro teórico normativo, e, assim, apreciar as questões postas mediante atenção aos contemporâneos preceitos de vinculações sistemáticas (Lorenzetti, 2009, p. 76). Considerando o caso específico em análise, qual seja a contratação de catadores de materiais recicláveis para a gestão de resíduos sólidos e a restrição das contratações a pequenas áreas e pequenos grupos, o histórico das ações coletivas no cenário brasileiro acaba por contribuir para sua eleição como instrumento mais adequado à proteção dos interesses tuteláveis na implantação da PNRS, sem riscos de maior monta.

Quando Violin (2013, p. 94) disserta sobre o que é conhecido nos Estados Unidos como reforma estrutural decorrente da assimilação pelo sistema das ações coletivas, ao apreciar os limites do provimento judicial provocado por elas afirma que "Como a atuação jurisdicional é limitada pelo princípio da demanda, o controle da política pública na verdade é definido e delineado pelas partes. A partir do seu debate no processo é que serão definidos os argumentos que integrarão a decisão". É exatamente essa a hipótese que se ambiciona provocar no cenário Brasileiro, com a defesa das ações coletivas no específico caso de assegurar a participação dos catadores na gestão dos RSU nos casos em que contratos de coleta, triagem e beneficiamento deixarem de ser firmados pela municipalidade em afronta à legislação que a recomenda (PNRS).

Para que isso possa acontecer no Brasil é preciso conferir ao *advogado* o status de protagonista no fenômeno da judicialização da política, eis que tal evento é invariavelmente analisado sob o enfoque exclusivo daqueles que respondem as ações coletivas que, já visto, não são habitualmente intentadas por advogados particulares. Sobre o advogado particular, Atienza (2013, p.114) atribui "a decisiva função de traduzir a términos jurídicos um conflito social".

As alterações sociais reclamam o protagonismo dos legitimados que não Ministério Público e Defensoria Pública em detrimento dos modelos protecionistas e assistencialistas ainda vigentes na defesa em juízo da implantação das políticas públicas. "Quando a comunidade interessada está bem informada sobre o desenvolvimento do processo, ela tem melhores condições de controlar a atuação do representante, e, portanto, sua atuação adequada" (Violin, 2013). É ponto pacífico dentre os juristas que trabalham por uma codificação processual coletiva a necessidade de informação dos atingidos pela demanda sobre sua existência e processamento. A respeito, é necessário que se firme posição acerca da propriedade da previsão de que esta notificação se de através de meios de comunicação que efetivamente atinjam os interessados (Gidi, 2008, p. 67) e não sirvam apenas de requisito formal.

Tal modificação na conduta dos operadores do Direito, por via reflexa teria o condão de beneficiar os atuais detentores do monopólio do ajuizamento de ações judiciais relacionadas ao controle de políticas públicas, compartilhando o exercício da incumbência ao mesmo tempo em que representaria maior integração entre o sistema judiciário e a sociedade civil. E neste sentido de fomentar a atuação interdisciplinar na condução de demandas coletivas é que se mostra promissora a inserção da equiparação dos centros universitários de assessoramento jurídico à Defensoria Pública no Projeto de Lei nº 8.604/10, que se encontra em vias de ser aprovado pelo Senado e substituir o Código de Processo Civil.

> Por esta razão, o direito requer, cada vez mais, juristas que, ainda quando tenham suas próprias concepções, sejam capazes de compreender a diversidade, transcendendo sua própria formação para contribuir com uma sociedade mais integrada. (LORENZETTI, 2009, P. 37)

A defesa do exercício de pretensão coletiva independente – sem intermediação do Ministério Público para o ajuizamento – como instrumento de solução de demandas instauradas na implementação da PNRS se harmoniza ao ideário do processo colaborativo.

> Essa ideia de processo como polo metodológico central da teoria do processo civil contemporâneo bem responde ao caráter essencialmente problemático assumido pelo direito hoje, para cuja solução concorrem, argumentativamente, todos aqueles que participam do feito. A propósito, a passagem da jurisdição ao processo corresponde, em termos de lógica jurídica, à passagem da lógica apodítica à lógica dialética: do monólogo jurisdicional ao diálogo judiciário. (MITIDIERO, 2011, p. 49)

Para bem apreciar a hipótese de manejo de ações coletivas pelos diretamente interessados, não é possível se furtar de analisar a participação do Ministério Público no contexto. Não só por seu protagonismo evidente desde a gestação dos diplomas legais de regência do microssistema processual coletivo pátrio, aliado à representatividade acadêmica de seus integrantes na doutrina relativa à matéria, como também no papel que se pretende atribuir a si na caminhada cujo rumo é viabilizar a implementação da PNRS.

Como demonstrou a hipótese anteriormente referida, partindo da posição política institucional defendida pelos Promotores vinculados às questões ambientais, salta à vista a possibilidade de um trabalho conjunto entre os diretamente envolvidos e o Ministério Público, trabalho este por certo proveitoso às comunidades submetidas aos impasses de implantação da PNRS.

A postura do Ministério Público nos casos em apreço, em muito difere daquela que de si exige a processualística individual. Para bem delinear a diferença, a lição de Tesheiner, 2000:

> De um ponto de vista estatístico, é desprezível a intervenção do Ministério Público na instrução do processo, pela simples razão de que desconhece os fatos vividos pelas partes. O que realmente prepondera, em sua atuação como fiscal da lei, é o parecer que oferece ao juiz como projeto de sentença. Considerado apenas o valor celeridade do processo, apresentasse o parecer do Ministério Público apenas como um ato a mais, eventualmente inútil, a retardar a entrega da prestação jurisdicional. Considerado o valor qualidade dos julgamentos, o parecer do Ministério Público, acolhido ou não pelo juiz, aumenta o percentual de acertos, isto é, de decisões socialmente desejáveis. Inestimável a ajuda que pode prestar ao juiz o parecer de um órgão independente, sem interesse pessoal no resultado

do processo. Um mau parecer não impede uma boa sentença, mas um bom parecer pode impedir uma sentença ruim.

[...]

Não pode haver nenhuma dúvida quanto à necessidade de intimação do Ministério Público, nos casos em que obrigatória sua intervenção, sob pena de nulidade (CPC, art. 84). O que se exige é a intimação; não sua efetiva atuação. TESHEINER, 2000, p. 157 e 171.

Evidente que na seara do processo coletivo tal panorama é absolutamente distinto, por força do caráter impositivo da atuação dos Promotores de Justiça em toda a qualquer ação, exegese da regra dos artigos 5º, § 1º, da LACP, e 92 da Lei 8.078/90. A exigência, na defesa de interesses transindividuais, é, justamente, a *atuação,* que é impositiva. Sendo assim, não pode ser considerada desprezível. Se mostra de todo útil para o bom resultado de uma demanda instaurada visando ao provimento judicial vinculante em face da administração pública. No caso de uma ação coletiva intentada por catadores visando a implementação da PNRS, a atuação responsável e atenta do *Parquet* como fiscal da lei.

No momento em que se advoga pela valorização da chamada *representação adequada,* cuja adesão determina que "os magistrados terão que se debruçar na análise das características pessoais dos legitimados, tais como sua credibilidade, experiência em litígios anteriores, capacidade financeira, ausência de conflito de interesses, entre outros" (Araujo, 2013, p. 239). Nas palavras de GIDI (2008, p. 76), o objetivo da observância do critério em questão, dentre outros é o de "incentivar uma conduta 'vigorosa' pelo representante e pelo advogado na tutela dos interesses de todos os membros do grupo".

O desempenho da atividade judicante será muito mais proveitoso na hipótese de a ação coletiva ser proposta por representante adequado. A fundamentação deverá conter a exata contextualização da problemática, embasada na sequência histórica trilhada desde o início das eventuais tratativas administrativamente frustradas. E a melhor explicitação de todos os fatores envolvidos, assim como a elaboração de exemplos de soluções de passível adoção para acolhimento da causa de pedir, por certo será feita pelos diretamente interessados. E sobre essa certeza, são os próprios Promotores de Justiça que reconhecem que a representação adequada para ações da natureza das que aqui se observam não é do Ministério Público:

Há ainda o problema da permeabilidade do Ministério Público às demandas civis; o Ministério Público nem sempre tem condições de identificar, com precisão, aquilo que a sociedade efetivamente precisa (ou quer), e por isso acaba orientando suas escolhas pessoais do Promotor de Justiça (ou do Procurador da República) responsável pela tutela coletiva no local. Isso importa uma pulverização de linhas de atuação, nem sempre consentâneas com o direito social. Enfim, vê-se claramente que o Ministério Público não é representante mais adequado dos interesses metaindividuais e individuais de massa no processo. (ARE-NHART, 2013, p. 63)

Some-se a isto um contraditório forte e estar-se-á diante de hipótese clara de serventia do processo civil à limitação do ativismo judicial, na medida em que "o Judiciário se revela, neste contexto, um espaço de debate público entre os poderes eleitos e os grupos afetados pelas suas decisões políticas." (Violin, 2013, p. 189). E, no mesmo sentido, qual seja de assegurar o funcionamento do sistema judicial de forma respeitosa à divisão dos poderes republicanos, a melhor elaboração e condução da ação coletiva, dada sua relevância, deve necessariamente considerar o raciocínio judicial esquemático como instrumento de equação de problemas, sem se furtar de enfrentar o enfoque consequencialista que a temática reclama.

> A natureza político-social dessas normas impõe a necessidade de métodos de interpretação específicos. O modelo dominante no Brasil sempre foi de perfil "liberal-individualista--normativista", que nega a aplicação das normas programáticas e dos princípios da nova Constituição. Enquanto o positivismo jurídico formalista exigia a "neutralização política do Judiciário", com juízes racionais, imparciais e neutros, que aplicam o direito legislado de maneira lógico-dedutiva e não criativa, fortalecendo desse modo o valor da segurança jurídica, o moderno Estado Social requer uma magistratura preparada para realizar as exigências de um direito material, "ancorado em normas éticas e políticas, expressão de ideias para além das decorrentes do valor econômico". (KRELL, 1999, p. 249)

Àqueles que, por apego à tradição individualista liberal da processualística brasileira ou pela habitualidade à inércia social causada pela recente experiência de supressão de direitos civis, se mostrarem temerosos da proposta de assunção do protagonismo dos catadores de materiais recicláveis mediante a atuação de representantes independentes e adequadamente formados, em ação conjunta ou mediante colaboração do Ministério Público, é o entendimento defendido há mais de uma década por Antonio Gidi.

Para o citado jurista, a postura do Ministério Público na condição de *custus legis* seria enriquecida com o exercício do controle judicial da adequação do legitimado. Não existindo vedação legal ao controle judicial da representação adequada, é dever do Juízo sua averiguação. Concordamos com este entendimento, e advogamos por ele como mais um ponto favorável à adoção do microssistema coletivo como instrumento hábil aos diretamente interessados para a obtenção de provimentos destinados à consolidação da PNRS. E esta posição é defendida confiando na superação do paradigma hoje vigente, segundo o qual o Promotor de Justiça seria o único capaz de defender os interesses de grupos:

> De nada adianta o membro do Ministério Público constatar a inadequação de um representante em uma ação coletiva concreta se ele não puder alertar o juiz sobre este fato e requerer a extinção do processo coletivo sem julgamento de mérito (e, consequentemente,

sem formação de coisa julgada material). Se isso não for possível, constatada a inadequação, o Ministério Público ficará impotente, restando obrigatoriamente se substituir ao autor coletivo e assumir o controle do litígio, ainda que não esteja preparado para fazê-lo e que considere o momento inadequado. ... Porém, por que não autorizar o Ministério Público (ou qualquer outro co-legitimado) a usar outra alternativa mais simples, limitando-se a demonstrar ao juiz que a representação dos interesses do grupo é incompetente e pedindo a extinção do feito sem julgamento de mérito? A solução da controvérsia coletiva ficará em suspenso até que outro legitimado encontre-se preparado para propor a mesma ação coletiva. (GIDI, 2002, p. 64)

E, ao lado da magistratura, que necessariamente deve se preparar para o enfrentamento das questões cada vez mais complexas e política, social e economicamente imbricadas, para bem se perfectibilizar o que aqui se antevê, os advogados devem se apoderar de conhecimento suficiente. A construção do saber destinado a embasar e conduzir ações palco para julgamentos coerentes, cientes de que cabe a si o desempenho da representação adequada na importante tarefa de atuar em cenário tão relevante socialmente. Isto porque "no processo coletivo para controle de decisões políticas não se pode falar propriamente numa contraposição de interesses entre as partes processuais: o Estado (réu) e a coletividade (autora). Nesse modelo, o juiz e as partes estão em posição mais propícia à colaboração mútua." (Violin, 2013, p. 207).

E este ângulo de observação do processo coletivo, sob enfoque da necessidade de aperfeiçoamento do exercício do controle social por associações de catadores e, portanto, por advogados particulares, quer parecer uma mudança de paradigma investigativo, na medida em que a doutrina não se debruça sobre tal hipótese, decorrente de particularidade essencialmente brasileira: política pública de inclusão de trabalhadores de baixa renda como hipótese de solução de questão ambiental relevante como é a dos RSU.

Se a razão de tal lacuna na pesquisa científica jurídica se deve à eleição do processo coletivo estadunidense como comparativo ou pela sua restrição ao cenário preestabelecido em que o principal agente até o presente momento foi o Ministério Público, é questão menor. O que se tem de fato no enfrentamento da questão da judicialização de questões políticas por meio de ações coletivas é a restrição das expectativas doutrinárias e acadêmicas à postura da magistratura, enquanto esta tem seu exercício balizado e limitado à provocação também do advogado, cuja atuação merece a mesma reflexão que até agora foi destinada apenas ao Ministério Público e, mais recentemente, à Defensoria Pública.A partir da vigência do no Novo Código de Processo Civil, se espera que as luzes da academia se voltem à nova figura passível de exercer a representação adequada de interesses de grupo em questões sociais, os serviços acadêmicos de assessoria jurídica.

Questões controvertidas no microssistema processual coletivo e que poderiam representar dificuldades para a adoção do processo coletivo como instrumento mais adequado ao exercício pelos catadores da pretensão de ver implantadas as determinações de inclusão constantes da PNRS, sequer ameaçariam a conclusão aqui defendida. Como exemplos destas questões, citamos principalmente a irradiação dos efeitos da coisa julgada e a competência para o ajuizamento das ações coletivas, diante da circunscrição em que limitadas pretensões a serem veiculadas, restritas a cada um dos municípios em que identificada necessidade de intervenção judicial.

Ainda que não haja espaço neste trabalho para o enfrentamento mais profundo das duas questões, pela sua relevância no cenário jurisprudencial atual, elas não poderiam deixar de ser minimamente referidas, eis que indispensáveis à conclusão de que, uma vez limitados os riscos de irradiação territorial de efeitos a eventuais sentenças de improcedência em situações que não a de insuficiência de provas, a maior contra indicação à adoção das ações coletivas para a solução de impasses visualizados na tentativa de implantação da PNRS resta afastada.

5. Considerações finais

Evidente que a atualidade e especialidade do tema analisado reclama maior aprofundamento, eis que o presente estudo passou ao largo de questões da mais absoluta importância, como coisa julgada e regras de competência. Também não pode deixar de ser mencionada a ausência de referência à realidade imediata do processo coletivo, ou seja, na data de elaboração deste estudo. A despeito de, conforme o direito posto, ser regulado por uma coletânea de leis esparsas e, subsidiariamente, pelo Código de Processo Civil, merece registro o quanto se descortina nas casas legislativas. Tramita hoje o Projeto de Lei nº 8.046/2010 ao qual foram apensados diversos outros destinados a substituição do Código de Processo Civil vigente, em cujo corpo o processo coletivo é mencionado apenas em hipóteses de conversão de ações individuais em coletivas, nos artigos 139 e 334, e de forma implícita quando abordada equiparação dos serviços de atendimento jurídico vinculados às universidades à Defensoria Pública, artigo 186.

Após a elaboração de quatro anteprojetos de Código de Processo Civil Coletivo (GIDI, 2008, p. 2), hoje tramita na Câmara de Deputados o Projeto de Lei nº 5.139/2009 elaborado por comissão nomeada pelo Ministério da Justiça através da Portaria nº 2.481, de 09 de dezembro de 2008.

Não se sabe, portanto, até quando subsiste o microssistema atual, mas, independente do futuro, o que se descortina é a necessidade intransponível de a doutrina se dedicar à análise do processo coletivo como fenômeno detentor do mais elevado potencial de modificação social, e da relevância e propriedade de sua utilização por legitimados que não o Ministério Público e a Defensoria Pública.

Pautar a discussão sobre a necessidade de protagonismo de outros legitimados ao exercício do controle de políticas públicas mediante acompanhamento da representação adequada, por certo contribuirá ainda para o rompimento da inércia da sociedade civil – cujas razões históricas também não foram enfrentadas – no rumo do exercício dos direitos de participação assegurados pelo moderno Estado Constitucional.

Impressão:
Evangraf
Rua Waldomiro Schapke, 77 - POA/RS
Fone: (51) 3336.2466 - (51) 3336.0422
E-mail: evangraf.adm@terra.com.br